古代歷史文化 研究輯刊

十編

王明蓀 主編

第30冊

民國初期的無政府主義運動（1912～1931）

洪德先 著

國家圖書館出版品預行編目資料

民國初期的無政府主義運動（1912～1931）／洪德先 著－初
版－新北市：花木蘭文化出版社，2013〔民 102〕
目 2+216 面；19×26 公分
（古代歷史文化研究輯刊 十編；第 30 冊）
ISBN：978-986-322-358-0（精裝）
1. 無政府主義
618　　　　　　　　　　　　　　　　　　　102014454

古代歷史文化研究輯刊
十 編　第三十冊　　　　　　　ISBN：978-986-322-358-0

民國初期的無政府主義運動（1912～1931）

作　　　者　洪德先
主　　　編　王明蓀
總 編 輯　杜潔祥
出　　　版　花木蘭文化出版社
發 行 所　花木蘭文化出版社
發 行 人　高小娟
聯絡地址　235 新北市中和區中安街七二號十三樓
　　　　　　電話：02-2923-1455／傳眞：02-2923-1452
網　　　址　http://www.huamulan.tw 信箱 sut81518@gmail.com
印　　　刷　普羅文化出版廣告事業
初　　　版　2013 年 9 月
定　　　價　十編 35 冊（精裝）新台幣 62,000 元

民國初期的無政府主義運動（1912～1931）

洪德先　著

作者簡介

洪德先，1955年生，東海大學歷史系學士、台灣師範大學歷史研究所碩士、博士。碩士論文為《辛亥革命時期的無政府主義運動》，博士論文為《民國初期的無政府主義運動（1912-1931）》。曾任勤益工商專科學校講師、銘傳大學講師、副教授。曾授中國通史、中國現代史、台灣開發史、台灣近代史、世界通史等課程。於中國現代史、台灣開發史領域，著有論文多篇。

提　　要

《民國時期的無政府主義運動（1912～1931）》是由我的博士論文改寫而成的。

近世西方社會主義（Socialism）思想崛起主要是因應工業革命後的西方社會結構之變動而生，後隨著歐美勢力的擴張，流向全世界。於二十世紀前後該思想也以新知的姿態，經由西方傳教士、早期中國留學生將其傳入中國，吸引渴盼變革的國人之目光。

無政府主義（Anarchism）是複雜多樣的社會主義思想裡之一支，於辛亥革命期間被引入中國，其浪漫及情的理念與革命目標相結合，而對清季革命運動產生一定程度的影響。但是民國成立之後，昔日革命主導理念消失，無政府主義者身處在一個嶄新的環境下，無論思想主張或組織行動，都必須面臨一個新的抉擇，因而開啟民國時期的無政府主義運動的新貌。該運動於民國初期其理論主張多沿襲自辛亥革命時期，但在劉師復的努力下，無論是組織或理論都逐步走出新局。劉師復過世後，因五四運動的爆發，國內再度掀起社會主義的熱潮，無政府主義乃又吸引人們的目光，於組織、刊物都呈現快速成長，同時第三國際為求在中國推動共產主義，也企圖利用已具規模的無政府組織，發展共產黨組織，因此乃有無政府主義派與馬克思主義派的合作。但是兩派無論是在立論或現實利益均存有不可規避的衝突性，最後導致兩派分道揚鑣，甚至衝突對立。

北伐之後國民政府建立，樹立「訓政」、以黨治國為國家最高綱領，因而各派異於國民黨的思想、組織，一併列入被排斥之列。面臨此政治狂潮的衝擊，部分無政府主義者企圖以「安（那其）國（民黨）合作」為號召，以謀求主義理念得以持續發展，但卻仍不容於現實環境，再加上無政府主義本身的浪漫色彩，亦不利於主義的發展，故在一九三〇年代之後乃逐步走向沒落。本文附錄收〈早期國人對無政府主義的初步認識〉、〈近代日本社會主義之興起及其對中國之影響〉二文，可作為本文的延伸閱讀。

目

次

第一章　緒　論

一

　　近世社會主義（Socialism）思想之勃興，主要是因應工業革命後的西方社會結構之變動而起。十九世紀以來，該思想蔚爲風潮，強烈地衝擊歐美社會，致使西方世界產生結構性的改變。同時，社會主義思想也隨著歐美勢力的擴張，流向全世界，帶動整個世界的變動，至今仍餘波未止。

　　十九世紀中葉以後的中國，由於鴉片戰爭的爆發，打開與西方世界全面接觸的大門，但是直到二十世紀初期，中國幾乎仍完全不具備近代工業社會的條件。但是社會主義卻偕同其他歐美文化，以新知識的面貌，經由傳教士、早期的留學生介紹到中國。早期介紹到中國的社會主義，多僅屬於浮面的描述、派流概括地分類，而且多採負面批評的角度報導。但是隨著時代的變遷，社會主義運動在西方的發展及東西之間往來的日益密切，人們逐漸改變了昔日刻板的觀點。尤其是社會主義揭櫫追求社會自由平等的理念，更是深深地吸引渴盼擺脫現實困境的國人之目光。

　　社會主義的根本理念是建構在「均」的追求之上，但是完成目標的方法及手段，卻是因人而異，因而形成各種不同流派的社會主義。近代西方各派社會主義思想，都曾被介紹到中國，而且或多或少吸引到部份國人的信仰，甚至從而鼓吹。於複雜多樣的社會主義陣營裡，激烈地無政府主義思想是爲其中極爲醒目的一支。當它被介紹給國人後，於辛亥革命時期及民國初期，曾一度綻放燦爛的光芒，對當時中國的局勢及日後的變動，都造成一定程度的影響。

　　無政府主義（Anarchism）一直是文明世界裡的人們心靈深處美好的蘄望。所以無論古今中外，每當人們飽受現世體制的壓迫，此種否定現有體制、擺脫其糾纏、回歸到絕對自由之境的念頭，遂油然而生。孫中山即認爲：「近來歐洲盛行的新文化和所講的無政府主義與共產主義，都是我們中國幾千年以前的舊東西。譬如黃老的政治學說就是無政府主義。」〔註1〕無政府主義以其充滿浪漫理想的主張、激烈狂飆的革命手段，又能與中國傳統的理念相契合，因此，於二十世紀初期深深地吸引著激進的革命黨人。是故，早在一九○七年劉師培、何震等人在日本創辦《天義》報；同時吳敬恆，李煜瀛、張人傑等也於法國巴黎發刊《新世紀》週刊，不約而同有組織地鼓吹無政府主義。觀察這些刊物的內容，雖然以宣揚無政府主義爲主，但是隱藏在外在表相背後的原因，卻是倒滿革命。梁漱溟就曾明白地說：「我認爲可以用種種手段，而莫妙於俄國虛無黨人的暗殺辦法。它一面是很有效的，一面又破壞不大，免遭國際干涉。」〔註2〕這種基於實用主義的考量，刪頭截尾式地引用西方學說理念，實爲近代中國思想界的一大特色。至於外來思想到了中國後，誠如李澤厚所言，在中國實用理性的傳統下，對西學有一種同化、變形、閹割的功能。〔註3〕

　　辛亥革命之後，民國初建，似乎意味著新時代的來臨，但是接續而來的卻是二次革命、袁世凱帝制運動、南北分裂、巴黎和會、五四運動、中國共產黨的誕生、國民黨的改組及聯俄容共、北伐、清黨、北伐結束、訓政開始，面對此劇烈多變的時代，無政府主義的信仰者承接著辛亥革命時期所奠定的基礎，持續推展。至於其成員於此混亂的時代如何因應自處、理論體系的發展與變遷、團體的成立與活動、書刊的發行及影響，並且整體運動於民國時期不同階段中所呈現的形貌與內涵有何特色，〔註4〕，即爲本篇論文關懷重心

〔註1〕　孫中山，〈民族主義〉，第四講，收入《國父全集》，（台北：國民黨中央黨史會編訂，民國62年），第一冊，頁42～43。

〔註2〕　梁漱溟，《我的自學小史》，收入《自述五種》，（台北：龍文出版社，民國79年），頁64。

〔註3〕　李澤厚，《中國現代思想史論》，（台北：風雲時代出版公司，民國79年），頁331。

〔註4〕　民國時期無政府主義運動，范天均將其分爲三期：一、宣傳時期（辛亥革命至五四運動），二、發展活動時期（1919～1927）、三、潛伏時期（1927～1937）。參見陳登才，〈訪問范天均先生的記錄〉，收入葛懋春等編，《無政府主義思想資料選》，（北京：北京大學出版社，1984年），下冊，頁1089。另外湯庭芬有不同的分法：第一階段：1911～1917年（十月革命之前），第二階段：1917

之所在。並期盼透過對民國時期無政府主義運動的史料及研究成果，進行全面的蒐集及研讀，然後作系統的觀察與分析，期待能確切地掌握無政府主義運動的眞實面貌及影響，進而對當代中國複雜多樣的變動，能有更深刻、貼切的解釋與答案。本篇論文的章節按排及其討論重點除緒言、結論外，略如下述：

第二章背景敘述，主要著重於討論近世西方社會主義的形成，及其如何傳入中國，傳入中國之初的形貌及影響，還有早期於中國宣揚社會主義的宣傳品及其他相關數據，並且經由明瞭社會主義如何東來及影響，進而分析無政府主義的傳入經過。另外，一個外來思想若要能立足異域他鄉，除了實用因素外，於內在層次必定存有某種程度的共鳴與契合，此即必須討論傳統中國文化裡，是否具備無政府主義因子，而導致東西方能在此殊途同歸。

第三章涵括時間從一九一二年至一九一三年，此章討論重心在民國初期的新環境下，社會主義的內容及影響力有否變動。當時由於部份人們對社會主義傾心不已，因而出現標榜社會主義爲宗旨的中國社會黨，但是不久又分裂成社會黨。其間緣由及意義爲何？至於辛亥革命時期的無政府主義者，於革命目標消失後，其理念有否轉折？是否有新目標成爲其奮鬥的方向；實際情形及結果如可？皆爲本章探索的重點。

第四章討論範疇是從一九一三年至一九一五年。由於一九一三年二次革命，國內形勢丕變。但是劉師復挺身而出，身體力行並且重建理論及組織，奠定民國時期無政府主義派的理論基礎及精神支柱。因此，本章著重劉師復承先啓後的角色及其所持的理論體系。如：對無政府主義基本原則的看法、推展無政府運動的方法及對於其他社會主義流派的觀點等。

第五章、由於五四運動爆發，致使中國進入另一嶄新的時代。〔註5〕社會主義成爲時代的主流，無政府主義運動順應時代潮流，也因此進入發展的巔峰。因此，於此章著重於比較五四運動前後，無政府主義運動發展情況，對此變動即可以得到明確的答案。又由於無政府主義蓬勃的發展，故產生不同派別的無政府主義，因此分別對其產生背景及內涵，進行討論分析，如此可

（十月革命之後）～1923 年，第三階段 1924～1927 年之後。參見湯庭芬，〈五四時期無政府主義的派別及其分化〉，收入劉其發主編，《近代中國空想社會主義史論》，（北京：華夏出版社，1986 年），頁 241～242。

〔註 5〕梁啓超，〈五十年中國進化概論〉，《飲冰室文集》，（台北：中華書局，民國 59年），第十四冊，頁 45。

以更深入地掌握住五四時期的無政府主義運動變動脈絡及影響。

第六章針對五四運動前後中國馬克思主義派興起後，無政府主義派與馬克思主義派由早期的合作，演變成敵對鬥爭的來龍去脈，也意味著可以從另外一個角度去了解中國共產黨的崛起及發展。其後兩派爆發激烈的論戰，對於論戰經過及內容進行比較分析，更可助吾人區分二者差異及二派理論的效用及影響。

第七章的討論重心主要放在一九二四年以後無政府主義運動的發展趨勢。檢討一九二四年至一九三一年間，為何無政府主義運動會急速地沒落？無政府主義者在此頹勢下，如何企圖透過理論重建和行動的再出發，以重振昔日盛況，但是為何不會成功？無政府主義沒落後的中國無政府主義者，在思想及行動上如何因應？有何影響及意義？這些問題，皆是本章討論的探討。

由於一九三一年以後，國家面臨另一危機─日本的侵略，時人關心的焦點核心也異於以往，原本已漸趨沒落的政府主義運動，從此更是一蹶不振。故本文也以此為斷限。

二

近年來於海峽兩岸、歐美及日本，均有學界人士以近代中國無政府主義運動為研究主題，並且陸續發表不少研究成果。於台灣地區，由於早年資料難覓，因此近代中國無政府主義運動的這段歷史，一直是個未能全面開發的園地。鄭學稼〈劉師復和他的思想〉一文〔註6〕，是早期較完整的一篇研究成果。其後大陸地區整理發掘的新史料陸續流出、歐美地區的研究成果相繼問世，台灣地區纔開始有較多的研究。如洪德先〈辛亥革命時期的無政府主義運動〉、〔註7〕俞忠烈〈民國初年的無政府主義運動──劉師復與民聲〉等。〔註8〕

由於無政府主義與共產主義於近代東西方世界皆存有一段恩怨情仇的糾葛，因此無政府主義運動的歷史一直也是大陸學界所關心的課題。根据蔣俊、李興芝的統計，從一九七九年至一九八七年，有關無政府主義的文章，即有

〔註6〕原文收入鄭學稼，《中共興亡史》，第一卷，（台北：中華雜誌社，民國59年）。
〔註7〕洪德先，〈辛亥革命時期的無政府主義運動〉，師範大學歷史研究所碩士論文打印文，民國73年。
〔註8〕俞忠烈，〈民國初年的無政府主義運動──劉師復與民聲〉，政治大學歷史研究所碩士論文，民國75年。

一百三十七篇。〔註9〕綜觀這些文章，基本論點大多雷同，對近代中國無政府主義運動多持肯定少、否定多的立場。

　　歐美地區學界較早的一冊能綜覽整體中國無政府主義運動的作品為施樂伯（Robert A. Scalapino）與于子僑（George T. Yu）合撰，於一九六一年出版的 *The Chinese Anarchist Movement*〔註10〕是書對清末民初的無政府主義運動，作一提綱挈領而又完整的描述。其後貝馬丁（Martin Bernal）的 *Chinese Socialism ot* 1907.〔註11〕對無政府主義者於辛亥革命時期的角色曾作詳細的描述與討論。一九八一年 Edward S. Kreb 的 *Liu Ssu-fu and the Chinese Anarchism 1905～1915*〔註12〕出版，此書對劉師復的一生更作了詳盡的分析。一九九〇年代又有兩本研究成果問世，即：Peter Zarrow, *Anarchism and Chinese Political Culture.*〔註13〕及 Arif Dirlik *Anarchism in the Chinese Revolution*〔註14〕，前書從文化角度分析辛亥革命時期無政府主義者的思想特質及與文化的關係，後書特別強調民國建立以後的無政府主義運動，尤其特別重視劉師復的歷史角色及影響，並且對二〇年代無政府主義派與馬克思主義派的論戰提出深入淺出的分析。上述研究成果對於研究無政府主義運動，均具有很大的啟發及參考價值。

<h2 style="text-align:center">三</h2>

　　無政府主義運動於民初時期曾一度盛況空前，相關團體及宣傳刊物如雨後春筍般湧現，這些團體及書刊除少數例外，大都具有一共通特色，即成員人數很少、存在及活動時間很短，因此，相關史料分佈零星，佚失嚴重，這也是為何早期的研究成果不太豐碩的原因之一。但是，一九八〇年代後期，大陸地區的學界及相關單位陸續出版有關無政府運動的史料彙編。如一九七八

〔註9〕 蔣俊、李興芝，《中國近代的無政府主義思潮》，（濟南：山東人民出版社，1990年），頁399～411。

〔註10〕 Robert a. Scalapino and George T. Yu, *The Chinese Anarchist Movement*, Berkeley, University of California Press, 1961.

〔註11〕 Martin Bernal, *Chinese socialism to 1907*, Cornell University Press, 1976.

〔註12〕 Edward S. Kreb, *"Liu Ssu-fu and the Chinese Anarchism 1905～1919"*, "Ph.D. dissertation, University of Washington Seattle, 1977. University Microfilms International , Ann Arbor, Michigan, 1982.

〔註13〕 Peter Zarrow, *Anarchism and the Chinese Political Culture.* New York , Columbia University Press, 1990.

〔註14〕 Arif Dirlik, *Anarchism in the Chinese Revolution.* Berkeley, University of California Press, 1991.

年出版《五四時期期刊介紹》、《五四時期的社團》、一九八一年南京第二歷史
檔案館編，《中國無政府主義和中國社會黨》，一九八四年，由葛懋春等編輯
的《無政府主義思想資料選》及高軍等編輯的《無政府主義在中國》二書，
分別於北京及長沙出版。一九九四年日人扳平洋史、嵯峨隆兩人搜集二十二
冊無政府主義的書刊，編成《原典中國アナキストの史料書》，共計十二卷，
包括許多冊非常罕見的書刊，對於無政府主義運動研究，具有極高的價值。

　　至於民國時期無政府主義運動及組織所發行的書刊，於今日中國大陸的
圖書館，如：南京圖書館、上海圖書館、北京圖書館、復旦大學圖書館、北
京大學圖書館，均庋藏部份當時的書刊。相關檔案則以南京第二歷史檔案館
及台北中國國民黨中央黨史委員會收藏較豐。〔註15〕

　　由於相關史料不斷出土及整編，研究成果也就接續不斷出現。前人的努
力，致使今日探討無政府主義運動時，於史實及資料方面，較往昔有長足地
便利。但是也由於前人研究多屬首創，故於探討層面及方法上有其一定的局
限。因此，基於上述原因本篇論文期盼能達成兩項目標，其一於政治史方面，
希望以無政府主義運動為切入點，觀察從一九一二年至一九三一年間中國社
會政治力的分合、糾葛與影響。其次於思想史層面，期盼透過無政府主義思
想的傳入中國、接受過程及內在理念的變遷作一專案分析，進而期盼透過此
個案分析，為一九三一年以前的中國思想界之狂飆特色作一詮釋。

　　至於研究方法，本篇論文期盼透過全面性的資料蒐集與閱讀，整理出完
整的民國時期無政府主義的社團、刊物及人物背景，以此實証材料為基礎，
再輔佐以社會科學的理論及方法，一方面為現代中國的政治劇變提出說明；
另一方面也期望經由實証案例，為當代思想變遷的內在意義提出新的詮釋。

〔註15〕國民黨中央黨史會收藏一些珍貴的原始抄件，如：手抄本〈沙烈士寶琛事略〉
　　　　及〈沙烈士寶琛紀念碑〉文等、另外亦收藏部份的《社會黨月刊》、《勞動》
　　　　等珍貴期刊。

第二章　無政府主義的來源

第一節　傳統中國的無政府主義思想

　　傳統中國的烏托邦思想可追溯及先秦，人們往往以「大同」稱之。中國古代的大同思想，大致由三個學派構成。其一是儒家的天下爲公，選賢與能的大同社會的追求，以《禮記》〈禮運篇〉匯集其主張之大成。其次是墨家所追求的尙同、兼愛、非戰，服務人群、財富公有、人人平等、共同勞動、共營生活的主張。其三是道家老莊所宣揚的小國寡民至德之世的追求，主張廢政府、廢組織、去壓迫、任自由的社會。〔註1〕三派思想以老莊道家的主張最接近後世的無政府主義思想。〔註2〕

　　清靜無爲是老子理論體系的核心。無爲的精義在於儘量減少政治的功能，縮減政事的範圍，將政府的干涉減至最低，聽任百姓自爲之，如此則上下相安，各得其所。若強加干涉，結果必流於治絲益棼，庸人自擾。因此，爲政最高原則在於「無爲而無不爲」。但是老子於政治方面所主張的無爲，並非毀棄君臣之制，就理論層次而言，老子所攻擊的非政治本身，主要是反對不合道德的政治運作。〔註3〕因此，老子的理念中心，虛無意識並不強烈，故仍寄情於「小國寡民」。所以「『無爲』之政治哲學，遂成爲失望之有心人，

〔註1〕侯外廬，《中國古代大同理想》，（北京：科學出版社，1959年），頁1～12。

〔註2〕K. C. Hsiao, "*Anarchism in Chinese political Thought*", Tien Hsia Monthly, Vol.III, No.3, Oct. 1936, Publish under the auspices of the Sun Yet-sen Institute for the Advancement of Culture and Education, P. 249.

〔註3〕蕭公權，《中國政治思想史》，（台北：聯經圖書公司，民國71年），頁181～183。

對於暴君政治最微妙而最嚴重之抗議」〔註4〕。若以理論內容分析，老子之說近乎放任主義，而莊子的主張則近乎無政府主義。〔註5〕但是上述思想與近世西方無政府主義思想的進取態度，存有極大的差異。因爲道家思想往往盛行於民不聊生的亂世，每當一個人對於現實世界完全絕望，對於文物制度表示徹底的厭棄及生命完全失去保障的時候，思想常會呈現反動氣息。〔註6〕反動後所衍生的態度往往是消極退避的反政治思想。因此，老莊思想的無爲退避雖較緩和，但是終究不免消極。〔註7〕

魏晉時代的無爲政治思想則發展至另一層次，首度出現有傾向對帝王體制存在的正當性，提出強烈地懷疑與挑戰。因而從早期老莊所倡小國寡民的無爲思想，發展至阮籍、陶潛、鮑敬言等人激烈的無君論之提出。此種理論發展，可謂無爲思想邏輯理念，推演發展之必然。因此當無君理論被提出，亦代表著無爲思想發展之極致。〔註8〕魏晉主張無爲的思想家中，以鮑敬言的主張最具代表性。鮑敬言的身世，今已不可考。其學說祇在《抱朴子》〈詰鮑〉篇中可見其大略。鮑敬言「以爲古者無君，勝於今世」，証明君主的存在並非人世間之必然。因此主張：一、君權不是天授，以爲人君的設立，是由於強凌弱，智詐愚的結果。二、立君不是民意，以爲人性以自然自由爲尚，立君則違反自然，束縛自由，故不是人性的要求，而是後天人爲所致。總結鮑敬言的主張，主要由於在「晉代的專制政體和階級制度之下，這種思想自然會發生。而所數的君主的弊病，又是當日觀察出的實情，是以鮑生的政治思想在破壞方面是很有用，而建設方面未免太缺之了。」〔註9〕

至於典型的中國式的無政府主義思想，發展至晚唐始告完備。從早期老莊的「無爲」及鮑敬言的「無君」爲基礎，再向上延伸，逐萌生對於現實政府制度的全盤否定理念。此種思想以晚唐「無能子」的思想最具代表性。無能子的身世也已不可考，其歷經晚唐世亂變動的痛苦經驗，再承襲上古以來道家思想，〔註10〕逐迸發出空前未有的激進政治理論。無能子思想之精微在

〔註4〕 同上，頁176。
〔註5〕 同上，頁9。
〔註6〕 容肇祖，《魏晉的自然思想》，（台北：台灣商務印書館，民國59年），頁89。
劉大杰，《魏晉思想論》，（台北：中華書局，民國60年），頁66～70。
〔註7〕 同註3，頁96。
〔註8〕 同上，頁396。
〔註9〕 同註6。劉大杰，《魏晉思想論》，頁72～74。
〔註10〕 同註2。

於他認爲人除了本身內在本質有意義外，外在的一切都是虛的，可謂近代虛無主義之精義。〔註11〕迨宋元之世，鄧枚於《吏道篇》中主張：「廢有司，去縣令，聽天下自爲治亂安危」的思想，可謂承襲無能子以來的虛無主義之遺緒，而與全盤否定政府存在意義的無政府思想，已無太大新意。〔註12〕

至於此種反現有政治體制的思想，於明代漸趨沉寂，尤其清初經世之風盛行，進取、現世之心取代消極退避的虛無思想。以《老子》、《莊子》二書爲例，自從清順治十二年（1655）王夫之撰《老子衍》後，直至宣統元年（1909）王益吾刻《莊子集解》爲止，其間三百五十年，中國知識階層所關注的重心，似乎不再是道家無爲、反現實的政治理念。迨清季國人受現實環境的刺激，外來社會主義思想的吸引，傳統無爲思想因應而復生，祇是已非原貌。誠如蕭公權所言：「清季維新及革命思想家之採用舊說，皆安自立之標準。其採用一家之言，非以其爲古聖先賢之說，而以其適於現代國家之用。權衡在我，取舍從心。」〔註13〕

早年受傳統中國無政府思想影較深者有章炳麟及太虛等人。章炳麟於《民報》上發表〈五無論〉一文，文中根本否定政府在的價值，因爲「機關既設，眾匿日滋，終止以爲大盜之藉。」因此「設新政府者，爲無政府之階，而永世之則不可。」〔註14〕太虛則發揮佛教教理，闡釋人類間互助的重要性，他所持的論點：

> 生滅無常，相續不斷，無可強據以爲「我」者；亦無可強割以爲「非
> 我」者。惟利他乃成，自他兩利；若害他則必自他兩害。〔註15〕

章炳麟與太虛兩人代表中西文化接觸之初，國人無法明瞭西洋文化背後隱涵著複雜的背景因素，故常常以化約的態度，藉中國故有的文化爲基礎去解釋外來事物。因此當時就有人認爲接受無政府主義乃理所當然之事，因爲「於中華爲最早若老莊之無爲，墨子之兼愛，孔孟之大同，皆抱純粹之社會主義（意指無政府主義）者。」〔註16〕此種心態可謂中西文化接觸之初的典型反應。

〔註11〕盧建榮，〈從役物到順化──自然思想的分析〉，收入劉岱主編，《中國文化新論》，思想篇，〈王道與天道〉，（台北：聯經圖書公司，民國72年），頁354。
〔註12〕同註1，頁41。
〔註13〕蕭公權，《迹園文存》，（台北：大西洋圖書公司，民國59年），頁102。
〔註14〕章炳麟，〈五無論〉，《民報》，16期，1907年9月25日，頁4。
〔註15〕太虛，《太虛大師寰游記》，（台北：文海出版社，民國57年），頁154。
〔註16〕編者，〈社會主義之世界觀〉，《社會世界》，5期，1912年11月，頁5。

但是無政府主義運動發展至劉師復時期，則有截然不同的表現。劉師復根本就反對這種盲目附會的作法。劉師復認為：「取中國經籍牽合而附會之，以為社會主義本吾國所固有，而社會主義之為物，乃愈覺迷離誕幻，不可究詰。甚至一切革新事業，近於自由平等之類者，皆以為社會主義所能包括，而社會主義之真諦反而因此而愈晦。」﹝註 17﹞根据劉師復上述論點觀察，其已明顯地超越傳統思維的窠臼，探究其因，應該是因為劉師復本人能直接與西方無政府主義者接觸，並且閱讀各種學說的原典，故師復在建構無政府主義體系時，不會完全受限於傳統文化的範疇，能以超越的眼光提出他的主張。由於劉師復於民國時期無政府主義運動中，扮演絕對關鍵性的角色，因此，師復所建構的無政府理論體系遂為後世景仰者所宗，因而日後中國無政府主義在宣揚、闡釋理念時，大多從科學、自然或人性角度著手，罕見民國前後動輒高舉老莊無為為論理的依據。雖然在二〇年代初期鄭太朴曾提出「中國式的無政府主義」，但其意指適合中國現狀的無政府主義，並非指傳統文化上的老莊無為，由此可見傳統思想的影響已日漸淡薄了。﹝註 18﹞

第二節　西方社會主義的東來

社會主義（Socialism）﹝註 19﹞思想基本上是建立在人們面對社會、政治、經濟等層面出現不公不義的現象時，期盼經由某種手段，排除弊端，以臻公平完美之境。因此，自古以來，無論東方或西方，每當人們陷入動盪不安的困境，隨著環境困阨的加劇，此種思想及蘄盼，往往會以各種形式油然而生，成為人們寄情或追逐的目標。譬如：中國的老莊思想、華胥國；西方柏拉圖（Plato）的「共和國」（Republic）、康帕尼拉（Tommaso Companella）的「太陽之城」（The City of Sun）及摩爾（Thomas Moor）的「烏托邦」（Utopia）等，都為此種心態的體現。

至於近世盛行於歐美的社會主義運動，自然與此綿延不絕的歷史情懷，具有密切的關聯性。但是歷史淵源並非唯一因素，因為任何思想能蔚為一股運動，

﹝註 17﹞ 師復，〈論社會黨〉，《民聲》，9 號，1914 年 5 月 9 日，頁 1。

﹝註 18﹞ 參見太朴，〈無政府主義與中國〉，《自由》，1 期，1920 年 12 月，收入葛懋春等編，《無政府主義思想選輯》，（北京：北京大學出版社，1984 年），頁 494～500。

﹝註 19﹞ 關於 Socialism 一詞的定義，可參考 Edwin R.A. Seligman ed., *Encyclopaedia of the Sociences*，（New York: The Mac Millan Co., 1967），P.48.

立足存在並得以發展，勢必與其所處的時空環境相互配合，此思想運動才能落實。〔註20〕故十九世紀以來於歐美呈現波濤壯闊的社會主義運動，除了歷史因素外，工業革命後的資本主義社會特質，也是近代西方社會主義運動誕生的必備條件。此即美國政治學學者歐賓斯坦（William Obenstein）所云：「社會主義運動只在那些有著高度民主傳統的國度裡，才能成功地成長。」〔註21〕

　　清季西方社會主義思想流傳于中國，固然部份與歷史文化背景有關，如蕭公權認為：「辛亥思想則完成明清發動之思想轉變，……至於四惑五無諸論所提出之個人主義，則純為烏托邦之理想，與革命思想潮流，無直接關係。」〔註22〕左舜生也認為：「社會主義思想，在中國的思想界原有其相當的地位，儒墨無論矣，即法家亦不主張財富集中於少數私人，道家則有一種反統治階級的思想，尤為激烈。」〔註23〕但是詳細觀察十九世紀末葉以來。社會主義傳入中國的經過、內容及變遷，明顯地與西方社會及當時中國的環境有密切的關聯。至於傳統歷史文化因素，有其一定程度影響，但是不是唯一關鍵。

　　民國九年蔡元培為克卡樸（Kirkup）的《社會主義史》（History of Socialism）作序時曾云：「西洋社會主義，二十年前纔輸入中國。一方面是留日學生從日本間接輸入的，譯有《近世社會主義》等書。一方面是留法學生從法國直接輸入的，載在《新世紀》日刊上。」〔註24〕蔡氏這段有關近世社會主義流傳于中國的描述，大致正確但並不完整。因為二十世紀以後，西方社會主義思想確是從日、法兩處的中國留學生介紹回國內；但是早在一八七〇年代，西方社會主義思想即已涓滴流入中國，成為國人接受社會主義的啟蒙期，雖然影響不是全面地，但卻是日後發芽茁壯的根源。根據資料顯示早在一八七一年王韜曾參閱《華字日報》、《中外新報》，介紹過「巴黎公社」。一八七三年至一八八二年由江南製造局編印的《西國近事匯編》，曾逐週譯介無政府主義的暗殺事蹟、歐美各國工人運動、德國社會民主黨及共產黨的活動。當時巴「社會主義」譯成「貧富適均」或「貧富均財之說」，共產黨譯成「廓密尼士」或

〔註20〕井上清著，宿久高等譯，《日本帝國主義的形成》，（台北：華世出版社，1986年），頁254～257。

〔註21〕歐賓斯坦著，萬德群譯，《當代各種主義之比較研究》，（台北：台灣商務印書館，民國62年），頁320。

〔註22〕蕭公權，《迹園文存》，（台北：大西洋圖書公司，民國59年），頁92～93。

〔註23〕左舜生，《近三十年見聞雜記》，（台北：文海出版社，民國57年），頁464。

〔註24〕蔡元培，〈克卡樸氏社會主義史序〉，收入孫常煒輯，《蔡元培先生全集》，（台北：台灣商務印書館，民國66年），頁950。

「康密尼」，社會民主黨則被譯稱爲「莎舍爾德瑪噶里」。一八七二年至一八
八二年間的《萬國公報》，對西方社會主義、無政府主義及虛無主義的活動，
亦多有報導。文中把無政府主義譯成「鴨那雞撕德黨」。〔註25〕梁啓超主持的
《時務報》從一八九六年至一八九七年間，也有四篇有關社會主義及虛無黨
活動的報導。第十期有〈歐洲黨人倡變民主〉、〈錄諫俄皇書〉、十二期〈俄皇
脫險〉、十七期〈政黨論〉。一八九四年十二月至一八九九年五月，馬凱林（W.E.
Macklin）在《萬國公報》發表〈以地租徵稅論〉、〈再論以地徵租之利〉、〈富
民政策〉、〈各家富國策辨〉、〈地工本之說〉等文，討論亨利喬治（Henry George）
的學說。〔註26〕一八九九年《萬國公報》載蔡爾康〈大同學〉一文，原文譯
自英人頡德（Benjamin Kid）《社會進化》（*Social Evolution*），文中首次提及馬
克思（Karl Marx），當時譯成「馬克偲」。同年梁啓超於《清議報》發表〈論
強權〉一文，也介紹馬克思主義及無產階級革命等理念。〔註27〕檢討二十世
紀以前流傳於中國有關社會主義方面的文章，大多譯自外人作品，內容多偏
重活動報導性質，尚未能明白區分社會主義各流派的不同及理論的差異，更
無法比較其間的優劣。整體的呈現，令人覺得十分膚淺與零散，此一現象，
於思想萌芽期，自屬必然。

　　迨進入二十紀前後，由於赴海外留學人數日增，加上戊戌政變後流亡異
域的維新派，以及庚子事件的刺激，海內外革命情緒日張，報刊上宣傳社會
主義的文章也日多。譬如：梁啓超根據日人煙山專太郎《近世無政府主義》
一書，選擇中文以〈論俄羅斯虛無黨〉之名，於《新民叢報》發表。煙山專
太郎分虛無黨活動爲：「文學革命」、「游說煽動」、「暗殺恐怖」三期，梁氏特
別推許「暗殺恐怖」期虛無黨使用的方法，因爲此時充滿激進情緒的梁啓超
視恐怖爲對抗慈禧保守集團最有效的利器。〔註28〕一九〇一年有賀長雄《近世
政治史》選擇成中文，刊于《譯書彙編》，「社會主義」一詞，首次用於中文

〔註25〕萬麗鵑，〈辛亥革命時期的社會主義思潮，（1895～1913）〉，民國七十六年政
　　　　治大學歷史研究所碩士論文，頁88～89。
〔註26〕洪德先，〈辛亥革命時期的無政府主義運動〉，民國七十三年，師範大學歷史
　　　　研究所碩士論文，頁76～78。
〔註27〕Harald Z. Schiffrin and Robert A. Scalapino, "*Early Social Current in the Chinese
　　　　Revolution Movement: Sun Yet-sen Versus Lian Chin-chao*". Journal of Asian
　　　　Studies, Vol-XV III, No. 3, May 1959, P.335.
〔註28〕梁啓超，〈論俄羅斯虛無黨〉，《新民叢報》，四十至四十一號合刊本，頁74～
　　　　75。

書刊。〔註29〕一九○三年馬君武的〈社會主義與進化論比較〉刊于《譯書匯編》，明白宣示「社會主義既行，則人群必大進步，道德、智識、物質、生計之屬，必大發達，此世界之光景一大變。」〔註30〕另有署名「大我」者，於《浙江潮》上發表〈新社會之理論〉，認為「社會主義將以增人間之福祉，而消除其厄難。」〔註31〕作者對於歐美社會主義的流派、分合、異同，作部份的闡釋與分析，根據大我氏的討論認為社會主義可分為兩派：共產主義及極端民主主義兩系統，共產主義「創始於法人羅勃（Francis Babeuf 1760-1797），其後勁則猶太人埋蛤司（即 karl Marx 1818-1883 馬克思）也，今之萬國黨其見象也。」極端民主主義「創於法人帕洛吞（即 Pirrer Proudhon 1809-1865 普魯東），而俄人勃寧（即 Michael Bakunin 1814-1876 巴枯寧）、司克納爾（Max Stirner 1806-1856）其代表也，今俄之虛無黨其見象也。」〔註32〕

根據資料顯示，辛亥革命時期有十本有關社會主義的日文書被譯成中文出版，如下：〔註33〕

編號	書　　名	作　者	譯者	附　　註
1.	《自由血》	煙山專太郎	金崧岑	原名《近世無政府主義》
2.	《無政府主義》	馬拉疊斯達	張繼	譯自幸德秋水的日譯本
3.	《二十世紀怪物帝國主義》	幸德秋水	趙必振	侯太縮亦曾譯過此書
4.	《社會主義神髓》	幸德秋水	湯爾和	
5.	《社會黨》	西川光次郎	周百高	
6.	《社會主義》	村井至知	羅大維	
7.	《近世社會主義》	福井準造	趙必振	
8.	《社會主義概評》	島田三郎		作新社版
9.	《社會問題》	左原詳一	高種	
10.	《社會主義論》	安部磯雄	湯爾和	

〔註29〕莊福齡主編，《中國馬克思主義哲學傳播史》，（北京：中國人民大學出版社，1988 年），頁 24～33。
〔註30〕馬君武，〈社會主義與進化論比較〉，收入莫世祥編，《馬君武集》，（武漢：華中師範大學出版社，1991 年），頁 91。
〔註31〕大我，〈新社會之理論〉，《浙江潮》，第八期，（台北：國民黨中央黨史會，民國 57 年），頁 9。
〔註32〕同上。
〔註33〕同註 7，頁 65。

　　根據上表，顯示此時國人對於西方社會主義的認識，大多數是來自日本。探究其因，由於二十世紀初葉，中國留學運動興起，留日學生人數急速增加。留學生身處日本社會，當時日本又正逢社會主義運動日漸高漲之際，留學生必然會受此時代流行風潮影響。根據統計，從一九○二年至一九○四年間，國內所出版有關西方學術知識的書籍，其中百分之六十迻譯自日文著作，日文著作總數的百分之二五‧五爲社會科學，由此可以証明爲何此一時期大量地社會主義書刊是來自於日本的。〔註34〕

　　辛亥時期的革命運動，可依其特性，劃分爲兩個時期。第一階段從一九○一年至一九○五年，爲「理論鼓吹期」；第二階段從一九○六年至一九一一年，是爲「革命行動實行期」。〔註35〕因此從一九○五年至一九○六年，可謂是革命由理論鼓吹轉向身體實踐的關鍵時刻，體現於實際行動就是一九○五年同盟會的成立及《民報》創刊，孫中山的「三民主義」也因此成爲革命黨革命理論的核心。孫中山於《民報》〈發刊詞〉明白揭櫫革命目標在於「政治革命社會革命畢其功於一役」。〔註36〕社會革命既然成爲革命黨奮鬥的核心目標之一，完成社會革命的手段即爲社會主義的實踐，故至一九○七年《民報》上頻見介紹社會主義的文字，據統計共有十四篇，由此可見一斑。

《民報》有關社會主義文章統計表

篇　名	筆　名	原　名	期　別
1.〈德意志社會革命家小傳〉	蟄伸	朱執信	第二號
2.〈英國新總選舉勞動者之進步〉	蟄伸	朱執信	第三號
3.〈社會革命與政治革命並行〉	縣解	朱執信	第三號
4.〈土地國有與財政〉	縣解	朱執信	第十五號
5.〈一千九百○五年露國之革命〉	勥齋	宋教仁	第三號
6.〈萬國社會黨大會略〉	勥齋	宋教仁	第六號
7.〈進步與貧乏〉	屠富	廖仲愷	第一號
8.〈社會主義四大綱〉	淵實	廖仲愷	第七號

〔註34〕張靜廬，《中國近代出版史料初編》，（上海：群聯出版社，1954年），頁100～101。

〔註35〕章士釗，〈疏黃帝魂〉，收入《辛亥革命回憶錄》，第一集，（北京：人民出版社，1961年），頁217。

〔註36〕孫文，〈發刊詞〉，《民報》，第一期，1905年11月26日，頁2。

9. 〈無政府主義之二派〉	淵實	廖仲愷	第八號
10. 〈無政府主義與社會主義〉	淵實	廖仲愷	第九號
11. 〈虛無黨之小史〉	淵實	廖仲愷	第十一號
12. 〈無政府黨與革命黨之說明〉	夢蝶生	葉夏聲	第七號
13. 〈蘇菲亞傳〉	無首		第十五號
14. 〈巴枯寧傳〉	無首		第十六號

上述十四篇的內容廣羅並包，十分雜駁，涉及範疇頗廣，遍及無政府主義、馬克思主義、社會主義、虛無黨活動等。

　　一九○七年以後，因應革命浪潮的激盪，海內外環境的改變，介紹社會主義的文字更是陸續不絕，文章內容也愈見深廣度。期間有兩份以專門鼓吹無政府主義為志職的刊物出現，尤具時代意義。一為一九○七年六月一日創刊於日本東京的《天義》月刊，主持人為劉師培及其妻何震。另一為一九○七年六月二十二日創刊於法國巴黎的《新世紀》週報，主持人為李煜瀛、吳敬恆和張人傑。二刊物由於個人因素及環境變動，分別於一九○八年三月及一九一○年五月停刊。其間《天義》出版十九卷，《新世紀》發行一二一期。《天義》及《新世紀》的宗旨均在宣揚無政府共產主義（Anarcho communism）。〔註37〕《天義》一、二、七、十三、十四等卷未見，故根據現存十四卷分析，共刊載重要論著一二八篇，介紹社會主義、無政府主義、虛無黨活動者有三十八篇。《新世紀》共刊載六七三篇，介紹無政府共產主義及虛無主義者一○七篇，介紹社會主義者十九篇。〔註38〕二份刊物出現，意味著社會主義的宣揚，漸由零星即興式地介紹，趨向較深入、有系統的闡釋，甚至分別成立「社會主義講習會」及「世界社」等，以組織形式鼓吹之。〔註39〕這些現象顯示社會主義的訊息不再完全以間接方式透過日本取得，國人亦可直接從歐美擷取吸納。故對認識社會主義的真義，具有一定的釐清作用。又因為多年來的傳播及浸潤，創建組織，以行動宣揚主義，遂成為一種嶄新的嚐試。

〔註37〕張玉法，〈民國初年的中國社會黨〉，收入張玉法，《辛亥革命史論》，（台北：三民書局，民國82年），頁433。另參見蔡元培，〈五十年來中國之哲學〉，孫常煒輯，《蔡元培先生全集》，（台北：台灣商務印書館，民國66年），頁546。根據蔡元培說法：「李氏譯了拉馬克與克魯巴金的著作，在《新世紀》發表，雖然沒有譯完，但是影響很大。李氏的同志吳敬恆、張繼、汪精衛等等，到處唱自由、唱互助……都可用《新世紀》作為起點。」

〔註38〕同上。

〔註39〕同註7。

　　至武昌起義前夕，宋教仁於《民立報》發表〈社會主義商榷〉一文，〔註40〕詳細闡釋社會主義流派、內涵及實用性。時任《天鐸報》記者的江紹詮（亢虎），也於一九一一年八月九日於上海創設「社會主義研究會」，發刊《社會星》〔註41〕。上述二事，代表從理念發揚及組織形式兩層面更高層次的突破，也為辛亥革命時期的社會主義運動作一結束的註腳。

　　檢討清季社會主義流傳於中國，可依時間、環境及理論內容區分為數期。首先於二十世紀以前，社會主義往往以歐美新知的角色，被介紹回國內。內容多偏重活動報導，文字亦多屬層面。其後由於戊戌政變、庚子事件、拒俄運動等的激盪，無論維新派或革命派於現實挫折後的激情、或「救亡圖存」的壓力下，謀求新出路，遂深深地影響著時人面對社會主義的態度。以梁啟超為例，當以變法追求體制內改革遭受挫折後，煙山專太郎《近世無政府主義》的激進主張，乃成為其憤怒宣洩的寄託。梁氏根據是書以〈論俄羅斯虛無黨〉之名，發表於《新民叢報》，大力鼓吹仿俄國虛無黨的「恐怖暗殺」進行改革。〔註42〕至於社會主義的是否可行性，梁啟超倒並不十分熱衷。以梁氏發表于《新民叢報》的〈中國之社會主義〉一文分析，他認為西方社會主義宗旨在於追求社會資源的公平，即「土地歸公，資本歸公，專以勞力為百物價值之泉源。」〔註43〕與中國的井田之義十分相近，但欲施行此一理想非得數百年乃至一二千年之後的大同世界才可行。故梁啟超傾心虛無主義的手段，主要著眼於現實的實用性，而非理念的信仰。更不致於把社會主義的理論，視為努力追尋實踐的目標。

　　就革命派而言，除了秉持傳統民族主義進行「排滿」外，於政治、經濟等方面應何去何從，自然也是革命派所關心的。隨著歐美日等地社會主義運動的盛行，在求新求變心情激盪下的革命派，自然會受到影響。一九〇三年馬君武於《法政學報》發表〈社會黨巨子加菩提之《意加尼亞旅行》〉明白宣示：「社會主義者，改造社會之新模範也。社會黨人者，改造社會之新匠人也。」〔註44〕文中給予社會主義及社會黨人極高的期望。至於中國的歷史背景、現

〔註40〕宋教仁，〈社會主義商榷〉，《民立報》，1911 年 8 月 13 日～14 日，收入《宋教仁先生文集》，（台北：國民黨中央黨史會，民國 71 年），頁 413～417。
〔註41〕謝彬，《民國政黨史》，（台北：文星書店，民國 51 年重印），頁 41～42。
〔註42〕同註 10。
〔註43〕梁啟超，〈中國之社會主義〉，《新民叢報》，四十六～四十八合刊本，頁 60。
〔註44〕同註 12，頁 161。

實社會結構是否適合，倒非革命黨人所關注的重心。當時的梁漱溟即贊同辛
亥革命時期採用虛無黨的作法，其所持的理由是：一則直接有效；另則破壞
面不大，可避免國際干涉。〔註45〕

　　也由於革命情緒的激盪，激進主義（Radicalism）成為時代的主流。追求
實用、直接有效，遂成為信仰選擇的基礎。早在十九世紀末葉已涓滴介紹給
國人的無政府主義、虛無黨理念，逐漸浮現並吸引人們的目光。一九〇五年以
後，革命運動進入「實行期」，在蓬勃發展的革命宣傳刊物裡，固然是各家各
派理論共聚一堂，但是由於無政府主義所具有的激進、浪漫特質；加以歐美、
日本等地巴枯寧、克魯泡特金（Peter Kropotkin）、幸德秋水等人，在各處社會
主義運動裡的獨領風騷，乃深深地吸引著國人的目光。此一現象，可從《民
報》中頻頻出現討論、介紹無政府主義、虛無主義的文字，得以証之。其後，
無政府主義在言論的宣揚後，遂有組織的發起，以行動推展理念。一九〇七年
「世界社」、「社會主義講習會」乃因應此一趨勢而生；《新世紀》、《天義》的
創刊，有系統地傳播無政府理論，更奠定了無政府主義在中國宣場的基礎。
此一發展，不僅影響革命運動的發展，也種下民國建立以後無政府主義運動
的種子。

〔註45〕梁漱溟，《我的自學小史》，收入《自述五種》，（台北：龍文出版社，民國79
　　　　年），頁65。

第三章　民國初建時的社會主義思潮與運動（1912～1913）

　　探討時代思潮的形成，除了歷史因素之外，現實時空環境的影響，更是息息相關，密不可分。辛亥革命可謂當代中國歷史的分水嶺，因此民國初期的社會主義思潮，雖然源自於晚清時期的啓迪，但是其內容、目標及宣揚方式，都與前一時期截然不同。

第一節　新環境下的社會主義

　　社會主義思想於清季進入中國，經由人們廣爲宣揚，再因應時勢變遷，於辛亥革命時期，成爲革命黨人思辯的核心。雖然當時僅有《天義》、《新世紀》二刊物以宣揚無政府主義爲志職；但是於其他革命宣傳刊物裡，刊載有關社會主義的文章，也是接續不斷。

　　可是直到民國建立前，國內一般大眾對於社會主義的認知，仍屬有限。據當時人們的觀察，時人對社會主義的認知，「讀書解事之人，知之者千百萬一二，而恐懼危險黑闇破壞慘殺暴亂，種種悲觀若與此名詞相緣屬而起，相附麗而存，聞者怵心，見者咋舌，如市人談虎，如稚駭之驚雷。」〔註1〕由此可見當時一般大眾對社會主義多抱持負面看法，視爲洪水猛獸；要不然遂輕浮地以「共產公妻」嘲笑之。但是當時掌握時代思潮主流的知識分子，卻對社會主義懷抱著極高的期望，視社會主義爲「今世界眞文明、眞自由、眞平

〔註1〕元文，〈社會主義述古〉，《社會雜誌》，第3期，中國社會黨，上海惜陰公會，1911年10月，頁1。

等、眞幸福、大公無私之大要求、大主張」〔註2〕其後經由人們持續宣揚，影響逐漸普及。迨民國成立之後，逐步蔚然成爲風尚。《大公報》曾形容當時盛況云：「社會主義爲歐西最近之學說，近數年來始輸入於吾國，逮革命既成而其說驟盛，勢力之雄幾普及於中下。」〔註3〕由此也可以說明辛亥年江亢虎成立中國社會黨之際，一呼萬應的原因。

由於民國建立，國內政治氣氛丕變，言論思想擺脫昔日束縛，得以自由發揮。過去介紹新思想的重心，囿於現實，故多在海外發聲，此時也因應變遷，轉移回國內。因此，民初國內各大刊物，在新時代、新思想的衝擊下，紛紛改變立場，從正面角度介紹社會主義理論及活動，以立場保守著稱的《東方雜誌》爲例，一九一一年八月刊載錢智修〈社會主義與社會政策〉一文，從經濟學、社會學角度批評社會主義，認爲：「歐洲之有社會主義，蓋在貧富相懸，工傭積預之餘，其說既興，遂足以張皇一時之耳目。」〔註4〕至於社會主義的本質，由於「違反人性」，「在中國，不過少數學者之提倡。」〔註5〕但是作者認爲今日仍須愼防社會主義，因爲「社會主義之於中國，雖今尙無何等之勢力，然民生凋敝之既極，則必有仇視現制之時，又必有急病不擇藥之時，至於此時，而社會主義乘之而起，乃眞一瀉千里而不可收拾。」〔註6〕由此可知當時的錢氏對社會主義，持完全否定、懷疑的態度。但是武昌起義之後，《東方雜誌》、《申報》等夙持保守立場的刊物，紛紛改變立場。譬如《東方雜誌》從第八卷第十一期開始連載高勞翻譯日本無政府主義派領袖幸德秋水的《社會主義神髓》一書。十二期刊載〈論各國社會黨之勢力〉、〈德國社會黨之勝利〉、〈勞動界之新革〉三篇譯文，詳細介紹各國社會黨的分佈、人數、政治主張、活動等，並且特別強調社會主義已成爲今日世界的新潮流。〔註7〕於同期中，刊載一篇徵文當選文章〈社會主義〉，作者更明言民國建成，民族、民權兩主義，遂以畢行，今日「乃摶精悉力，鼓吹社會主義。」〔註8〕隔年又陸續登錄〈法國社會黨之勢力〉、〈論工團主義之由來〉等文，對於法

〔註2〕伊洪，〈何謂社會主義〉，同上，頁2。
〔註3〕〈社會主義平議〉，天津《大公報》，1912年4月25日，第3491號。
〔註4〕錢智修，〈社會主義與社會政策〉，《東方雜誌》，8卷，12號。
〔註5〕同上。
〔註6〕同上。
〔註7〕李喜所〈略論民國初年的社會主義思潮〉，《北方論叢》，1983年，6期，頁76～78。
〔註8〕歐陽溥存，〈社會主義〉，《東方雜誌》，8卷12號。

國社會主義的興起及理論體系，也有頗爲詳細的介紹。至於《申報》也多次刊載有關社會主義的報導，於一九一二年四月三十日還特別刊載〈共產主義之模型〉一文，詳細介紹巴黎近郊有一八二戶人家，共計一六三九人，實行共產互助生活的種種情形，從《東方雜誌》、《申報》等保守刊物態度的轉變，正足以說明民初社會主義思想已蔚成風尚，爲一般大眾所接受。無怪乎日後有一位社會主義者會慨然而曰：「二十世紀初的青年不追求社會主義的理想是落伍的。」〔註9〕

　　從外貌觀之，民初社會主義似乎十分興盛，但是從一般人的認知及宣傳文字進行觀察分析，卻呈現出人們對於歐美社會主義的歷史因素、流派、理論等認識，是非常含混不清。僅因現實環境或個人情緒而任意零星取用，此一現象，可以民初的梁漱溟加以說明。辛亥革命時期，梁氏認爲施行暗殺直接有效，而且破壞不大，又可免遭國際干涉，故傾心虛無主義；民國建立之後，環境已變，遂放棄暗殺主張。其間偶然讀到幸德秋水的《社會主義神髓》一書，反對私有財產的主張又深深地吸引著他，轉而信仰社會主義，日後他回憶：「當時對社會主義所知甚少，卻十分熱心。」「那時思想，僅屬人生問題一面之一種社會理想，還沒有回合到中國問題上。換言之，那時只有見於人類生活需要社會主義，卻還沒有見出社會主義在中國問題有其特殊需要，」〔註10〕質言之，梁氏基於人生哲理而信仰社會主義，至於中國的社會結構及其所衍生的困境之因，卻非決定思想取向的主導因素。但是誠如韋伯（Max Weber）所認爲，近代除西方世界外，於其他地區未曾產生合理的勞動組織，因此亦未能出現合理的社會主義。〔註11〕依據韋伯的論點，社會主義是建立在工業革命後的西方社會結構體之上，而且與其社會脈動息息相關。返觀清末民初的中國，卻不具備歐美社會於工業革命後的特質；故呈現社會主義流行的現象，顯然並非因爲社會結構改變，勞資對立而自然形成的。以梁漱溟爲例，稱之爲象牙塔式的社會主義者，亦不爲過，無怪乎錢智修要譏評：「社會主義之在中國，不過少數學者之提倡。」〔註12〕由於中國的社會結構尚不具備形成社會主義的程度，但是社會主義卻以新學說姿態進入中國，被視爲

〔註9〕千家駒，《從追求到幻滅》，（台北：時報文化出版社，1993年），頁17。

〔註10〕梁漱溟，《我的自學小史》，（台北：龍文出版社，民國79年），頁69。

〔註11〕Max Weber, *The Protestant Ethic and the Spirit of Capitalism*, tr. By Talcott Parsons,　（New York: Charles Scripner's Co., 1958），P.23.

〔註12〕同註4。

「救世之良藥」。﹝註13﹞因而於闡釋宣揚社會主義時，往往忽視其形成的時空背景，而附會中國的傳統以証明其合理性。以陳炯明爲例，陳氏夙重社會改革，曾爲劉師復「支那暗殺團」成員，具有濃厚的社會主義傾向。武昌革命爆發，陳氏於惠州響應，爲顯現具有社會主義特色，乃以井字旗爲旗幟，寓有中國社會主義「井田制」之意。﹝註14﹞亦有人認爲社會主義「于中華爲最早，若老莊之無爲，墨子之兼愛，孟子之大同，皆抱純粹之社會主義者。」﹝註15﹞甚而有人夸夸而言：「域內提倡社會共產之談，殆未有更先於吾國者矣」﹝註16﹞之所以會有此現象，凸顯民初的時代特徵，人們往往站在自我主觀意識型態上，針對現實實用的需要，任意擷取篩選，草率附會、詮釋以求其合理化，此一時代特質遂成國人面對龐大複雜的歐美社會主義之態度。其後隨著現實環境的變動，個人認知程度的變化，又會因此而生紛擾。民初中國社會黨的成立與分裂，即可說明此一現象。﹝註17﹞

第二節　從中國社會黨到社會黨

民初社會主義思想逐漸蔚成風尚，而因應此一時代思潮於現實世界的體現，即爲中國社會黨的成立。中國社會黨以宣揚社會主義爲宗旨，以組政黨的方式進行活動，於辛亥革命前後出現於中國，實屬首創，故頗具意義。

歐美社會主義形成的歷史背景不同，流派複雜，理念不一，再加上國人也是初步接觸社會主義，各人立場及認知亦存有很大的歧異。因此，中國社會黨順應時代風氣而生，故成立之初，乃有一呼萬應的盛況；但也因爲是初次嘗試，於成員、理念方面，呈現多樣與含混的現象。因此隨著黨員理念、立場的逐步廓清，衝突、對立也隨之而浮現，不久即步上分裂之途。部份黨員堅持信念，另組社會黨，以宣揚帶有濃厚無政府主義色彩的理念爲志職。中國社會黨從成立到分裂，其間理論爭辯及組織分合的關鍵，即在於面對無

﹝註13﹞編者，〈社會主義之世界觀〉，《社會世界》，第5期，1912年11月，頁5。

﹝註14﹞陳定炎，高宗魯，〈陳炯明：聯省自治的實行者〉，《傳記文學》，63卷，2號，民國82年8月，頁41。

﹝註15﹞同註13，另參見孫中山，〈民族主義〉，《國父全集》，第1冊，（台北：國民黨中央黨史委員會，民國62年），頁42～43。

﹝註16﹞同註3。

﹝註17﹞蕭公權，〈迹園文存〉，（台北：大西洋圖書公司，民國59年）頁102。梁漱溟，《東西文化及其哲學》，（台北：里仁書店，民國72年），頁185。

政府主義的立場不同所致，因此，亦可視為無政府主義於民初新時空環境下的另一層影響。

　　中國社會黨由江亢虎發起，江亢虎原名紹銓，江西弋陽人，生於一八八三年，出身傳統官宦之家，幼時深受傳統教育的影響，據其自述早歲讀到〈禮運篇〉「慨然慕大同之治，妄草議案，條例多端，以為必如何如何而後，天下可企于均平，因虛擬一理想世界，如佛陀、耶蘇所謂天國者。」〔註 18〕如同當時的許多人，社會主義思想的啓蒙，傳統文化裡的大同思想，扮演著十分重要的角色。戊戌變法時開始接觸西學，並且深受康有為《大同書》的影響。一九〇一年春赴日留學，僅停留半年，受直隸總督袁世凱之聘，返國任北洋編譯局總辦和《北洋官報》總纂。不到一年辭職，再次赴日留學。留日期間，適逢日本社會主義運動蓬勃發展，一九〇一年幸德秋水、木下尚江、安部磯雄、西川光次郎等六人創立「社會民主黨」。一九〇三年傾心無政府主義的幸德秋水另組「平民社」，創辦《平民新聞》為喉舌，鼓吹無政府主義。由於旗幟鮮明，理論清新，不久就成為日本社會主義運動的主流。〔註 19〕留日期間的江亢虎與幸德秋水、片山潛等人曾有交往。因此，當時江亢虎的思想帶有濃厚的無政府主義色彩，曾提出「三無主義」，認為人生有三苦，即有國家之苦、家庭之苦、宗教之苦。〔註 20〕主張祇有排除三者，社會的罪惡與不平纔可能消除。此種具有不滿現實體制的思想，溯其源除了來自於傳統中國的大同思想外，幸德秋水等人的無政府主義理念，對其應有相當程度的啓迪。

　　當江亢虎初步接觸社會主義後，認為與中國的大同理想之間，可以相互發明，而且具有「互相印証之妙」，只是由於「主義尚未發達完成，彼都人士，尤罕能道其梗概，故雖心有所見，亦不敢妄以示人。」〔註 21〕後來以「徐安誠」之名，撰〈無家庭主義〉、〈自由營業管見〉諸稿，投寄巴黎《新世紀》，申述其理念。〈無家庭主義〉根本否定家庭制度的存在價值，明言「無家庭主義為無政府主義及均產主義之基本。」〔註 22〕〈自由營業管見〉一文則持續發揮無家庭主義的理念，主張廢除一切人倫體制，每個人從出生由公共社會

〔註 18〕江亢虎，《洪水集》，1913 年 9 月 1 日，頁 16。

〔註 19〕中村英雄，《最近の社會運動》，（東京：協調會，1930 年），頁 28。荒細寒村，《平民社時代》，（東京：中央公論社，1976 年），頁 48。

〔註 20〕吳相湘，〈江亢虎與中國社會黨〉，收入吳相湘主編，《中國現代史叢刊》，第二期，（台北：正中書局，民國 49 年），頁 52。

〔註 21〕同註 18。

〔註 22〕某君來稿（江亢虎），〈無家庭主義〉，《新世紀》，93 號，1909 年 17 日，頁 11。

育之，教之，及長依其資質自立於社會，盡其所能，取其所需，迨天年即終，一生所得得歸公共社會，故「無家庭、無夫婦、父子、兄弟諸關係，憑自己之能力，求一身之幸福，未成人之前，受公共社會之恩惠，及其死也，還以所得者報之，而不獨親其親，不獨子其子，庶幾所謂大同者矣。」〔註23〕一九一○年七月，復發表〈無家庭主義意見書〉，再次倡言廢除家庭制度，但論述範疇，大抵不脫前文範疇。根據江亢虎所發表的言論觀之，明顯地視家庭制度是造成中國社會陷入困境之癥結，與歐美社會所發生的問題，具有不同的背景因素。江亢虎認爲：「中國社會與泰西社會，其根本不大同。泰西社會由個人的分子構成，中國社會由家庭的分子構成。家庭積弊，至今而極，種種苦惱，種種劣根性，種種惡行爲，罔不緣此而生。」〔註24〕因此，江亢虎從家庭制度的存在，向下推衍分析個人因家庭而生之苦，向上申論群體社會因爲以家庭制度爲基礎，因而造成整體社會結構性的弊病，環環相扣。因之，江亢虎深信若能消除家庭制度，個人可以得到最徹底的解放，社會也因罪惡之源的消逝，一切既有的罪惡，頓時也會隨之而去。探究此時江亢虎思想的底蘊，傳統中國大同世界的理想應屬於關鍵地位，成爲其擺脫現實困境，希望寄託之所在。至於近年來所接觸的社會主義，大多僅將其視爲追求大同理想的工具。因爲屬於工具性質，故僅重其表相與實用，內在結構的特質與差異，往往爲其所忽視。故當江亢虎高揭社會主義爲標的之際，浪漫的終極目標，輕易地吸引著眾人的目光；也由於視社會主義爲達到目標的工具，故以實用的態度面對各種不同的主張，毫無選擇地廣容並包各家各派，但是此種結合或稱其爲囫圇吞棗，雜然並陳亦不爲過。有位無政府主義者批評江亢虎：「摸竊了一些馬克斯的集產主義，連同他自出心裁的辦法，夾七夾八制定幾條黨綱，立起一個中國社會黨來，不久就分裂。」〔註25〕言詞雖然嚴苛，但也多屬事實。

　　一九一○年春，江亢虎在「南洋大臣江西撫院籌給補助官費」的支助下作環球之旅，歷經日、英、法、德、荷、俄等國，於一九一一年春，經由西伯利亞取道回國。旅歐期間，江氏考察歐洲社會現狀，並且曾以非正式的中國代表出席第一國際在布魯塞爾（Brussels）召開的大會，與許多歐美社會

〔註23〕安誠，〈自由營業管見〉，《新世紀》，97號，1909年5月15日，頁9。

〔註24〕江亢虎，〈擬發起個人會意見書〉，《洪水集》，頁6。

〔註25〕〈《民聲》小史〉，《民聲》，30號，1921年3月15日，頁3。

主義者會面，也曾與旅居巴黎的《新世紀》派無政府主義者交換過意見。經由這次考察，更確定了江亢虎對社會主義的觀點。誠如其所言：「比環游地球，觀歐美社會黨之盛況，凡余向所以爲如何如何者，乃不期而暗合十之八九。」〔註26〕江氏深信社會主義已成爲「二十世紀最流行之主義」，「其學說之弘通，勢力之扶植，日進千里，風靡全球，在學界已成一極有根據之學科，在政界已成一極有聲援之政黨。地無論東洋西洋，國無論君主民主，罔不有其如火如荼之歷史。」〔註27〕江亢虎顯然在受到日本、歐美社會主義運動的啓迪與激勵，因此回國不久，即積極活動，四處宣揚社會主義，並且著手籌組政團，進行推廣活動。根據日後江亢虎的分析，當時推動社會主義及組黨，尚另有一理由，主要是基於防患未然的心理。江氏深感今日社會主義已擅揚於歐美、日本，已成爲社會變動的要因。至於東西交通往來便捷，中國勢必無法孤立於世界潮流之外而不受其影響，因此未來「社會主義在中國，鼓吹必易，贊同必更多，推行必更速。」〔註28〕面對此不可抗拒的思潮，依据今日歐美各國的經驗，祗能順勢利導，若逆向壓制，「壓制愈甚，則爆發愈烈。」參酌歐美各國的因應態度，「英、美、德、法之社會黨，放任自由，而寧謐無迕。俄、日、意、西之社會黨，干涉嚴重，而禍變相尋。」雖然今日中國「尙無大地主大富豪，故先事預防，推行無滯，不至蹈歐美覆轍。」〔註29〕以免日後積重難返，一發不可收拾。

　　一九一一年春，江亢虎返國後，任《天鐸報》記者，由於當時政治氣氛緊張，江氏爲避免觸犯禁忌，不便公開大力倡議社會主義，故對外言論，「所懷卻陳者，十不敢書其一二。」〔註30〕多偏重色彩平和的女子教育及幼兒教育的探討。陸續發表〈忠告女同胞文〉、〈幼稚教育宜立公共機關說〉、〈社會主義與女學之關係〉等文，并至「上海城東女學社」、「惜陰公會」發表演說，藉倡導女子教育的角度，轉而鼓吹社會主義。七月十日成立「社會主義研究會」於上海張園，名稱可能抄襲自日本。該會並且發表宣言，聲稱以「研究廣義的社會主義爲宗旨，介紹西來之學說，發揮古人之思想，交通近世之言論，以公平的眼光，論理學的論法出之。」〔註31〕當場簽名入會者五十餘人，

〔註26〕江亢虎，〈社會主義與女學關係〉，《洪水集》，頁16。
〔註27〕江亢虎，〈社會星發刊詞〉，《洪水集》，頁22。
〔註28〕同註26，頁19。
〔註29〕江亢虎，〈致袁大總統書論社會黨十事〉，《洪水集》，頁69。
〔註30〕同註26，頁17。
〔註31〕同註27，頁24。

即為日後中國社會黨的前身。並以上海惜陰會名義發行《社會雜誌》，由江亢虎任編輯，以宣揚社會主義為宗旨。迨武昌革命爆發，十一月二日上海宣告獨立，江亢虎眼見已無需顧忌清廷干涉，乃於十一月五日，宣佈成立中國社會黨於上海英租界大馬路福康里口。由於中國社會黨為江亢虎一手策劃成立的政黨，因此江亢虎的理念自然會影響到中國社會黨的政黨性格，江亢虎對於社會主義的認識程度，可從其所發表的文章觀察之，由於其原本具有濃厚的無政府主義傾向，但是他也僅將無政府主義視為達到社會均平的工具，而非具有一套有系統的理念與信仰，而傳統中國的大同思想纔是其價值系統的根本。再加上當時國人對於社會主義的認識，也是十分膚淺。因而面對各家各派的社會主義，江氏祗能採取全盤接受的立場，不論其間是否存有理論的矛盾與衝突，更遑論顧及是否會衍生流派分合等問題。以其在機關報《社會星》上所言，最能呈現江亢虎的理念及立場，江氏認為：「一論之中，或丹素並陳；一冊之中，或矛盾相陷，讀者不得妄議其宗旨之不統一，且正唯宗旨不統一，而可予讀者以思審之自由。」〔註32〕從其所言，固可譽為廣容并包，但一政黨，本身宗旨游移不定，僅能以妥協態度以求相結合，此一現象絕非因其具有包容多樣的特性，而只是種下日後紛爭絕裂的潛因。

　　江亢虎認為秉持社會主義理念籌組政黨，可依其理論分為兩大派，其一為「純粹社會黨」（即無政府主義派）、其一為「完全政黨的社會黨」（即民主社會黨）。由於江氏夙來具有濃厚的無政府主義傾向，故對前者評價甚高，認為：「大抵高尚卓越之士，多祈望本黨為純粹社會黨，以達無家庭、無政府、無宗教之理想世界。」〔註33〕故於《社會黨月刊》第一期，以「徐徐」之名發表〈無家庭主義意見書〉，延續昔日所主張的「無家庭主義」，但是江亢虎盱衡當時國內情況，認為「現時黨員心理觀之，則贊成後說者（即民主社會黨）實居大半。」〔註34〕因此，江氏不敢貿然以其昔日的信念，做為籌組社會黨的理論核心；妥協地以民主社會黨的理念，作為中國社會黨黨綱的基本精神。〔註35〕

〔註32〕《宣言》，《社會星》，第2號。

〔註33〕江亢虎，〈中國主會黨重大問題〉，《社會黨月刊》，第1期，民元年3月，頁1～3。

〔註34〕同上。

〔註35〕梁漱溟對於江亢虎的個人行為曾有嚴厲的批評，据梁氏所云：江亢虎「與我家夙有來往，我深知其為人底細，他此種舉動（組中國社會黨，鼓吹社會主義），完全出于投機心理，雖有些莫名其妙人附和他，我則不睬。」，參見梁

　　中國社會黨成立之初所宣示的黨綱共計八條，（一）贊同共和；（二）融化種界；（三）改良法律，尊重個人；（四）破除世襲遺產制度；（五）組織公共機關，普及平民教育；（六）振興直接生利之事業，獎勵勞動家；（七）專徵地稅，罷免一切稅；（八）限制軍備併力軍備以外之競爭。根據中國社會黨所揭示的黨綱內容觀察，已完全不具有無政府主義色彩，劉師復就認爲該黨「實無異一普通政黨，殊無取名社會黨之價值」。〔註 36〕但是從清季以來，社會主義思想經由外入輸入、國人譯介、革命黨鼓吹，浸浸然已具社會思潮主流之趨勢，雖然一般大眾對其認識仍屬淺薄雜亂。〔註 37〕當中國社會黨於一九一一年十一月第一個標榜以社會主義爲宗旨的政黨出現之際，馬上吸引眾人目光，得到熱烈地回響。根據一九一三年一月中國社會黨天津部傳單宣稱，中國社會黨從辛亥年創立至今，成立支部四百九十餘處，黨員計有五十二萬三千餘人，「社會主義之有一觸即發，如響斯應，有沛然莫禦之況。」〔註 38〕當時的無政府主義者亦多採樂觀其成的態度。譬如華林、吳敬恆等皆列名爲黨員。〔註 39〕吳敬恆、張繼等更是積極參與其活動。劉師復於中國社會黨成立之初，亦甚表歡欣，曾欲入黨共事。因爲「在懵瞳的中國裡，這時但有人嘴邊能掛社會主義四個字，管他如何總算是好，何況居然結黨做事呢？」〔註 40〕

　　由於中國社會黨是第一個以社會主義爲號召的政黨，成立之初又採取妥協包容的態度，並沒有堅定的排他立場與信念，因此，成立未久即獲得熱烈的迴響，組織及人員擴張極速。至黨員結構及背景并不複雜，以知識階層占大多數。就以「崇明支部」爲例：〔註 41〕

漱溟，〈我的自學小史〉，收入《文史資料選輯》，九十八輯，（北京：人民出版社，1987 年），頁 165。

〔註 36〕劉師復，〈政府與社會黨〉，《晦鳴錄》，第 2 期，1913 年 8 月 27 日，頁 3。

〔註 37〕同註 35，以梁漱溟爲例，其僅讀一兩本有關社會主義的書刊，就自以爲是他撰寫《社會主義粹言》一書，鼓吹一知半解的社會主義。

〔註 38〕〈中國社會黨天津部成立大會傳單〉，中國第二歷史檔案館編，《中國無政府主義和中國社會黨》，（南京：江蘇人民出版社，1981 年），頁 190。

〔註 39〕〈本部學員題名錄〉，《社會黨月刊》，第 2 期，民元年 4 月，頁 26。

〔註 40〕〈無政府主義對同類異派的真正態度〉，《民聲》，三十號增刊，1921 年 4 月 5 日，頁 1。

〔註 41〕原文刊於《崇明報》，五～十七期，收入徐善廣等編，《中國無政府主義》，（湖北人民出版社，1989 年）頁 120。

職業	學務	報界	商業	農業	女工	入伍生	醫務	工業	合計
人數	113	1	11	4	2	1	1	1	134

明顯地以知識分子占絕大多數，有異於歐美社會因社會階級的存在而產生顯著的差異與對立。雖然中國社會黨成員背景差異不大，但是卻因成員對社會主義認知的不同，致使中國社會黨成立甫及一年，遂因理念的對立而宣告分裂。

中國社會黨於成立之初，就因支持或反對無政府主義理念而分為兩派。一九一一年十一月，一位託名「留歐學生」者，翻譯馬拉疊斯塔（E. Malatesta）的〈工人無政府主義談〉（*A talk about Anarchism, Communism, between two workers.*）一文於《社會雜誌》，大力鼓吹無政府主義。〔註42〕但是於下一期，隨即有位名「知恥」者，發表〈無政府主義談書〉一文，明白揭示反對無政府主義的立場，作者認為視政府為萬惡之源，主張推翻政府的論點，是不正確的。社會存在的不公不義現象，祇要利用「教育平等」及「遺產歸公」二法，及可去除。因為「若能行斯二者，則全國將人人為勞動家，亦即人人為資本家。資本與勞動融化為一，而貧富之階級不破除矣。」〔註43〕另一社會黨黨員吳讓之亦明言：「廢金錢、停商務，皆純粹社會主義之言，而吾黨所甚不贊成者。」〔註44〕因此，於當時的中國社會黨內部就分裂為兩派，一派是以沙淦等為代表的「極端社會主義派」，即無政府主義派；另一派是以殷仁、蔡鼎成為代表的「國家社會主義派」。

「極端社會主義派」是革亥革命後出現的一個鼓吹無政府主義派別，其活動期間為一九一二年至一九一三年八月。重要出版刊物有《社會世界》（一一二年四月至一九一二年十一月，共出版五期）、《良心》（一九一三年七月至一九一三年八月，共出二期）、《人道周報》、《極樂地》等刊物。其主要代表人物有沙淦、樂無（呂淦森、即太虛）、重慢（呂大任）、徐安鎮、華林、魯哀鳴及化名煮塵、隨隨、絮因、白濤、笨伯、愛真、天真、寄寄、離浪、木鋒、自然等。其中尤以沙淦最具影響力。

沙淦字寶琛、江蘇南通觀音堂人，早年赴日留學，入成城警察學校習警

〔註42〕留歐學生，〈工人之無政府主義談〉，《社會雜誌》，第 3 期，1911 年 11 月，頁 12。

〔註43〕知恥，〈無政府主義談書後〉，《社會雜誌》，第 4 期，1911 年 12 月，頁 13～14。

〔註44〕吳讓之，〈大公新世界〉，《社會黨月刊》，第 1 期，民元年 3 月，頁 9。

政，曾加入同盟會，畢業後返國，擔任報社主筆。辛亥革命爆發，與陳英士
合組敢死隊攻打上海製造局。民國成立後，積極參與中國社會黨活動。袁世
凱掌握國政後，沙淦又與陳英士等籌組「俠團」，進行反袁。另外也創辦報刊，
批評時政。他曾發刊《土皇帝》一書，批判張謇的所爲。二次革命時，沙淦
藉紅十字會野戰醫院名義立勸募團，於江北募金時被捕殺害。〔註45〕另外「樂
無」即太虛法師，俗姓呂，名淦森，辛亥革命時期與黨人來往甚密，曾閱讀
譚嗣同、巴枯寧等人著作，並把佛教教義與無政府主義結合在一起，是《社
會世界》和《良心》雜誌編輯。呂大任是早期同盟會會員，擔任《社會世界》
經理人和《良心》雜誌編輯。魯哀鳴，早年同情革命，一九一二年著《極樂
地》一書，鼓吹無政府主義。

　　沙淦認爲社會主義有狹義、廣義之分，「狹義著，欲破壞現在之社會組
織之謀建設者也，是爲社會革命主義。」「即所謂世界社會主義」。「廣義者，
卻于現在社會組織之下，謀有以矯正個人主義之流弊者也，是爲社會改良主
義，」「即所謂國家社會主義」。〔註46〕二派的目標相同，而其手段則異。
但沙淦主張「狹義者，眞社會主義也，眞平等也，眞自由也，眞親愛也，以
個人之犧牲，而爲多數謀幸福。」「廣義者，僞社會主義也，不平等也，不
自由也，不親愛也，以專制之手段而抑人民之自由。」〔註47〕由於反對以
社會改良方式完成社會主義終極目標的實踐，因此對於民初共和政局的現
象，提出強烈的批判。《社會世界》第一期刊載〈願無爲大罵袁世凱〉一文，
明言：「所謂共和政體，乃一非牛非馬之政體，所謂民國者，乃一不倫不類
之民國也。」〔註48〕另有同志亦言：「良政府，幻象也，政治萬能，夢想也。
政府之無益于吾民，不僅中國爲然，寰球各國無不然，不獨裁制爲然，共和
立憲亦莫不然。」〔註49〕

　　由於極端社會主義派倡議以激烈的手段完成社會革命的主張，引起中國

〔註45〕〈沙烈士寶琛事略〉手抄本，中國國民黨黨史委員會藏，編號 230/819。〈沙
　　　　烈士寶琛紀念碑〉，手抄本，同上，編號230/1600。
〔註46〕憤俠，〈狹義社會主義與廣義社會主義〉，《社會世界》，第1期，1912年4月
　　　　15日。收入葛懋春等編，《無政府主義思想資料選》，（北京：北京大學出版社，
　　　　1984年），上冊，頁223。
〔註47〕同上，頁223～224。
〔註48〕蔣俊、李興芝，《中國近代的無政府主義思潮》，（濟南：山東人民出版社，1990
　　　　年），頁148。
〔註49〕愛眞，〈政府乎？盜藪乎？〉，收入同註46，頁241。

社會黨內持緩和立場者的質疑。一位黨員殷仁乃投書申述其理念，殷仁首先肯定無政府主義（即狹義派社會主義）的理想，但是他主張以國家社會主義為津梁，以達彼岸（即無政府之境）。太虛則持吾政府理念反駁之，他認為國家社會主義強調「國家」、「政體」，提倡大國家、軍國主義，如此「則國家社會主義推行之億萬萬年，亦何能達到無政府主義之境域乎？」〔註50〕

中國社會黨以贊同共和、財富均平、男女平權等為奮鬥目標，與辛亥革命後的革命黨之立場是一致的。因此，中國社會黨得到南京臨時政府相當程度的包容與支持，孫中山曾贈書四種：一、《社會主義概論》、二、《社會主義之理論與實行》，三、《社會主義發達史》，四、《地稅原論》，以相共勉。〔註51〕但是隨著孫中山去職，南京臨時政府結束，中國社會黨乃因時局更變而逐步陷入困境。一九一三年五月湖南都督譚延闓首先對中國社會黨施壓，派兵封閉了中國社會黨長沙支部所創辦的兩所小學，並以「有意擾亂秩序」為由，拘捕中國社會黨派出的五名交涉代表。黎元洪也先後解散湖北荊門、沙市、宜昌、襄樊等地的中國社會黨支部，並命令內務、軍務兩司暨巡警總廳，「迅飭各縣知事及軍警兩界，如遇有假社會黨名目開會講演，務須嚴為禁止，勒令解散。倘敢抗不遵命，即行拿辦。萬不可稍事姑息。」〔註52〕直隸巡警道楊以德對《大風日報》總編輯郭究竟所發起成立的天津支部，也百般阻撓。第一次以郭究竟等人因其組織宗旨、章程「未經具報，無從考核」為由，加以拒絕。第二次郭究竟等再次申請，楊以德卻答覆：「此項問題關係重大，本公所無此權力，不能擅自主張，仍應將貴黨宗旨及社章照結社章程呈由本所，申請都督咨部核准立案，始能照辦。」〔註53〕譚延闓、黎元洪、楊以德等人對中國社會黨的壓迫，乃為日後袁世凱政府解散中國社會黨的前奏。

江亢虎面對此惡劣的局面，一方面刻意降低言論的激進程度。〔註54〕另一方面積極向袁世凱等進行游說，力求促使袁世凱相信中國社會黨的出現「於

〔註50〕 太虛，〈社會黨與中國社會黨之八面觀〉，《社會世界》，第5期，1912年7月10日，頁37。
〔註51〕 〈中國社會黨本部誌謝〉，《天鐸報》，1911年舊曆11月14日。
〔註52〕 《時事新報》，1912年7月4日。
〔註53〕 〈張錫鑾關於中國社會黨天津支部請求立案咨〉，收入《中國無政府主義與中國社會黨》，頁169～175。
〔註54〕 江亢虎，〈孫中山社會主義講演集弁言〉，《洪水集》，頁82。

民國前途，有百利而無一害。」〔註55〕「社會主義乃光明正大和平幸福之主義。」〔註56〕另外又分別致函黎元洪、趙秉鈞，並發表〈社會黨有益國家說〉一文，向社會說明表態，以化解一般人們的疑慮。〔註57〕一九一二年六月十九日江亢虎且由上海乘海輪北上，面謁袁世凱，並與趙秉鈞、江朝宗等軍政要員交涉。八月二十日乘車南下，迭謁黎元洪、譚延闓二人，進行遊說，得到一定程度的認同而後於九月二十五日返回上海。〔註58〕

經由江亢虎與北京政府及相關地方政府交涉後，袁世凱表示對該黨已有相當程度的瞭解。趙秉鈞也表示：「深信社會主義決為有利無害」〔註59〕。因此在他們的默許下，八月十八日中國社會黨北京支部宣告成立。在武漢，黎元洪亦改變態度，允許湖北各支部恢復活動。於長沙，譚延闓也「極道歉忱，并示禁軍警干涉，各支部仍繼續進行」〔註60〕。一時之間，中國社會黨似乎可以暢行無阻。在江亢虎從長沙回到上海後，檢討日前所面臨的種種困境，皆導因於「內部之腐敗，下流歸惡，空穴來風。不遑責人，但當自責」〔註61〕。因此，企圖確立中國社會黨的性格，調整為能與現實政治結構相契合，以免與政府產生衝突。在此理念下，遂於一九一二年十月下旬於上海召開中國社會黨第二次聯合會。江亢虎於大會中首先強調：「黨綱實本黨黨員唯一之目的，遵守黨綱，以謀實行，實本黨黨員唯一之義務」〔註62〕要求黨員恪守「不妨害國家存立的範圍內主張純粹社會主義」的宗旨。〔註63〕江亢虎的宣示的主張，意味著中國社會黨已徹底屈服於現實政治勢力之下。因而潛伏已久的無政府主義路線之爭，乃正式浮現台面。

一九一二年十月召開第二次聯合大會時，中國社會黨內部已分為兩派。「一部份主張政府社會主義（俗稱國家社會主義）之黨員，提議改為政黨。一部份主張無政府主義之黨員，又提議刪改黨綱，期合于真正社會主義，爭論至烈。黨領袖為調停之計，于章程中加入于不妨害國家存立範圍內主張純粹社會主

〔註55〕江亢虎，〈致袁大總統書論社會黨十事〉，《洪水集》，頁69。

〔註56〕同上，頁68。

〔註57〕江亢虎，〈社會黨有益國家說〉，《洪水集》，頁75～78。

〔註58〕江亢虎，〈北上宣言〉，《洪水集》，頁70。

〔註59〕《民立報》，1912年8月14日。

〔註60〕江亢虎，〈復某君書論社會黨與女子參政事〉，《洪水集》，頁80。

〔註61〕同上，頁81。

〔註62〕江亢虎，〈中國社會黨宣告〉，《洪水集》，頁66。

〔註63〕《民立報》，1912年11月19日。

義及黨員得以團體或個人從事政治之活動二詞。其矛盾乃視前益甚。」〔註64〕因此十一月二日，聯合大會甫宣告結束，兩派即正式宣告決裂。上海本部庶務幹事，也是《社會世界》主編沙淦在《民立報》上公開發表宣言，正式宣佈和江亢虎領導的中國社會黨決裂，另組織以「純粹社會主義」即無政府主義為宗旨的「社會黨」。〔註65〕但因社會黨宣稱：「實行鏟除強權，預備世界大革命，及不婚姻，已婚姻者以二人同意解除夫婦名義」〔註66〕等激越的主張，引起袁世凱政府注意，十日之後，袁世凱命令內務部「按法律嚴行誡禁」〔註67〕。次日內務部咨送各省都督、民政長遵照辦理，社會黨隨即遭受全面查禁而解散。

社會黨倡導的「純粹社會主義」，亦即無政府主義，劉師復曾明言「憤憤（沙淦）等所發起之『社會黨』……即無政府共產主義」〔註68〕。故社會黨的成立，可謂無政府主義於民初國內以大規模政黨組織型態進行宣揚之嚆矢。但是遭受袁世凱政府查禁後，「名義上遂不能公佈於內地，惟於上海設立一交通機關（法租界大馬路卜鄰里口四百七號）進行」〔註69〕。後曾以「良心社」名義出版《良心》雜誌兩期，旋因二次革命爆發，袁世凱政府「顧盼自雄，益無忌憚」〔註70〕，查禁國民黨，解散中國社會黨，沙淦亦因運動聯絡反袁力量而被捕殺，社會黨活動乃正式宣告終止。

社會黨的成立及活動，可謂無政府主義於民初國內以組織、政黨型態的首次實踐，其理念可以其所揭示的黨綱最具代表。其宣示黨綱有六：一、消滅分富階級（實行共產）、二、消滅貴賤階級（尊重個人）、三、消滅智愚級（教育平等）、四、破除國界、五、破除家族、六、破除宗教。〔註71〕根據社會黨的宗旨與黨綱觀察，社會黨已是一個具有濃厚無政府主義傾向的政黨。但是劉師復對於社會黨的性格及角色，仍持有部份批評，他認為社會黨並不能算是一個純粹的無政府主義黨，因為：第一，社會黨即主張無政府共

〔註64〕師復，〈政府與社會黨〉，收入同註21，頁208。

〔註65〕《民立報》，1912年1月2日。

〔註66〕〈大總統府秘書廳等檢送社會黨緣起約章並行各省區嚴行誡禁文件〉收入同註21，頁185～187。

〔註67〕同上。

〔註68〕師復，〈答悟塵〉，《民聲》，第十號，1914年5月16日，頁10。

〔註69〕同註64。

〔註70〕師復，〈我輩前進〉，《民聲》，第四號，1913年12月27日，頁1。

〔註71〕同註64。

產，就不可名為社會黨。其原因有二：一、「學理上之不可」。因為「社會黨既宣言消滅治人者與被治者之階段，顯然為無政府黨，即非復社會黨三字所能包舉矣。」〔註 72〕二、「事實上之不可」。因為近世之所謂社會黨，概為集產派社會黨之通稱。各國社會民主黨亦簡稱為社會黨，故「今既主張無政府共產，而又取名曰社會黨。將何自別于各國之社會黨及社會民主黨乎。」〔註 73〕第二社會黨既是無政府黨，就不應該有機關組織。因為「無政府黨極端反對管理代表等權，而主張絕對自由者也。故無政府黨不應如當世之政黨，組織機關，自定黨綱，招人入黨。」〔註 74〕故社會黨設章程、立黨綱、組機關、募黨員的作法，完全背離無政府主義理念。第三、無政府主義的根本精神立基於自由意志之上，社會黨明立二綱六目，「明著入黨者須信從綱目之條」〔註 75〕，此乃無政府黨堅持欲排除者。第四、社會黨若是無政府黨，就不應該有預定的建設事業。因「社會黨約章」有曰：「事業分鼓吹、進行、建設三種」〔註 76〕鼓吹、進行固為無政府黨之職責，至於「建設」，若指現在，「則無政府黨方竭其心力以謀推翻強權之不暇，尚有何餘力，有何餘財，以作此補苴彌縫，舉一漏萬之建設乎？」〔註 77〕若指推倒政府為無政府主義實現之時，「其時已為無政府之社會，人人皆為無政府之民，而不復有所謂無政府黨。如何建設，自有大眾無政府之民，各盡所能而為之，不必專屬之無政府黨。」〔註 78〕至於今日無政府黨組織工會，建立學校，其基本精神乃秉持自由意志及自由結合之理念，「以圖主義之普及者矣。然此乃傳播事業之一種，乃黨人運動之方法，而非所云于建設也。」〔註 79〕第五、社會黨若是無政府黨，就不應有戒約。由於「社會黨約章」規定黨員有不作官吏、不作議員、不入政黨、不允軍警、不奉宗教、不稱族姓等戒約，規定遵守戒約，始能入黨。但是「所戒之事，皆無政府黨反對之事。既以無政府為宗旨，自不必復立戒約，此無政府黨不必設戒約之說也。無政府黨以絕對自由為宗

〔註 72〕師復，〈論社會黨〉，收入《中國無政府主義與中國社會黨》，頁 106。
〔註 73〕同上，頁 106。
〔註 74〕同上，頁 107。
〔註 75〕同上。
〔註 76〕〈社會黨約章〉，《社會世界》，第五期，1912 年 11 月。
〔註 77〕同註 74，頁 110。
〔註 78〕同上。
〔註 79〕同上。

旨，不能預定戒約，使人遵守。」〔註80〕由於劉師復認為社會黨的理念雖可謂是無政府共產主義，但是黨約內容卻十分混淆矛盾。因此，社會黨成立之初，曾頻邀約劉師復入黨，但卻被劉師復婉拒。〔註81〕此亦可謂無政府主義運動於國內推動之初的遺憾，卻亦呈現劉師復其人對於無政府理念的執著與堅持，奠定其於日後無政府陣營的基礎及地位。

迨一九一三年八月二次革命風潮逐漸平息，鼓吹無政府主義最力的沙淦被殺害，中國社會黨、國民黨等也紛遭查禁，社會主義之風頓挫，無政府主義頗有中輟之勢。而「當此疾風捲地狂濤滔天之時……鼓吹無政府之機關報《晦鳴錄》乃適時出現」〔註82〕，承繼無政府主義運動的宣揚。

第三節　無政府主義者的轉向

雖然無政府主義的理論內涵涉及政治、經濟、文化，但是檢討晚清中國無政府主義運動的萌芽，革命時代的來臨及革命行動之需要實為主要的原因之一。因之無政府主義運動亦隨著革命氣氛的高漲而日盛，武昌起事，民國建立，昔日的縈繞人心的「革命」主導理念（Leading Idea）頓失，無政府主義者面對的是革命後南北對峙下的糾葛及民國建立以後價值系統崩潰下的混亂。因此，其角色亦隨之轉變，並且造成一定的影響。

一、無政府主義與民初政局

一九一一年十月十日武昌起義爆發，各地革命黨員紛紛響應，革命情勢一時之間有若風雲席捲。不久袁世凱重任總理大臣，清軍開始反攻，清軍與革命軍形成對峙之局。十二月四日革命陣營議決臨時政府設立於南京，以大元帥主持政務。原先選舉黃興任之，黎元洪為副，後因湖北方面有意見，遂改由黎元洪任正職，黃興任副。但因黎元洪不克前往南京，黃興又不願暫代，故革命陣營一時間產生領導虛空的問題，直到孫中山抵南京後，才得以解決。

孫中山從美國，經由歐洲，於十二月二十五日抵上海。當時的孫中山對

〔註80〕同上。

〔註81〕師復，〈師復答道一書〉，《民聲》，三號，1913 年 12 月 20 日，頁 11。

〔註82〕〈內務部通告〉，1913 年 8 月 9 日袁世凱下令查禁中國社會黨，收入〈各省中國社會黨被解散始末——該黨申辯破除遺產制度並無抵觸約法有關文件〉，南京第一歷史檔案館，編號-00-（2）/954。

於時局具有強烈的信心與企圖心，因此在初抵上海的次日，即因中國未來應採總統制或內閣制，與宋教仁發生激辯。宋氏夙來主張內閣制，但是對具有強烈企圖心而欲有所作爲的孫中山而言，內閣制將會成爲其施政的障礙。孫中山認爲「內閣制乃平時不使元首當政治之衝，故以總理對國會負責，斷非此非常時代所宜。吾人不能對於惟一置信推舉之人，而復設防制之法度。」〔註83〕十二月二十七日制定「臨時政府組織大綱」，正式確立國家政體爲總統制。二十九日孫中山當選中華民國臨時大總統，並於一九一二年一月一日正式就職。

　　根據孫中山於一月三日發佈的內閣人事觀察，此時的孫中山對主導未來政局似乎仍深具信心。可從任命伍廷芳爲司法總長、王寵惠爲外交總長流露出。因爲南京臨時政府時期所面臨的問題，誠如沈定一所言：「擘頭難題，便是外交」。〔註84〕孫中山卻任命毫無外交背景的王寵惠任之，至於擅于外交的伍廷芳卻擔任司法總長，因而引起世人質疑，一月六日孫中山曾因此對《大陸報》記者作說明。〔註85〕究其因不外因爲孫中山欲主導外交，伍氏乃長者，故諸多不便，〔註86〕由此可見，此時的孫中山仍深信其有能力主導大局。當時南北和議正在進行，孫中山堅持革命必須徹底完成，但是一月二十二日和議條件談妥，其中之一就是清帝退位，孫中山讓總統位與袁世凱。

　　孫中山從充滿自信、欲有所爲而突然引退，除個人道德因素外，据其本人分析當時革命無法徹底完成，因爲「款項見扼於參議院，次爲各軍有爲和議所動者，再次爲中堅黨員有主張和議至堅者。」〔註87〕至於傾向和議的黨員，根據胡漢民的分析，大致可分爲三類，其一爲持中國固有之宗法倫理思想者，認爲「名不必自我成，功不必自我立，其次亦功成而不居」，此派以黃興等人爲代表。其二爲僅識日本倒幕維新而傾向於立憲主義，常謂「武裝革命之時期已過，當注全力以爭國會與憲法，即注全力爭國會與憲法，即爲鞏

〔註83〕胡漢民，〈胡漢民自傳〉，《革命文獻》，第 3 輯，（台北：國民黨中央黨史委員會，民國 58 年），頁 56。

〔註84〕沈定一，〈臨時政府有展期之緊要〉，1912 年 1 月，收入第二歷史檔案館編，《中華民國史檔資料匯編》，第三輯，〈民眾運動〉，頁 577。

〔註85〕孫中山，《國父全集》，第四冊，（台北：國民黨中央黨史委員會編印，民國 62 年），頁 458。

〔註86〕居正，〈辛亥箚記〉，收入《居覺生全集》，下冊，（台北：國民黨中央黨史委員會，民國 64 年），頁 531。

〔註87〕同註85，頁 162。

固共和，實現民治之正軌。」此派以宋教仁為代表，其三為持西歐無政府主義者，常謂「權力為天下之罪惡，為政權而延長戰爭，更無可自恕。」此派顯指吳敬恆、李煜瀛、汪兆銘等人。〔註88〕

李煜瀛於一九一一年夏返國，仍居北京故宅。武昌革命爆發後，往來京津之間，十一月六日汪兆銘被釋，李煜瀛於天津與其會晤後，聯合各省在京津黨人，創設「京津同盟會」，舉汪兆銘為會長，李煜瀛為副會長。創辦《民意報》於天津，以為該會之機關報，於北方宣揚革命而與南方的革命陣營相呼應，其所造成影響誠如日後黃興所言：「揭櫫共和之標幟，號召幽燕間豪俊，今日一論，明日一文，默化潛移，卒掃共和之障礙。」〔註89〕

辛亥革命爆發，清廷重新起用袁世凱，袁世凱內有北洋新軍為後盾，又有滿清政府中的官僚派為之策劃，復得外國使節團之好感，〔註90〕故值南北僵持之際，頓時成為各方注目人物。因此當武昌起事不久，於革命黨陣營即有舉袁世凱為總統的主張，遠在歐洲的蔡元培即贊同此舉，因為「除離間滿袁外，于半新半舊之人極有影響，外交亦然，如德國政界推服袁甚至。」〔註91〕汪兆銘亦認為「清廷諸人多無學識，障力尚小；惟袁在北方年深名盛，聲威勢力無出其右，若與清廷合力抗我，北事無可為也，北方根本不解決，演成南北局，致全國流血，禍無已時，外人乘此瓜分，是我國不亡於滿清，而亡於革命也，故吾黨目的尤以聯袁為重要。」〔註92〕其後汪氏活躍南北之間，積極聯絡斡旋。「聯袁制清」乃成為解決僵局的另一主張。

至於袁世凱本人則依違於清廷與革命黨之間，綜觀時局，順勢而為。一方面以軍事實力，威嚇革命陣營；另一方面透過其子袁克定的聯絡，直接與汪兆銘會面。胡漢民認為袁世凱此舉頗具深意，因為「（袁）私見精衛，謂非常之舉，非兒孫輩所知，而自輸誠於民黨。」〔註93〕故「京津同盟會」確立「聯袁倒清」的目標，其後遂有汪兆銘與袁世凱的親信楊度共同發起「國

〔註88〕同註83，頁167～168。

〔註89〕黃興，〈《民意報》週年紀念詞〉，《革命文獻》，第41輯，（台北：國民黨中央黨史委員會，民國57），頁180。

〔註90〕林能士，〈京津同盟會與辛亥革命〉，《中國文化復興月刊》，12卷1期，民國68年1月，頁23。

〔註91〕蔡元培，〈致吳稚暉函〉，收入孫常禕輯，《蔡元培先生全集》，（台北：台灣商務印書館，民國66年），頁1038。

〔註92〕歐陽雲，〈炸前清袁內閣紀實〉，收入《開國文獻》，第一編，第13冊，頁717～178。

〔註93〕同註83，頁55。

事共濟會」的成立。該會主張清廷及革命軍停戰，舉行國民會議解決君主、民主問題，以免戰禍。〔註94〕「國事共濟會」的出現意味著「聯袁倒清」理念的初步體現。由於此一意圖在當時并未爲外人所知，故引起各方反對，不久「國事共濟會」乃宣告解散。其後經由汪兆銘的溝通連繫，首先武漢方面的黨人表示支持，聲明袁世凱如反正，當公擧爲臨時大總統。〔註95〕以寧滬爲中心的黨人在「京津同盟會」會員黃復生、羅偉章的到來與解說，亦明瞭汪兆銘的意圖，對汪氏主張從過去的懷疑轉而表示支持。當時《民立報》曾刊載〈歡迎革命家黃復生羅偉章〉一文，即可謂南方黨人意向轉變的代表。〔註96〕因此，孫中山尚未抵國門，革命黨已有與袁世凱合作的默契，對日後孫中山的抉擇，形成一股不可抗拒的壓力。

　　至於革命陣營中的無政府主義派的立場，於此關鍵時刻的影響力亦相對加重，當時活躍於革命黨的無政府主義者有：李煜瀛、吳敬恆、張人傑等人，彼等與孫中山的關係極爲深遠，夙爲其堅強的支持者。以吳敬恆爲例，辛亥革命爆發，孫中山由美抵英，進行宣傳，當時孫中山對外電稿，多由吳敬恆起草，治孫中山就任臨時大總統，吳敬恆亦返國，於南京停留四日，即與孫中山同室共居四日，〔註97〕由此可見其間關係之密切。因此當時局瀕臨關鍵之際，堅強盟友的立場，更是孫中山無法漠視的。

　　當汪兆銘爲和南北奔走之際，李煜瀛成爲「京津同盟會」的實際負責人，於北方配合革命形勢進行活動。無政府理念若欲體現，最醒目的方法即「行動宣傳」（Propaganda by Deed），暗殺即爲「行動宣傳」最常用的手段。因此當「京津同盟會」成立之初，分設軍事，庶務、財政、司法、文牘、外交、交通、暗殺等八部。暗殺部因其性質特殊，而直屬會長、副會長指揮。該部共有男女同志二十餘人，成立甫一月，已完成各種事務的準備。所需武器由上海運來，並由各同志到京西門頭溝、十三陵等處荒山演習，謀刺對象、方法、道路均一一討論，只等待適當時機。〔註98〕最初因汪兆銘進行「聯袁制清」活動，暗殺部乃暫不活動，其後和議遲滯，袁世凱立場又依違不定，暗

〔註94〕同註90。

〔註95〕吳相湘，〈袁世凱謀取臨時大總統之經過〉，收入吳相湘編，《中國現代史叢刊》，（一），（台北：正中書局，民國49年），頁138。

〔註96〕〈上海春秋欄〉，《民立報》，1911年11月23日。

〔註97〕李書華，〈辛亥革命前後的李石曾先生〉，《傳記文學》，24卷2期，民國64年2月，頁44。

〔註98〕同註90，頁22。

殺部遂決定付諸行動，乃有刺袁世凱、誅良弼、炸張懷芝之舉。〔註 99〕三次暗殺活動，最直接的反應是袁世凱怵然放棄依違清廷與革命黨之間的策略，積極進行和議，澄清立場。另外良弼之死，對於宗社黨尤為一記最嚴厲的警告。因而宗社黨人人自危，不敢再公開倡言反對革命。至於袁世凱更以「近畿迭出暴舉，足徵革命勢力已及肘腋，此後禍變將防不勝防」〔註 100〕之語，恫嚇清室，自此，清室震驚，由是遜位之局乃定。〔註 101〕

當臨時政府初立，雖然南北和議已進行一段時日，但是「當時黨中同志意見紛歧，有人以為所托非人，恐貽伊戚。」〔註 102〕以致議和僵持，甚至有破裂之勢。李煜瀛以長電轉至臨時政府，認為只要清帝退位，天下事即可大定。〔註 103〕至於吳敬恆亦贊同南北議和，他相信和議若能達成，共和則可確立，憲法得以完成。故吳氏當時曾云：「共和憲法弄好，權柄定歸百姓。無論孫家中山，無論袁家慰亭，無論唐家紹儀，無論熊家希齡，無論好人壞人，都教法律管定。」〔註 104〕因此吳敬恆深信儘快達成和議，建立共和，始為追求更高遠目標的正確開始。

由於辛亥革命之後的南北對峙，致使黨人對於如何解決僵局的方式，也因各人立場不同而意見不一。當時的無政府主義者，於北方籌組「京津同盟會」，以暗殺手段進行革命，使北方革命氣氛為之一變；於南方革命陣營，無政府主義者秉持「權力為天下罪惡，為政權延長戰爭，更無可自恕。」〔註 105〕的立場，極力主張與袁世凱妥協，與其他贊同議和的黨人於革命陣營內形成一股強大壓力，迫使孫中山放棄徹底完全革命的理想。

二、新目標──道德與教育的實踐

清季革命運動的基本精神，誠如《民報》的揭示：「民族主義人性所固有，……羅馬帝國瓦解後，民族主義代世界主義而興。」〔註 106〕乃是本之於

〔註 99〕同上。
〔註 100〕馮自由《革命逸史》，第二集，（台北：台灣商務印書館，民國 58 年），頁 308。
〔註 101〕齊如山，〈自傳〉，《齊如山全集》，第七冊，（台北：聯經圖書公司，民國 70 年），頁 4081。
〔註 102〕吳鐵城，《吳鐵城回憶錄》，（台北：三民書局，民國 58 年），頁 32。
〔註 103〕同註 83，頁 60。
〔註 104〕吳稚暉，〈國民捐攤簧〉，《社會世界》，第三期，1912 年 5 月。
〔註 105〕同註 83。
〔註 106〕精衛，〈民族的國民〉，《民報》，第 1 號，頁 3。

民族主義而擅揚。但是無政府主義的基本理論之一，卻是反對種族主義。因此，雖同處革命陣營，二者之間必然存有無法規避的理論緊張性。由於二派統御在革命的大原則下，民族主義革命派視清廷爲壓迫人民的異族政權，理應推翻；在無政府主義者的眼中，滿清政權代表著政府強權，尤應共棄之。由於二派近程目標的一致，縱使二者之間存有終極目標的歧異，乃皆可得以化解，甚至相輔相成。但是武昌革命後，理念的差異，致使現實路線認知的不同，逐漸浮現。首先暴露的即是南北議和及面對袁世凱的態度，於孫中山與李煜瀛，吳敬恆之間產生了嚴重歧異。

　　一九一二年二月十二日清帝宣布退位，孫中山讓臨時大總統職位與袁世凱後，民國大局底定，這意味著清季推動革命十餘年的終極目標，已正式完成。對無政府主義者而言，「倒滿」近程目標的消逝，也象徵著努力方向亦應另作調整。

　　民國初建，社會理應呈現一番新氣象。但是誠如黃遠庸所言：「革命之目的，本在除去貪官污吏，即一切之爲盜爲丐者。而今則官僚之侵蝕如故，地方之荼毒如故。……然吾視今日之現象，不過將晚清末年奔競豪侈之習，與東京留學生會館放縱暴亂之狀態，膽摹一副寫本，而即爲今日之現象。」〔註107〕至於革命黨人「往來蘇滬者，頗縱情聲色。以爲英雄本色。……而社會漸趨奢侈，政客之獵官熱亦驟盛。」〔註108〕因此，當昔日奮鬥目標不在，現實社會卻充斥著陳腐敗壞的現象，無政府主義者秉持棄絕政治的理念，乃有從道德及教育著手之議。

　　當南北議和會議宣告達成協定後，李煜瀛南下，在上海期間，與吳敬恆、蔡元培、張人傑及張繼等晤面。彼等見民國初建，官吏名利徵逐如昔，社會豪奢之風依舊而深感憂慮。這些人誠如胡漢民所言：「吳（敬恆）、李（煜瀛）久居法國，常與無政府黨人遊，而宗尚其主義。……精衛與子民、溥泉亦漸有無政府之傾向。」〔註109〕因此，無政府主義對人性及道德的信念，促使他們決定發起一項道德運動，以爲新環境下的新奮鬥目標。

　　首先由汪兆銘、李煜瀛、張繼、吳敬恆四人聯名發起「進德會」、成立宗旨爲：「亡清之腐敗，積社會之腐敗而成，若民國新建，承其流而不加注意，

〔註107〕黃遠庸，〈游民政治〉，民元年12月26日，《少年中國週刊》，收入《遠生遺書》，上冊，（台北：文星書店，民國49年重印），頁19。
〔註108〕同註83，頁66。
〔註109〕同上。

將腐敗之根株不去，而凋敝之原氣難復。因發起爲進德會，廣徵海內有道之
士，相與爲約，爲社會樹立風聲，庶新社會可以成立，而國風丕乎其變焉。」
〔註110〕該會無會長、幹事等名目，亦無章程，不納會費。不設罰則，但憑會
員介紹即可入會。從其組織、精神及目標觀之，「進德會」實具有濃郁的無政
府主義色彩，與日後的「晦鳴學舍」、「心社」等組織，十分相近。其會員分
普通會員及特別會員兩類，特別會員再分甲、乙、丙三部，各類會員遵守會
約亦不同。

　　普通會員會約：不狎邪、不賭博、不置妾。

　　特別會員會約：依甲、乙、丙部分別增加不作官吏、不作議員、不吸煙、
不飲酒、不食肉。〔註111〕

　　當「進德會」的名稱及會約公布後，由於「進德」名稱具褒貶之意，「不
作官」及「不作議員」兩項更令部份黨人深感不妥，乃有人倡議去除上述兩
項，改稱「六不會」。李煜瀛亦認爲，爲避免世人誤解，而有易名「立志會」
之念。〔註112〕但是亦有人認爲，若「進德會」放棄不作官、不作議員兩項，
僅有六不條約，則其精神太過消極，因爲「只有不作官、不作議員兩條有無
政府黨精神。」〔註113〕最後乃以八不條約爲規範，丙部特別會員僅李煜瀛、
吳敬恆、廉泉三人。〔註114〕「進德會」的理想隨著李煜瀛等人北上而影響
擴及北方。北京地區黨人李顯章、朱芾煌二人首先申請爲乙部份特別會員。
〔註115〕其後「入會者頗不乏人。」〔註116〕當時亦有女性欲效法而成立「女
子進德會」之議。同年三月三日由章兆方、章兆彥、章兆廉三姊妹共同發起
並頒布「進德會女子部會約」，主張「不閒遊、不作艷裝、不吸煙、不飲酒、
不賭博等條款。」〔註117〕

　　由於部份黨人對於「進德會」不作官吏、不作議員二項，無法接受。李

〔註110〕〈發起「進德會」會約〉，《民立報》，1911 年 1 月 19 日。收入《李石曾先生
　　　　文集》，上冊，（台北：國民黨中央黨史委員會，民國 70 年），頁 175。
〔註111〕同上。
〔註112〕李煜瀛，〈爲進德會事致吳稚暉、張繼函〉，收入《李石曾先生文集》，下冊，
　　　　頁 292～293。
〔註113〕景梅九，《罪案》，（北京：國風日報社，民國 14 年），頁 301。
〔註114〕楊愷齡，《民國李石曾先生煜瀛年譜》，（台北：台灣商務印書館，民國 69 年），
　　　　頁 26。
〔註115〕同註 112。
〔註116〕李煜瀛，〈爲進德會致吳稚暉函〉，《李石曾先生文集》，下冊，頁 243。
〔註117〕《民立報》，1911 年 3 月 3 日。

煜瀛、蔡元培、唐紹儀、宋教仁、王正廷等二十六人聯名發起「社會改良會」。其章程要點是六不（放棄「進德會」的不作官吏、不作議員二項）之外，再加上許多生活規範，如：廢止早婚、承認離婚自由、提倡少生兒女、禁止體罰兒童、廢止大人老爺稱以「先生」代之、戒除迎神、建醮、拜經、提倡公墳制度、提倡改良戲劇等。〔註118〕觀察宣言內容，涵括範疇頗廣，觀念十分新穎，部份至今猶是吾人追求的目標。

　　對於辛亥革命時期的無政府主義者而言，民國建立，意味著昔日奮力追求的近程目標，正式宣告完成。面對民初的亂象，棄絕現實政治，藉由人性至善的道德而尋求突破，乃成為民初無政府主義者努力的新目標。此一道德運動的揭示，對時人也產生不小影響。批評者認為由於無政府主義者倡議的遠離政治、清高自許，浸浸然成為時代風氣之主流，因而引起許多青年人以脫離實際政治為尚，致使民初政治結構仿如前清翻版，故亦難脫其沉痾泥淖。〔註119〕但也因為這些望重之士高懸道德以為號召，使得人們樂觀地擁抱著浪漫理想而不願屈就現實，因之而蘊釀下一波巨變的能量。根據吳玉章回憶，當年主要就是受了「進德會」影響，對時局不滿之念萌生之際毅然而然地放棄總統府職務，赴海外留學。〔註120〕

　　民國時期雜然并陳的救國途徑中，「提倡教育」一直佔著很重要的地位。胡適即曾云：「倘祖國有不能之資，……首在樹人；樹人之道，端賴教育。」〔註121〕李煜瀛亦認為在現階段發展無政府主義，首要工作在教育，故其在致劉師復信中，明白揭示：「吾黨進行之方針，……應從學問與教育著手。」〔註122〕因為「搞教育，宣傳互助，傳播這種美麗的理想，努力去感化別人就好了。至於總統、皇帝及其他官職和議員，讓人去當沒有關係。」〔註123〕

　　因此，當近程政治目標隨著民國建立而暫時消失之際，無政府主義者遂將其目光投注於教育，期盼透過教育，實踐無政府理念及完成無政府的理想。

〔註118〕〈發起社會改良宣言〉，收入《李石曾先生文集》，上冊，頁178～182。

〔註119〕吳玉章，〈辛亥革命的經驗教訓〉，轉引自李振亞，〈中國無政府主義的今昔〉，《南開學報》，1980年1期，頁52。

〔註120〕同上，原刊《解放日報》，1942年10月10日。

〔註121〕故適，〈致許怡蓀函〉，1916年1月25日，收入胡適，《胡適學日記》，（台北：台灣商務印書館），1959年，頁832。

〔註122〕吳玉章，〈回憶五四前後我的思想轉變〉，載《五四運動回憶錄》，（北京：人民出版社，1970年）頁3～4。

〔註123〕李煜瀛，〈真民先生與師復書〉，《民聲》，第六號，1914年4月18日，頁11。

因此民初「勤工儉學」運動的推動，即爲此股思潮的體現。

所謂「勤工」、「儉學」并非民國以後纔產生，勤工儉學運動核心人物之一的吳敬恆，早在一九〇三年由滬赴英，即曾實行過苦學生活。一九〇七年吳敬恆抵巴黎編印《新世紀》與李煜瀛、褚民誼等曾實驗以節儉方式生活。同年蔡元培也以儉學精神赴德留學。一九〇九年，李煜瀛、齊竺山等人組豆腐公司（Usine Caseo-Sojaine）於巴黎近效哥倫貝（Colombes），製造各種大豆食品，並由內招工，除同宿同食、生活費儘量降低外，工作之餘，兼習中、法文及普通學科，具有「以工兼學」之意。吳敬恆等人於辛亥革命期間的留學經驗，乃成爲日後勤工儉學運動推展之濫觴。〔註124〕

勤工儉學固爲近代留學風潮下經由實驗而衍生的理論之一，但其核心人物如李煜瀛、吳敬恆、蔡元培等人的思想底蘊，卻各有所本。蔡元培本之於「勞動神聖」說，認爲作工乃人類天職，而且「工之中自有學在也，習于工者，往往能自出新意，符合學理。」〔註125〕吳敬恆認爲工與學，亦即勞心與勞心，乃一體兩面，因爲「學則有研理；工則欲善事，亦必運思。」從人類歷史觀之，進化的基礎，乃建立在勞心與勞工交互運作之下，兩者相輔相成，不可偏廢。〔註126〕李煜瀛認爲「人類進化，……其中因果之繁複，歧正之交雜，固不可勝道，然有可得而約言者，則學是也。」〔註127〕因此「速其進化之潮流，亦必學而莫由矣。」〔註128〕過去囿於歷史發展，將勞心與勞力，機械性地二分視之，以致無法瞭解「學」與「工」於人類進化的過程中，所扮演的角色及意義。李煜瀛認爲「果人皆力學，則社會智智愚之異等，人生無苦樂之不均矣。」〔註129〕而且眾生平等，故人人皆可學，人人也必可成。蔡、吳、李三人在詮釋「工」與「學」時，雖論述方式與著重之處存有部份不同，但其基本精神卻是一致的。即打破傳統社會輕視勞動的心理及知識壟斷後所衍生的社會不均與愚昧。在「工」「學」結合下，近可提升國民的夙質及國家程度，以因應近代中國之困境，遠程則符合人類社會進化的原理，以追求更完美的社會，此亦可視爲無政府主義理想的實踐。

〔註124〕陳三井，〈引論〉，《勤工儉學運動》，（台北：正中書局，民國70年），頁3。
〔註125〕蔡元培〈勤工儉學傳序〉，同上，頁71。
〔註126〕吳敬恆，〈《勤工儉學傳》書後〉同上，頁76。
〔註127〕李煜瀛，〈《勤工儉學傳》引書〉，同上，頁74。
〔註128〕同上。
〔註129〕同上。

　　勤工儉學運動依時間發生先後、性質及方式，大致分為四階段。即（一）留法儉學會；（二）勤工儉學會；（三）華法教育會；（四）里昂中法大學等四階段。留法儉學會於民國元年由吳敬恆、李煜瀛、張人傑、齊竺山等發起於北京。勤工儉學會於民國四年夏由李煜瀛等倡設於巴黎。華法教育會成立於民國五年，由中法兩國文化、教育界人士共同發起。法國里昂大學（Institut Franco-Chinois de Lyon）亦稱里昂中法學院。里昂中法大學乃吳敬恆鼓吹，以及李煜瀛、張人傑、蔡元培等人支持贊助，於民國十年十月正式開辦。〔註130〕由於本節討論重點在於民初的無政府主義者，依時間斷限，故僅就「留法儉學會」進行討論。

　　「留法儉學會」於民國元年由吳敬恆、李煜瀛、汪兆銘、張繼、齊竺山等人發起於北京。緣於：「改良社會，首重教育。欲輸世界文明于國內，必以留學泰西為要圖。惟西國學費，宿稱耗大，其事至難普及。」〔註131〕成立學會的宗旨即：「以節儉費用，為推廣留學之方法；以勞動樸素，養成勤潔之性質。」〔註132〕秉持無政府主義的自由組合及互助合作精神，故無會長等名目，惟由會員中推定數人，分任義務。無論男女，年滿十四歲，每年能籌足食宿學費五、六百銀元者，皆可入會為會員。學課規定以科學實業及一切有裨人生，與有關社會之智德體育各種學課為重。不事政治軍備各科。此項規定最能顯示該會成立之始念，與無政府主義思想具有密切的關聯性。〔註133〕

　　民國元年春，留法儉學會另設預備學校於北京，由於蔡元培時任教育總長，特將方家胡同北順天高等學堂舊址借與使用。成立宗旨除〈簡章〉所言，欲利儉學會會員赴法前數月之中聘請法人教授法國語言文字之外，另在生活上依照儉學會會約操作，以「期養成留法儉學與習慣。」〔註134〕另外有見於昔日幼童留學，國學根基未具，即遠赴海外，其所衍生流弊誠如汪兆銘所言：「今日留學少年一涉足西洋往往生厭惡本國風習之觀念，浸假而唾棄本國人，浸假而變為外國人」，的現象。〔註135〕汪氏認為狹隘之愛國論固屬不當，但事有輕重緩急，奮鬥目標則有遠近之別。今日「四萬萬人方累累然陷

〔註130〕同上。
〔註131〕〈旅歐儉學運動之源流、組織與合約〉，收入陳三井編，《勤工儉學運動》，頁2。
〔註132〕同上。
〔註133〕同上。
〔註134〕〈北京留法儉學會預備校篇章〉。同上，頁18。
〔註135〕汪兆銘，〈汪精衛論學書〉，同上，頁37。

於可憐之境遇，吾輩求學本欲援此可芻同胞於水深火熱之中，若提倡留學之結果，乃製出多少有學問之外國人，豈素心所願。惟時時以祖國語言、文學相切磋，使常懸一吾同胞顛連困苦之影於心目間良心不致漸滅，此其益也。」〔註136〕由此亦流露「留法儉學會」的發起，無政府主義的互助、合作理念，固爲始念萌發之源；謀求中國得以脫離現實環境的困阨，亦爲推動的主要因素之一。

儉學會運動的推動組織，不僅有「留法儉學會」，尚有「留英儉學會」、「留東儉學會」等，但以「留法儉學會」爲重心。之所以首先選擇法國，及以後的勤工儉學活動亦多以法國爲主，其原因蔡元培、汪兆銘及李煜瀛等人曾有過詳細的分析。蔡元培認爲國內學校、教員數量不足，圖書館、博物館等設施缺如。法國無此缺點；發起同人均曾留學法國，對當地環境及教育界知之甚詳；另外法國社會的紳民階級、政府萬能、宗教萬能等觀念並不強烈；經濟方面，除巴黎外，其他地區生活耗資不高；最後於科學方面，法人成就並不在德國之下。且各有所長。汪兆銘認爲近世法國的變遷，由大破壞而致大建設，與今日中國破壞專制，建設共和的途徑完全一致，故可以法爲師；其次法國的特色，如思想自由，感覺敏捷、進取活潑，此爲中國最欠缺之處，故可從法國汲取瀰補之。李煜瀛則對法國的學術特色，作更深入的分析。李氏認爲法人在物質科學及哲理方面，均有許多原創性的貢獻。如：巴斯德（Louis Pasteur 1822-1895）於微生物學的發現及陸謨克（De Monet de Lamarck）的進化論哲理等。另外法國更是近世許多新思想、新學說之源，尤其在法國大革命時期。如：盧騷（Jean-Jacques Rousseau）、伏爾泰（Voltaire 1694-1718）等，影響後世尤巨。至於法國的學校從基礎教育至高等教育，設備完整。而且由於平民思想所致，學費亦較他國爲廉。〔註137〕

留法儉學會及預備學校於民國元年春季國內形勢大致底定之際，正式開始推動。依李煜瀛的構想，計劃於五年內將三千名學生送往法國，但預備學校僅辦了三班，人數約在八十人以上，百人以下。〔註138〕迨二次革命爆發，國內形勢丕變，首先教育部索回借用校舍，預備學校遂遷入四川會館，然而警察不時前往巡查騷擾，致使學生紛紛退學，學校無力維持，最後祇得停辦，

〔註136〕同上。
〔註137〕同上。
〔註138〕〈留法儉學會講演會之演說〉，同上，頁39～50。

儉學會運動亦暫告終止。

　　由於李煜瀛、吳敬恆等人早年的留學經驗、無政府主義的信念及中國的現實情勢等因素下，當民國建立，革命目標消逝之後，透過工、學方式，追求知識，以達進化，遂成爲這群無政府主義運動者因應環境及實踐理念的新方向，留法儉學會之舉由是而生。雖然不久因爲國內政局動盪，致使留法儉學會計劃中輟，但是其後影響深遠的勤工儉學及工讀互助團等運動，則皆以留法儉學所樹立的基礎及實踐的經驗，得以持續推動。〔註139〕

〔註139〕李書華，《碣廬集》，（台北：傳記文學出版社，民國 56 年），頁 2。
〔註140〕郭正昭、林瑞明，《王光祈的一生與少年中國學會》，（台北：百傑出版社，民國 67 年），頁 38。

第四章 無政府主義運動的再出發
（1913～1915）

　　一九一二年十一月初中國社會黨因路線之爭，正式宣告分裂，以沙淦爲領導的無政府主義信仰者，另行籌組社會黨，以推動無政府共產主義爲志職。此爲無政府主義在國內以政黨組織型態進行活動的開始，但僅至十餘日即被袁世凱政府禁止。民國舞台上活躍的無政府主義者，乃以提倡道德與教育的「進德會」及「留法儉學會」爲重心。迨二次革命爆發，因政治環境大變，進德會主張形同虛設，留法儉學會也因政府的干擾而停辦。一時之間，具有無政府主義色彩的活動，頓時陷入沉寂。當下沈悶之際，劉師復挺身而出，號召同志，高懸主義，組織「晦鳴學舍」，發刊《晦鳴錄》，宣揚無政府理念，擔負起承先啓後的重任。

第一節　承先啓後的劉師復

　　辛亥革命期間，由於革命浪潮的激盪，無政府主義頗爲盛行。但是活動重心主要集中在日本東京和法國巴黎兩地，當時分別成立「社會主義講習會」及「世界社」，發行《天義》與《新世紀》以爲喉舌。國內雖有劉師復等人的活動，但是影響不大。一九〇八年、一九一〇年《天義》、《新世紀》分別停刊，不久劉師培、何震、汪公權等人回到上海，投身兩江總督端方門下，叛離革命。〔註1〕民國建立後，由於主、客觀環境的改變，張、李、吳諸人

〔註1〕 參閱洪德先，〈辛亥革命時期的無政府主義運動〉，師大歷史研究所碩士論文，民國73年。

的行止亦有別於往昔。劉師復對於這些無政府主義運動先驅者的改變，向現
實改採妥協的態度，深感不滿。認為「張繼既作議員，吳稚暉亦時週旋于國
民黨間，既與政黨日益接近，既與社會無政府黨日漸疏離。」不禁痛心要「為
無政府主義痛哭！」〔註2〕由於《新世紀》已不復刊，無政府主義的前輩們
對於主義的宣揚，也不如往日積極，雖然他們於辛亥革命時期的文章與言論
仍具有強大的影響力，且為日後無政府主義者理念的啟迪、理論的依據及宣
傳的利器。但是民國以後的無政府主義運動，由於他們大多逐漸淡出，因此
民國時期的無政府主義運動乃轉由新的一代承擔，重要人物有：劉師復、梁
冰弦、鄭佩剛、區聲白、黃凌霜、朱謙之、巴金等。他們秉持著信仰的熱忱，
於多變的民初時期，創造一段光輝耀目，影響頗為深巨的政治運動。根據現
有資料顯示，從一九一二年至一九三一年間，中國無政府主義團體即成立一
二七個，〔註3〕發行書刊達二二八種。〔註4〕由於眾多組織的成立，大量宣
傳刊物的出版，無政府主義對當時社會、文化、政治產生的影響不小。

　　無政府主義的影響可以民初中國社會黨的分裂為例。究其分裂的根本原
因，就是該黨黨員的政治信念可劃分為贊同或反對無政府主義兩派，由於理
念對峙，最後導致分裂。但是當時真正有組織、有系統地推動無政府主義運
動，且為運動核心並擔負承先啟後角色者，乃是劉師復及其同志們。

　　師復原名劉紹彬，因立志反滿，光復故國，改名為劉思復，信仰無政府
主義後，廢姓改名師復，三個不同名字，代表著師復三個不同時期的思想及
主張。〔註5〕師復於一八八四年六月二十七日生于廣東省香山縣都溪角村，劉
家是當地世家，父親思想非常開通，維新運動時，創辦香山縣第一所學校，
組織「天足會」，並大量印贈維新派人士的宣傳刊物，日後劉師復的思想發展，
父親的特質應有一定的影響。十五歲考中秀才，名列全縣第一，後厭惡考場
黑暗，放棄舉業，從事社會活動，成立演說社、閱書報社，並創辦香山第一
所女校──崙德女校。一九〇四年赴日本，一九〇五年加入同盟會，一九〇七
年回國，準備刺殺水師提督李準，安置炸彈不慎引爆，事發被捕。左手因爆

<hr>

〔註2〕 劉師復，〈致吳稚暉書〉，《劉師復文集》，（台北：帕米爾書店，民國69年），
　　　　頁131。
〔註3〕 參見附錄一。
〔註4〕 參見附錄二。
〔註5〕 劉石心，〈關於無政府主義活動的點滴回憶〉，收入葛懋春編，《無政府主義思
　　　　想資料選》，（北京：北京大學出版社，1984年），頁927。

炸受傷遭致截肢，故有人撰聯曰：「稚暉五體投地，師復隻手回天」，描述師復的人格及影響。當時由於刺殺案查無實証，被判監禁。獄中三年，因家人財力輸通，故雖身處縲紲，但仍有相當自由，可以自由閱讀書報，其中包括《新世紀》，思想因之幡然轉變，由昔日純粹之政治革命黨，〔註6〕開始贊賞無政府主義思想的崇高，也確立了以後信仰的方向。一九〇九年出獄後，即去香港，組織「支那暗殺團」，成員有陳炯明、謝英伯、高劍父、朱述堂、李熙斌、鄭彼岸、林冠慈、丁湘田等人。該團章程以「反抗強權」為宗旨，取單純破壞之手段。「雖未嘗標揭無政府之主張，然敢自信確為反抗強權之革命黨，而非復政治之革命黨。」師復自認為「此後皆獨立運動，與同盟會亦幾無關係矣。」〔註7〕一九一一年林冠慈狙擊李準及李沛基炸死廣東將軍鳳山兩役，均係該團所為。後計劃赴北京刺殺攝政王載灃，經過上海，而滿清已被推翻，遂取消暗殺計劃，偕鄭彼岸、丁湘田轉赴杭州。旅次杭州期間，師復思考未來的方向。根據其胞弟劉石心的描述，「師復很聰明，遇事愛動腦筋，但也很偏激，容易走極端，他看到社會上和新政權中的一些問題，便對政治產生了厭惡情緒，認為任何政府和官吏都是不好的，要想消除這些弊病，只有搞無政府共產主義。」至於應該如可著手？師復認為「必須從宣傳和加強個人道德修養做起。」〔註8〕日後籌組「晦鳴學舍」及「心社」的輪廓，此時已大致成形。

　　早期師復所持的無政府主義理念，較傾向退避歸隱式的自給自足小型公社。因此，辛亥革命之後，師復一度企圖「約同志到鄉村居住，半耕半讀，曾在新安的赤灣，覓得一地，從香港航行，約兩小時可到，面臨零丁洋，右停宋帝陵，有田七十畝，荔枝五百株，擬名紅荔山莊，後來又成了泡影。」〔註9〕放棄消極退避式的悠游生活，不辭辛勞地籌組「晦鳴學舍」及「心社」，除了受到《新世紀》及托爾斯泰的影響外，辛亥革命前後的矛盾、混亂現象，也是另一個關鍵因素。諸如廣東光復後，胡漢民與陳炯明之間的矛盾衝突，師復等人居間調停，但無效果，令他深感失望。於浙江、江西、安徽等地，黨人為了爭奪都督位置，也是爭鬥不休。湖南新任都督焦達峰在激烈的都爭

〔註6〕師復，〈駁江亢虎〉，《民聲》，14號，1914年6月13日，頁4～5。
〔註7〕同上。
〔註8〕同註5，頁931。
〔註9〕文定，〈師復先生傳〉，收入《劉師復文集》，頁4。

中，甚至被殺。至於地方上爭權奪利之事，更是頻傳不斷，致使師復斷然決定放棄浪漫生涯的安排，投身於無政府運動的鼓吹。

　　一九一二年五月師復創立「晦鳴學舍」，設立於廣州西關存善東街八號，該學舍實為「中國內地傳播無政府之第一團體。」〔註 10〕也是師復腦海裡的無政府理念與現實社會矛盾混亂交錯下，所走出的第一步。成員有劉師復、莫紀彭、劉石心、林直勉、梁冰弦、鄭彼岸、鄭佩剛等。〔註 11〕由於本身理論水平的限制，故最初祇能利用既有的無政府書刊，重新編印，作為傳播理念的工具。譬如一九一二年編印《無政府主義粹言》一書，收錄自《新世紀》中的十八篇文章。不久又翻印《新世紀叢書》，共七冊，分別為《革命》（眞民著）、《思審自由》（眞民譯）、《告少年》（克魯泡特金著）、《秩序》（同上）、《世界七個無政府家》（愛斯露著）、《無政府共產主義》（克非業著）、《萬國革命暗殺圖》（眞民著）。一九一三年重印《軍人之寶筏》，同時又收錄〈工人無政府主義談〉、〈告少年〉等八篇譯文，匯集成《無政府主義叢刊》。分析上述書刊，幾乎全部來自昔日「世界社」的出版品或《新世紀》的文章彙編，顯示此時「晦鳴學舍」同仁在理論方面，尚未能建立一套完整的體系；由此亦可証明，吳敬恆、李煜瀛等人早年在巴黎鼓吹無政府主義，對日後中國無政府主義運動的影響是非常深遠的。論者謂《新世紀》為民國前後「最有力之無政府主義七日報，中國無政府主義之發流，多導源於此。」〔註 12〕「《新世紀》所下之種子，至是乃由晦鳴學舍為之匯漑而培植之。」〔註 13〕師復認為經由「晦鳴學舍」同人的努力「一時風氣頗為之披靡，凡一般研究社會主義者，皆知無政府社會主義之完善，且知國家社會主義之無用矣。」〔註 14〕

　　一九一二年七月，劉師復又約集鄭彼岸、莫紀彭等人于廣州東園商議，議決秉持無政府主義自由結合的精神，創設「心社」，作為個人修身處世法則。透過個人人格行為的砥礪，感化群眾、社會。依據無政府主義精神，該社沒有章程、規則、不收社費、也不設社長及幹事。其宗旨是：「破除現社會之僞

〔註 10〕劉師復，〈無政府黨萬國大會書〉，《劉師復文集》，頁 259。

〔註 11〕鄭佩剛，〈鄭佩剛的回憶〉，收入高軍編，《無政府主義在中國》，（長沙：湖南人民出版社，1984 年），頁 513。

〔註 12〕克勞，〈吾人二十年來之宣傳〉，收入張允侯等編，《五四時期的社團》，第四冊，（北京，三聯書店，1979 年），頁 325。

〔註 13〕師復，〈致萬國大會書〉，《劉師復文集》，頁 259。

〔註 14〕同上。

道德、惡制度，而以吾人良心上新道德代替之。」另訂有社約十二條，即：
一不食肉、二不飲酒、三不吸煙、四不乘轎及人力車、五不用僕役、六不婚
姻、七不稱族姓、八不作官吏、九不作議員、十不入政黨、十一不作海陸軍
人、十二不奉宗教。完全履行社約者為「社員」，履行一部份者為「贊成人」。
時人對「心社」宗旨，毀譽參半，但反應非常熱烈。當時梁冰弦任《平民報》
編輯，師復乃於《平民報》、《天民報》及上海《神州日報》闢〈心社析疑錄〉
專欄。〔註15〕師復於專欄裡討論「心社」戒約的真諦及相關問題，後匯編成
單行本準備出版。但付梓時，適逢龍濟光查禁「晦鳴學舍」，承印書店懼禍，
遂將文稿付之一炬。〔註16〕燼餘僅留下〈不吸煙不飲酒與衛生〉、〈不用僕役
不乘轎及人力車與平等主義〉、〈廢婚姻主義〉、〈廢家族主義〉四篇。至於師
復本人為表示身體力行，率先廢姓，故以後皆以「師復」名之。數年後周恩
來等人創立「覺悟社」，社員亦秉持無政府主義的廢姓氏精神，以數字抓鬮作
為稱謂，周恩來抽得五號，從此以「伍豪」相稱，此一作風明顯地是受到「心
社」的影響〔註17〕。之所以有「心社」的誕生，除了師復腦海裡潛伏已久的
無政府主義思想外，另因師復有見於辛亥革命近程目標已完成，但是社會上
所呈現的卻是更激烈的名利徵逐。雖然同盟會裡具有無政府主義思想者，如
李煜瀛、蔡元培、吳敬恆、汪兆銘等曾發起「進德會」、「六不會」（不作官、
不作議員、不嫖、不賭、不吃鴉片、不納妾），可是似乎成效不彰。師復乃企
盼透過自我要求以渡化周圍，進而引領眾人往無政府主義的終極目標邁進。
故「心社」的出現，可視為民初這股思潮更進一步的發揮。雖然也有人認為
「無政府主義派的高蹈遠引——把革命的中堅、純潔的青年引到脫離政治的
地步。」〔註18〕此言固有部份屬實，但在民初社會秩序、道德價值混淆之際，
高層次道德目標的樹立，其所產生的正面功效，應更具時代意義。

　　「世界語」（Esperanto）的推廣，是師復宣揚無政府主義時的另一實踐重
點。師復認為推動「世界語」「一方面傳達世界語於支那，一方面披布支那社

〔註15〕師復，〈答凡夫〉，《劉師復文集》，頁245。
〔註16〕鄭學稼，〈劉師復和他的思想〉，收入《劉師復文集》，頁71。
〔註17〕以「覺悟社」為例，成員受到無政府主義廢姓氏影響，故以號數互稱，如：
　　　　一號鄧穎超，名逸豪。五號周恩來，名伍豪。四十一號諶小岑，名施以。二
　　　　十九號馬駿，名念久。參見〈覺悟社社員名單〉，收入張允侯編，《五四時期
　　　　的社團》，第二冊，頁305。
〔註18〕吳玉章，〈辛亥革命的經驗教訓〉，轉引自李振亞，〈中國無政府主義的今昔〉，
　　　　《南開學報》，1980年1期。

會之眞相於全世界，復以世界語及華文兩者徵集文件，互譯而並載之，使東西兩文明日益接近，行將導東亞大陸之平民與全世界平民攜手而圖社會革命之神聖事業。」〔註19〕由此可知師復對於世界語能創造的功能，畀以極大的期望。

「世界語」爲一波蘭眼科醫生柴門霍夫（L. L. Zamenhof 1859～1917）於一八八九年所創，他希望經由一種人爲設計的語言文字，便於學習使用，使得人人輕易可學，藉此建立一世界共通的語言，以幫助國際上人與人的溝通。由於世界語具有打破種界、文化藩籬的功效，因之往往被抱持世界主義理想的人們，視爲達到目標的利器。有一位世界語的鼓吹著就認爲：「世界語不僅語文底本身精密完備，並且具有一種神聖的理想，就是所謂『世界語主義』（Esperantism），就是要打破部落思想促進人類互助的愛世精神，所以……要結合全世界勞工團體，除了世界語再沒有更適當的工具了。」〔註20〕而「世界語是全人類直接間接交換思想傳達情感的工具，而且這工具更涵有弭人群慘禍，泯國際戰爭，聯五州感情，促世界大同的偉大效能。」〔註21〕

師復首先於廣州西關寶源路的「平民學校」附設「世界語夜學」，由法國歸來的許論博任教。師復、彼岸等六十多人參加。同年秋，於廣州東堤東園前，成立「世界語學會」，與會者的三百餘人，年底於東堤廣舞台戲院召開世界語大會，到會者更多達千餘人。選出劉師復、許論博爲正、副會長。不久師復又被「環球世界語學會」（國際總會設在瑞士）任命爲「環球世界語會廣州分會」會長。復受派爲該會駐廣州代表（或譯作通訊員、理事）。一九一四年「民聲社」遷往上海後，師復於法租界白爾路租一屋，成立「世界語講習所」由葉紐芳、蘇愛南主持。〔註22〕

一九一三年八月，師復創辦《晦鳴錄》，又名《平民之聲》。其「以倡導社會革命，促進世界大同爲宗旨。」並宣示其基本信念爲「共產主義、反對軍國主義、工團主義、反對宗教主義、素食主義、語言統一、萬國大同。」此外「一

〔註19〕師復，〈編輯緒言〉，《晦鳴錄》，第一期，1913年8月20日，頁2。
〔註20〕袁壽田，〈工人與世界語關係的深切〉，《覺悟》，民國13年3月15日。朱執信，〈送回俄羅斯去〉，《覺悟》，民國9年3月6日，据朱執信言，當時在上海，有俄國人以世界語聯絡工人，鼓吹工人運動。
〔註21〕王野平，〈世界語學者蔣愛眞的事略及其年譜〉，《進化》，1卷4期，1936年8月，頁320。
〔註22〕鄭佩剛，〈鄭佩剛的回憶〉，頁512～513。

切新發明之科學，足為生活改良人類進化之母者，亦得附載。」〔註23〕《晦鳴錄》於此時創刊除了為宣揚無政府主義外，與其所處的時局，亦有密切的關聯。因為正逢國民黨發動二次革命失敗，袁世凱已無顧忌，乃「借事下令解散非無政府之中國社會黨，殺其北京黨員陳翼龍。……社會黨憤憤復以他事被槍殺於通州。當此疾風捲地、狂濤滔天之時，吾等鼓吹無政府之機關報《晦鳴錄》乃適出現。」〔註24〕以筆舌之力，以抗拒現實世界的惡政府。同時「晦鳴學舍」同仁為求更有效地宣揚無政府主義，以擴大影響力，乃將該社印製的書刊、印刷品、免費寄送各地，如各地報館、會社、省議會、縣議會等。當時《晦鳴錄》不僅在國內發行，於香港、南洋群島也頻見其蹤影。根據筆名「歐西」的一份報告，民國以前南洋地區並沒有太明顯的無政府主義活動，僅於一九○五年時曾流傳一本名為《小熱昏》的刊物，但因其以韻文撰寫，故傳佈不廣，影響有限。民國成立之後，來自國內的無政府主義者分赴各地，組織群眾，宣揚理念。如「客公」於吉隆坡、「消生」於怡保、「顯純」於檳榔嶼、「冰弦」於仰光及荷屬東印度群島。他們皆以《民聲》為理念傳播的工具，因此於很短期間南洋各重要地區，都有《民聲》的蹤跡，故就「五四時期」以前的無政府主義運動而言，《民聲》實具有關鍵性的影響。〔註25〕

　　一九一三年七月二次革命爆發，隨即被袁世凱敉平。從此袁世凱對國內各政治勢力，進行強力鎮壓。但師復仍堅持《晦鳴錄》第二期於八月二十七日出版。因獲悉龍濟光已下令搜查「晦鳴學舍」，師復祇得於二十六日晚把印刷器材、鉛字等重要工具移往澳門南環四十一號，該處昔日曾為同盟會機關所在。並更改刊名為《民聲》，於十二月二十日出版第三期。同時「晦鳴學舍」也更名為「民聲社」。《民聲》創刊時間雖然很短，但是卻引起國際間極大重視。俄國的克魯泡特金（Peter Kropotkin），波蘭的柴門霍夫（L. L. Zamenhof），美國的高德曼（Emma Goldman），法國的格拉佛（J. Grave）、荷蘭的克羅克（A. Kloek）、西班牙的羅森戎（Julro Mangada Rosenorn）及日本的大杉榮等都曾來函贊揚鼓勵。於英、澳、法、西、義、俄、日等地報刊對於「晦鳴學舍」

〔註23〕 師復，〈師復啓事〉，《晦鳴錄》，第2期，1913年8月27日，頁1～3。
〔註24〕 師復，〈我輩向前進〉，《劉師復文集》，頁61。
〔註25〕 歐西，〈南洋無政府主義運動之概況〉，《民鐘》，2卷1期，1927年1月25日，收入葛懋春等編，《無政府主義思想資料選》，頁722～724。

的活動均有詳細的報導，師復也與各國無政府組織進行刊物交換，根据報導，與之交換的刊物達四十六種之多，遍及歐美、日本。〔註26〕

由於《民聲》爲中國國內第一本以宣揚無政府主義爲志職的刊物，因而乃引起世界無政府主義陣營的關注，許多外籍無政府主義者紛紛來函，表示願意擔任撰稿或通信報告者。根据記載，於一九一三年底就有三十七位外人自願擔任此職。其中俄人九位、荷蘭六位、德法各四位、西班牙三位、匈牙利、義大利各二位、日本、美國、巴西、葡萄牙、波蘭、波西米亞、瑞士各一位，〔註27〕由此可見《民聲》聲名之遠播。

由於《民聲》積極鼓吹無政府主義，傳播革命思想，因而在澳門出版兩期後，北京政府透過葡萄牙駐華公使，龍濟光也令廣東省民政長照會葡萄牙領事，要求禁止《民聲》出版。澳門當局接受中國官方要求，查禁《民聲》，並派人監視師復，因此《民聲》被迫遷往上海發行。師復則於一九一四年舊曆一月乘「泉州」輪至香港，再轉乘太古公司的「安徽」輪赴上海。師復抵上海後，隨即於成都路樂善里租一屋，繼續編印《民聲》。成員則增加盛國成及一位日藉無政府主義者山鹿泰治等。當時《民聲》封面註明於東京印刷，可能用假託外國地址方式，以避免法律糾紛。從第四期到二十二期，皆爲師復主持，除第四期出版時間恐怕與注明時間有問題外，從第五期至二十二期是一九一四年四月至八月每週準時出版的，後因師復罹病日重，「民聲社」的同志們咸認爲「《民聲》爲東亞唯一傳播機關，關係吾黨主義前途至巨，極宜設法維持。」〔註28〕故由林君復、梁冰弦相繼接任編輯職務。但因人力、物力等因素，至一九一六年十一月，乃宣告暫停出刊。直到一九二一年三月，在莫紀彭、劉石心、鄭佩剛等人的努力下，《民聲》以月刊方式於廣州復刊。復刊號銜接第二十九期，但至同年七月第三十三期出版後，遂不再出版。〔註29〕

「民聲社」爲傳播無政府主義，陸續出版師復的《無政府淺談》和《平民之鐘》二書，後又匯集師復在《民聲》上批評江亢虎的文章，以《伏虎集》之名出版。另外也出版梁冰弦編譯的《世界的風雲》、《世界工會》兩本有關工人運動的書。同時根據《新世紀》上文章，依其性質，分門別類匯集成《眞

〔註26〕 〈風雨雞聲錄〉，《民聲》，3.4號。1913 年 12 月 20 日～21 日。
〔註27〕 《晦鳴錄》，第 2 期，1913 年 8 月 27 日，頁 6。
〔註28〕 〈記師復君追悼會事〉，《民聲》，23 號，1915 年 5 月 5 日，頁 11。
〔註29〕 同上，頁 6。

理叢刊》、《工人寶鑑》、《安那其共產主義討論集》等專刊，以爲宣傳無政府主義之媒介。

　　根據從「晦鳴學舍」至「民聲社」期間的出版品及其言論內容觀察，大致可以分爲兩個階段，前一階段的出版品，幾乎全部翻印《新世紀》的舊作品；另有新編的書刊，但其內容亦皆摘錄、整理《新世紀》上的文章。當時師復及其同志們的思想，並未能清晰有條理地呈現。故嚴格論之，此一時期的無政府主義運動，純就理論體系及內容而言，可謂完全承襲《新世紀》之遺緒。但於《民聲》出刊後，就其內容觀察，來源十分多樣。有直接譯自西方的原典，譬如冰弦譯介克魯泡特金的《麵包略取》（Conquest of Bread）；也有理念的闡釋與辯駁，譬如：〈無政府淺說〉、〈駁江亢虎〉；還有些針對現實環境，說明自我立場等等。這些文字流露出最大的意義，就是「民聲社」同仁已能逐步脫離《新世紀》窠臼，而能以《新世紀》爲其理論基礎，向更高層次理論境界探索發揮。故於《民聲》創刊後，仿彿「叩晨鐘於永夜，撥障翳於光天，而學派以明，眞理以彰，異說以寢，遂令吳、李諸先輩所下種子，得以發榮滋長，蓬蓬勃勃，幾有沛然莫禦之勢。」〔註30〕

　　就民國以來無政府主義運動的第一階段〔註31〕而言，無論是組織團體，或是理論體系的建立，師復實爲關鍵性的核心人物。因此當師復病逝，大大的削弱了中國無政府主義運動的推展，其間雖然斷斷續續又出版一些書刊，「但理論建設，後繼無人。」〔註32〕

　　師復除了在無政府主義理論體系建構與闡釋上具有承先啓後的地位外，另外在其聲望號召下，原本夙以自由放任，散漫不重組織的無政府主義者，再加上零星散布於海內外各地，以致在主義的宣揚及運動的推展上無法有效開展的現象，也因師復的出現，開始有了改變。

　　早在一九一四年三月時，李煜瀛曾致函師復，討論中國無政府主義運動的進行方針，李煜瀛明確表示反對「設立機關，招人入黨」，他以歐美無政府主義運動爲例說明之，李氏認爲無政府黨「與尋常政黨不同，似不宜有形式之組織。歐洲同志之結合，或自由交接，或相識者約集討論，〔註33〕因爲李

〔註30〕　〈本報哀告〉，《民聲》，23 號，1915 年 5 月 5 日，頁 3。

〔註31〕　湯庭芬，〈五四時期無政府主義的派別及其分化〉，收入劉其發編，《近代中國空想社會史論》，（北京，華夏出版社，1986 年），頁 242。湯氏將無政府主義運動分爲四階段：1905～1910，1911～1917，1917～1923，1923～1927（以後）。

〔註32〕　同註 32，頁 949。

〔註33〕　〈附錄眞民先生與師復書〉，《民聲》，6 號，1914 年 4 月 18 日，頁 11。

煜瀛深信，當無政府黨若以組織型態進行活動，組織乃建立在權力之上。因此雖然最初目標為無政府理想，但是最後往往會產生「異化」（Alienation），導致權力等特質轉而抹殺了原先的理想。至於如何規避此一宿命，李煜瀛認為正本清源的方法，就是反對如同其他政黨以組織型態進行活動。但是李煜瀛也並非完全排除所有形式的團體，他認為「為同志之交通機關者，報社似已足用。」另外「若為作用計組織他種團體，自無不可。（如教育會、科學會），似宜標明主義之名誼。」〔註34〕李煜瀛的主張在今日觀之似乎過於浪漫，但是就當時而言，無論歐美或中國，無政府主義運動皆處於實驗時期，不具有任何成功的實務經驗，因此，一廂情願的美化現象及浪漫想法的產生，這也是可以理解的。

雖然李煜瀛是師復於無政府主義領域夙來所尊重的前輩，但是一九一四年的中國環境，誠如師復在〈致萬國大會書〉中所分析，當時在中國推動無政府主義有二易，其中之一即「中國向無社會民主黨，亦無人倡集產主義之學說，至（於）江亢虎所倡立社會政策，則自『中國社會黨』解散後，聲響已寂……信者絕稀。」〔註35〕因此，於此之際適逢中國社會主義運動的理論及組織之空窗期，故師復主張成立組織以結合散漫分佈的無政府主義者，當各地小組織陸續成立後，就可設立更高層次機關，以為連繫。但是師復也注意到應防備因以組織型態宣揚主義而導致運動方向被誤導，以致變質，因此師復認為必須秉持無政府精神推動之，無論各層次的組織，其性質「祇為吾黨交通聲氣之樞紐，而決非權力集中之主體，而無統轄各分會及各小團體之權。」〔註36〕秉持原則，再配合當時中國的環境，師復乃決定號召散佈海內外無政府主義者。首先依其活動地區成立組織，結合分散力量以推動無政府主義的宣揚。

一九一四年七月十四日師復在上海組織「無政府共產主義同志社」（Anarki Komunisto Grupo），對外聯絡名稱為「A. K. G.」（乃社名縮寫），譯名是「區克謹」。師復揭示無政府共產主義「主張減除資本制度，改造共產社會，且不用政府統治者也。質言之，即求經濟及政治上之絕對自由。」〔註37〕明示其欲推翻之目標有三；「資本制度」、「政府」及「強權」。因為「資本制度」乃

〔註34〕同上。
〔註35〕師復，〈致萬國大會書〉，《劉師復文集》，頁263。
〔註36〕同上，頁264。
〔註37〕〈無政府共產主義同志社宣言書〉，《民聲》，17號，1914年7月14日，頁1～3。

罪惡之源，一切物資的掠奪、人與人的欺壓、不平皆起因於此。「政府」是侵奪人民自由的最高形式。人類天生具備自治本能，祇要發揮人之本能，無須另設制度。因爲後天人爲制度並非建立在人性自由上，故最後必會淪爲欺壓的工具。「反對強權」，是希望經由反對一切具有強權的惡制度，本自由、平等、博愛精神以達理想之境。即無地主、無資本家、無首領、無官吏、無代表、無宗長、無軍隊、無監獄、警察、裁判所、法律、宗教、婚姻等。

　　至於如何可達到目標，師復認爲唯一手段爲「革命」，但此「革命」非指狹隘地發動革命軍，而是指秉持無政府精神，喚醒人民，以覺醒的人民力量，發揮人性內在的自由合作本能，結合起來，對抗強權。

　　根據該社宣言，深信無政府境界必可到達，因爲「無政府乃社會進化必至之境。近世紀科學之發明與夫進化之趨勢，皆與無政府之哲理相吻合」，故「無政府」必可實現，至於今日在中國宣揚無政府主義會否引起他國干涉？該社同志認爲「無政府黨、萬國聯合」，故世界各國聯合一體，自然可制止強權干涉中國。因此主張無政府主義爲今日應「聯合全體，一致進行，實爲今日惟一之要務。」主義信仰者「當各在其所在地與宗旨相同者，聯絡爲一，相其情勢，創設自由集合之團體（或爲秘密之組織或爲表面研究學術之機關）以爲傳播主義、聯絡同志之機關，以爲將來組織聯合會之預備。」因此，今日普遍成立各組織，待時日成熟，各小組織聯合起來成爲一體，社會將可進入無政府之境。〔註38〕秉此原則於上海成立「無政府共產主義同志社」後，劉石心於廣州成立「無政府共產主義同志會」，南京楊志道等成立「無政府主義討論會」、蔣愛眞於常熟成立「無政府主義傳播社」，梁冰弦在星加坡主持「養正學校」，並出版《正聲》月刊；鄭彼岸組華人工會，並與趙畸合辦《勞動月報》。〔註39〕一時之間，於海內外都有無政府主義團體出現。當時各團體的處境十分險惡，譬如南京、常熟等地組織處於張勳、馮國璋勢力下；至於廣州更是龍濟光的勢力範圍。海外地區，梁冰弦與鄭彼岸也因宣揚無政府主義而被驅逐出境。面對挫折不斷，但綜合觀之，當時中國無政府主義的發展，仍可謂是方興未艾，不絕如縷。

　　無政府主義的重要眾多基本理念，其中之一就是反對人爲的組織。因此當一九一四年各地無政府主義者紛紛成立組織之際；無政府主義的理論家們

〔註38〕同上。

〔註39〕鄭佩剛，〈《香山旬報》及其創辦人鄭岸父〉，《廣州文史資料》，25 輯，（廣州人民出版社，1982 年），頁 154。

首要任務，就是必須闡釋籌設社團的合理性。首先他們確信無政府主義者成立團體，其目的有二，一爲同志分散各方，在精神上必須有一團結之法，然後可以相互砥礪，追求進化；另一爲力量分散，則事難成，故須有一團結堅固團體，才可致力主義傳播。〔註40〕但是人們不禁會產生懷疑，既然無政府、無阻之，怎麼又要倡組團體？無政府主義者認爲無政府的組織與一般政黨組織不同。「無政府黨之團體視猶各個人之集合體，各個人均有自由自主之權，雖爲同群合一之運動，而仍與個人主權未嘗衝突，既無首領以爲統治，復無階級以列高下……團體內之分子，各有完全之自由。」〔註41〕依其論點無政府主義者祇要秉持自由互助的精神，摒除建構在階級體制下所成立的團體，此團體將會具有團體的正面功能，卻可免除因團體而抹殺個人存在之弊，根據上述理念，無政府主義團體乃可陸續成立。

此一階段所成立無政府主義組織數量，若以一九一二年至一九三一年期間的總數爲基數，進行比較，所佔比重並不高，但是就日後的發展觀之，從一九一八到一九二三年無政府主義運動蓬勃發展期的核心人物及理論觀之，則皆是以其爲基礎，發展而成。〔註42〕

第二節　劉師復的思想與主張

劉師復扮演著承先啓後的角色，其理論體系乃爲民國初期無政府主義運動推動者所本。劉師復並非一開始即具有無政府主義理念，其思想也是隨著時空環境的變動，而有數次劇烈的轉折。從同盟會時期的「純粹之政治革命黨」，因暗殺李準未果，入獄兩年，後「經種種刺激及研究……思想一變」，故「雖未嘗標揭無政府之主張，然敢自信確爲反抗強權之革命黨，而非復政治之革命黨。」〔註43〕迨辛亥革命爆發，不久南北和議達成，師復「以爲可以乘此機會散布社會革命之種子，而單純破壞轉非所亟。」〔註44〕因此劉師復一度計劃「約同志到鄉村居住，半耕半讀」〔註45〕其後劉師復和幾個同志

〔註40〕〈廣州無政府共產主義同志社告同志書〉，《民聲》，19號，1914年7月18日，頁9～10。
〔註41〕同上。
〔註42〕參考本篇論文附錄一及附錄二。
〔註43〕師復，〈駁江亢虎〉，《民聲》，14號，1914年6月13日，頁4～5。
〔註44〕同上。
〔註45〕文定，〈師復先生傳〉，收入《劉師復文集》，（台北：帕米爾書店，民國69年），

爲相互砥勵以發揮無政府主義，乃組織「心社」，立十二戒約。〔註46〕企圖透過道德的自我約束，追求無政府主義的實踐。其後師復又從十二戒約衍生發揮成「廢婚姻主義」及「廢家族主義」主張。〔註47〕分析此時期劉師復的思想，較傾向於個人主義的退避式自給自足的小型公社觀念。至於劉師復對日後無政府主義運動產生深遠影響的整體理念，大致成形于《民聲》雜誌發刊期間，即一九一三年至一九一五年間，其基本理念大致可歸納成下列幾點：

1、無政府共產主義的基本原則

民國成立前後，人們對於無政府主義的認知十分混亂；又常以「極端社會主義。」、「純粹社會主義」、「世界社會主義」、「無治主義」等名目稱之，因之更是增加認知的困擾。故劉師復認爲應該秉持克魯泡特金（Peter Kropotkin）的理念，正本清源地爲無政府主義釐清、樹立基本理論體系。因此，劉師復參考西方有關無政府主義書刊，發表一系列的文章，以爲主義之闡揚，如〈無政府主義淺說〉、〈無政府共產主義釋名〉、〈論社會黨〉、〈無政府共產主義宣言書〉、〈無政府共產黨之目的與手段〉等文章，就在此理念下陸續對外發表。〔註48〕於文章中，劉師復確信無政府共產主義社會是人類社會進化發展的終極目標，是人類最理想的社會境界。這樣社會必須具備兩個基本原則：第一，廢除政府，個人完全自由。因此，師復首先闡釋「政府」對社會而言，猶如贅疣。因爲「吾人飢則食，寒則衣，能耕織以自贍，能築室以自安，能發明科學以增進社會之幸樂，無取乎政府之指揮也，亦無需乎政客之教訓也，自有政府，乃設爲種種法令以絕吾民，一舉手，一投足，皆不能出此網羅陷阱之中，而自由全失。全世界人類皆兄弟也，吾人本能互相親愛，政府乃倡爲愛國之論，教練行凶殺人之軍隊，以侵凌人國爲義務，於是宇宙之同胞爲仇敵而和平全失。是故政府者，剝奪自由擾亂和平之毒物也。」〔註49〕政府之所以能爲惡，導源於其產生的本質，因爲政府「起於強權，野蠻之世，一二梟悍者自据部落，稱爲己有，奴役其被征服之人，復驅其人與他部落戰，互爲敵國，此國家之由來，政府之從出。」〔註50〕由於政府爲罪

頁3。

〔註46〕同上，頁5。

〔註47〕同上，頁107～125。

〔註48〕這些文章均收入《劉師復文集》。

〔註49〕師復，〈無政府淺說〉，收入《劉師復文集》，頁13～14。

〔註50〕同上。

惡之本源，因而政府透過制定法律以維護既得利益，遂形成階級現象，階級
造成人間的不平等及一切罪惡。故當政府被毀滅後，社會沒有法律、沒有軍
隊、沒有監獄、沒有警察、沒有官吏、沒有首領、沒有代表、沒有家長、沒
有強迫與限制、甚至人們自願組織的公會也沒有領導人、職員、章程；屆此
時，社會則昇華成絕對自由的境界，也就是完美世界的實現。

第二：廢除資本制度，實行共產主義，建立各盡所能，各取所需的社會。
師復首先明言：「資本制度，平民第一之仇敵，而社會罪惡之源泉也。」「吾
人之反對資本制度，乃主張廢除資本之私有，非但反對大資本家而止，故中
國尚無大資本家，社會革命非所急務之說亦不足以阻吾人之前進也。」〔註51〕
師復主張廢除一切私有財產，「凡一切生產機關，今日操之少數人之手者（土
地、工廠及一切製造生產之器械等等），悉數取回，歸之社會公有，本各盡所
能各取所需之義，組織自由共產之社會，無男無女，人人各視其力之所能，
從事於勞動，勞動所得之結果（衣食房屋及一切生產），勞動者自由取用之，
無所限制。」〔註52〕師復深信共產主義社會必可達到，其信心建立在其所持
的人性論上。師復可謂性善論的支持者，他認為人類有一種先天存在的「良
心」。今日因為後天而生的政府，利用各種方式剝奪了人們的自由，致使人類
本性亦被戕害殆盡。但是未來無政府時代來臨，「無私利之可圖，無金錢之可
爭，吾人本來之良心，自然發達，相互扶助，各事其業，以工作為幸樂，以
無業為恥辱，斷無不盡所能而徒取所需之人。」〔註53〕當人民取回一切生產
機關，由勞動者秉持著與天具有的「良心」來「自由使用此生產機關，共同
勞動，以致力生產，凡所生產亦全歸之公共，若是者謂之共產主義。」〔註54〕
但是亦有人質疑，若是進入共產社會，但仍需有人擔任分配、管理之事，若
如此不又重蹈政府出現的覆轍。師復則解釋稱：「共產之世，各取所需，一切
物品，人人皆可自由取用，故無所謂分配之人，若管理之責，不過保存運輸
等等……可直視為勞動之一種，而絕無絲毫管轄命令之意味，亦無絲毫特別
之權力，與官吏絕不相同。」〔註55〕根據上述資料，可知劉師復浪漫地以人
性本善為基礎，進而推演共產主義社會的必會來臨。這種過於浪漫單純的一

〔註51〕師復，〈無政府共產主義同志社宣言書〉，收入《劉師復文集》，頁53。
〔註52〕同上。
〔註53〕師復，〈答李進雄〉，收入《劉師復文集》，頁183。
〔註54〕師復，〈答李傲霜〉，收入《劉師復文集》，頁297。
〔註55〕師復，〈答規梟〉，同上，頁197。

廂情願，在面對複雜的人性及時空轉換飛速的環境，似乎也說明無政府主義
與現實世界必然會產生隔閡及失落。

2、無政府主義運動的內容與方法

對於無政府主義運動的內容與方法，劉師復與同時代的其他無政府主義
先驅們，存有頗多差異，也由於這些不同，乃亦能凸顯劉師復本人的特質。
吳敬恆及社會黨人皆視普及教育為推展無政府主義運動的主要內容。師復的
看法則不同，師復認事物有本末先後，若秩序顛倒，其所在之意義也會迥然
有異。師復認為處於今日環境下，寄望普及教育為津梁，以達無政府主義之
彼岸，可謂椽木求魚。本末倒置，因為「今日教育之不能普及，由于經濟之
不平等，經濟之不平等，由于政府之保護私產，故有政府之世，斷無教育普
及之理。」縱有「政府之教育，大抵與自由教育之原理相反，一般國家主義
軍國主義等盲學說盤踞於人心，實無異為無政府之敵。故謂教育普及而後可
實行無政府者，無異謂地球諸星盡滅而後可無政府也。」〔註 56〕但是師復並
非反對教育，帥復對教育是十分肯定的，他認為「教育為社會進化之原動，
亦為吾人傳播主義之良法。」〔註57〕推展教育的重點方法有二，即：「科學教
育」及「平民教育」。師復認為「所謂科學乃真理的科學，而政治、法律、軍
事等無用之學不與焉。」〔註 58〕由於科學非中國所長，故師復主張應鼓勵國
人赴歐美留學，以「養成多數他日改造社會之匠，實為教育上之根本大計。」
〔註 59〕其次關於「平民教育」方面，師復認為政府所施行的教育「祇能得皮
相之教育，而決無精神之可言，甚或足為真理之障礙。」〔註 60〕平民教育則
以平民學校推展之，平民學校的目的不僅祇是教人簡易識字，更重要的是教
授「淺易實用之科學」、演講、歌唱等藝術方面亦並重，再配合環境特質，決
定教育重點。如於都市地區以工廠、製造技術為主，鄉村則以農業知識為主。
譬如蘇愛南於上海北四川路設「平民學校」，男女兼收，參與者有百人之多。
〔註 61〕

劉師復認為無政府主義運動當以破壞為主，唯有徹底破壞既有的一切，

〔註 56〕 同註 49。
〔註 57〕 師復，〈答悟塵〉，同上，頁 287。
〔註 58〕 同上。
〔註 59〕 同上。
〔註 60〕 同上。
〔註 61〕 〈風雨雞鳴錄〉，《民聲》，29 號，1916 年 11 月 28 日，頁 11。

始可擺脫一切既成的罪惡，重建一個嶄新的新世界。故師復明言「無政府黨方竭其心力以謀推翻強權之不暇，尚有何餘力有何餘財以作此補苴彌縫、舉一漏萬之建設乎？」「無政府黨則以推倒強權爲職志，除傳播主義實行革命之外，皆非無政府黨所有事。」〔註 62〕因此劉師復認爲凡是與直接實行無政府主義無關的行動，無政府主義者都不應參與。也因而當劉師復面對現實社會的變動，其所持的立場遂與一般大眾之間，存有寬闊的鴻溝與矛盾。辛亥革命時期的無政府主義者，如「新世紀」派與「天義」派，均將現實社會裡的「倒滿」目標與其所秉持的無政府理念相結合。但是民國建立以後的師復，面對現實社會的態度卻並不然。師復的態度，決非是與社會產生疏離而所衍生的冷漠，應該說是因篤信無政府主義理念而萌生的執著與堅持。

當《晦鳴錄》創刊之際，正值國民黨發動反袁世凱政權的二次革命進行的如火如荼之時。當時的無政府主義者在立場上，卻異於國民黨，另有所堅持。吳敬恆認爲二次革命乃「官僚與黨人之交銳，如用最不肖之心理待人，以爲皆有富貴之野心，此乃可確可不確。」不過「國事之維持，不必盡恃袁、黎之一系，而民權之保障，亦不必盡託孫、黃之一系。」〔註 63〕因而吳敬恆主張「暫停政黨、內閣之議者亦五年。」，然後推舉中立「身份」的伍廷芳爲總統，以張謇爲總理，如此即可跳脫出袁世凱、孫中山權力鬥爭之泥淖。〔註 64〕由此可知，二次革命在吳敬恆眼中根本無對錯問題，祇有因爲政治鬥爭而孳生的動亂。故儘快結束亂象，回歸平和，始爲上上之策。師復則認爲：「自眞正社會主義論之，則未開戰之前，吾反對開戰，既開戰後，事已無可挽回，惟望袁氏速退以期戰禍之早息耳。」〔註 65〕至於有人認爲討袁行動乃是「抗強權爭自由之一種，與社會主義無背」，但師復明白駁之曰：「去袁之後，是否仍立政府？仍設總統？政府總統是否強權？當有強權之世，人民能否有眞正之自由？」若是倒袁成功「亦不過其惡之大小略有比較，如五十步與百步之說耳。」因此師復對於二次革命的兩造，明言：「吾對於兩方面，均不以爲然！」〔註 66〕師復之所以對於現實政治表現如許冷淡的態度，

〔註 62〕師復，〈論社會黨〉，收入《劉師復文集》，頁 44。

〔註 63〕吳敬恆，〈野心體面正義〉，《吳稚暉先生全集》，八卷，（台北：國民黨中央黨史委員會，民國 60 年），頁 436。

〔註 64〕同上。

〔註 65〕師復，〈政治戰鬥〉，收入《劉師復文集》，頁 60。

〔註 66〕同上，頁 67。

主要基於無政府主義根本認定政治是污濁的，政治鬥爭祇不過是政客爭權奪利的工具，不能爲人民帶來任何益處。因此反對建立有紀律有組織的政黨，所以也反對建立政黨、設黨綱、立章程。主張絕對自由，「只有自由聚集之場所，而無全體固定之機關，其性質不過如俱樂部，其作用則傳播聚談而已，其集合亦完全自由，而無一切手續。……無政府黨之行事，皆自由獨立，不受指揮，不俟全體之議決。」〔註67〕因爲劉師復堅信任何組織、紀律及章程，最後一定會產生異化，而成爲束縛自由的強權，故唯有絕對自由纔可豁免陷於罪惡輪迴之困境。

　　因傳統方法不可行，故師復秉持無政府主義原理，提出宣揚無政府主義的方法，大致可分爲三點：第一，「用報章、書冊、演說、學校等等，傳播吾人主義於一般平民，務使多數人曉然于吾人主義之光明，學理之圓滿以及將來組織之美善，及使知勞動爲人生之天職，互助爲本來之良德。」〔註68〕故無政府共產革命可透過「平民革命」完成。因爲往昔的「政治革命」爲英雄革命，爲少數人革命，以二、三英雄運用手段而成功，大多數平民均不知，故革命後須組織機關、制定法律等，從此社會又墮入舊國家體制，形成惡性循環，永無休止。「平民革命」亦可稱「社會革命」，透過前所述的各種方法，促使大多數人明瞭主義之眞諦，革命一旦成功，則以眞理爲天然之法律，故不會產生爭端，亦無須設組織負責。由於眾人皆能明瞭及秉持無政府共產主義眞理，故社會乃成爲一個絕對自由的社會，故能秉持人之天賦善性，行「各盡所能，各取所須」，而臻於無政府共產主義的社會。〔註69〕第二，「當傳播期中，各視其時勢與地方情形，可兼用兩種手段；1、低抗，如抗稅、抗兵役、罷工罷市等；2、擾動，如暗殺暴動等。」〔註70〕第三，當「平民大革命，即傳播成熟，眾人起事，推翻政府及資本家，而改造正當之社會也。」由於大環境已告成熟，一國首揭無政府主義革命成功，對於他國則必會產生連鎖效應，「其餘諸國必皆聞風響應……亦當接踵而起，其成功之迅速，必有不可思議者。」〔註71〕故師復將無政府主義革命區分爲兩階段，即：傳播階段和平

〔註67〕同註20，頁45。
〔註68〕師復，〈無政府共產主黨之目的與手段〉，收入《劉師復文集》，頁46。
〔註69〕同註57，頁9。
〔註70〕同註68，頁47。
〔註71〕同上。

民大革命。至於當時中國所處的情況，師復認為「或印刷物、或演說、或教育、或戲劇以及其他種種，皆為由今日以達至無政府之傳播期中不可一日或息之事業。激烈行動則行之于一時，遇有可用之機乃始為之耳。且中國目前之情勢，此等機會似尚未至，故吾人於現在最近之時期，當先致力於口舌筆墨之首要。等待歐美社會無政府主義革命爆發，引領世界步上『世界平民大革命』，屆時中國則可順應此時代巨潮，一併進入無政府境界。」〔註72〕

　　師復宣揚無政府主義除了上述兩階論外，後來又提出工團主義，以補充原先理論之不足，因為工團主義在理論上有許多主張可和無政府主義理念互通。工團主義（syndicalism）理念源自於法國，主張勞動者組成團體，以直接行動（Direct Action）方式消滅資本制度及一切國家組織，而非依賴政黨或議會立法方式。在廢除一切既有體制後的新社會，其生產、消費、管理等一切事務，都由勞動者自由、自發組合後的組織擔任之。〔註73〕此種主張早在一九〇七年張繼翻譯《總同盟罷工》一書時，即被介紹給國人。劉師培亦曾企圖把歐洲工團主義的理念轉嫁運用在中國的農民身上，故曾於《天義報》上，發起組織「農民疾苦調查會」，組織「農民協會」，宣揚無政府主義。〔註74〕至於劉師復早先將其活動重心完全投射在理論宣傳之上，故於《晦鳴錄》第一期的〈編輯緒言〉中，曾明白列舉「工團主義」為其綱要之一，〔註75〕但是當時中國社會勞工人口有限，勞工運動氣氛不張，勞工權利意識淡薄，縱使偶有勞工運動萌發，但隨即遭受鎮壓迫害而熄。〔註76〕因此民初中國勞動運動除少數幾件孤立事件，如：一九一三年漢陽兵工廠罷工、一九一五年安源煤礦的罷工等，較引人目光外，於廣大中國的其他地區，可謂一片沉寂。〔註77〕即令是「五一」勞動節，「勞動同胞則皆在沉酣鼾睡中，不獨寂然無聲，抑且不知吾神聖之五月一日為何物？」〔註78〕因此師復對當時勞工力量的覺醒，並不寄以厚望。師復曾沉痛地說：「吾親愛之同胞乎，

〔註72〕師復，〈答恨蒼〉，同上，頁280。
〔註73〕〈工團主義〉，《自由人》，1924年4月5日，頁8～11。
〔註74〕洪德先，〈辛亥革命時期的無政府主義運動〉，師大歷史研究所碩士論文，民國73年，頁120～121。
〔註75〕師復，〈編輯緒言〉，《晦鳴錄》，第1期，1913年8月30日，頁3。
〔註76〕〈粵民梁劍泉控訴漢陽兵工廠無理慘殺工人代表〉，第二歷史檔案館編，《中華民國史檔案資料匯編》，第三輯，〈民眾運動〉，（江蘇人民出版社，1991年），頁11。
〔註77〕鄧中夏，《中國職工運動簡史》，（北京：人民出版社，1949年），頁4。
〔註78〕師復，〈五月一日〉，《民聲》，8號，1914年5月2日，頁1。

爾其何時始出今日萬丈之地獄乎？爾其何時始從好夢中蓬然覺醒奮臂力戰以鋤此人類萬惡魔王之資本主義？」〔註79〕而且劉師復於廣州創辦「晦鳴學舍」之時，其成員多屬士紳階層的親朋友好，活動重心亦多偏重心靈道德層面，並沒有資料顯示與勞工階層及勞動運動有所關聯。因此「工團主義」對師復而言，祇是接受來自西方的無政府主義理論之一，並非因該理念於當時的中國具有實用價值。但是一九一四年劉師復抵上海後，由於上海地區是早年中國工人聚集最多的地區，〔註80〕也是早期勞動運動較活躍地區，因此，雖然沒有資料顯示劉師復曾直接與當時的勞工運動有直接關聯，但是於《民聲》裡，已明顯地出現關心及報導的文字。譬如一九一四年十月至十一月間，大上海地區陸續爆發怡和、太古、招商局三家航商的客房侍役、廚役大罷工、上海的漆工、水木業工人相繼罷工。〔註81〕劉師復認為這些工人運動，聲勢頗大，但究其內涵，仍不脫離傳統方式及目的，僅關心提高工資，並非真正勞動者的覺悟。至於手段及方法，更是舊日故技，如遊行時工人「手執香火或肩神牌或高提魯班先師之燈籠如此等等可笑之舉。」〔註82〕難怪為一般人所輕視訕笑；官吏也指其為流氓所蠱惑煽動。劉師復認為此類勞工運動缺乏理論內涵、社會基礎及目標，因而往往得不到效果。之所以如此，主要導因於「工人智識缺乏之故」〔註83〕工人缺乏智識又種因於經濟地位低落，無能力求知識。故師復認為於中國推動工人運動的途徑，首要之務乃是「增進工人之智識」。如何增進？師復認為應透過下列步驟，此亦可謂是師復的「工團主義」理論之核心。其內容如下，即一、「結團體，求知識」。但此團體必須是勞動者自組的工團，與資本家的公會不能有任何關聯。二、費用由團員自行分擔，若人數太少，可結合數行業合組一工團。三、工團的首要任務就是成立「平民學校」，利用工餘，針對各團體特質與教育。四、辦工人報、廣為宣傳。五、各個工團加緊聯繫、再依性質組成「工團聯合會」或「總工團」。當工人們經過上述五階段後，工人有知識，工團有組織，師復認為工人運動始可有成。〔註84〕此外劉師復又針對中國現狀，提出三點

〔註79〕　同上。

〔註80〕　方慶秋編，《民國社會經濟史》，（北京：中國經濟社，1991年），頁44～45。

〔註81〕　〈社會風潮〉，《民聲》，21號，1914年8月2日，頁9。

〔註82〕　師復，〈上海之罷工風潮〉，《民聲》，23號，1919年5月5日，頁9。

〔註83〕　同上。

〔註84〕　同上。

應注意事項，即一、由於目前中國人知識尚幼稚，故尚未達到反抗資本主義制度層次，故應著重於「平民學校」設立，以增進工人知識，待工人具備知識，乃生自覺，始可與資本家相抗。二、工團之組織，無政府黨及社會黨皆可贊助，但仍應以各業工人為主。三、工團之宗旨當以革命的工團主義為骨髓，不可含有政治意味。以英美各國為例，每當勞動黨加入政界，遂為政黨利用，致使失去原先目標而變質。〔註85〕

「工團主義」的提出，意味著師復已能感受到未來中國社會結構重心的轉移，象徵著師復所倡導的無政府主義，不再是狹隘地局限在個人道德完美的追求；或是以無政府主義作為追求個人政治目標實踐的工具。也因為師復把克魯泡特金的無政府共產主義與流行歐洲的工團主義相結合，以工團主義為手段，以無政府共產主義為目的，這也構成劉師復無政府主義的一大特色。至於劉師復倡議的「平民學校」、「辦工人報」等主張，更成為日後人們推動勞工運動的重要方法之一。

3、對於其他社會主義派別的看法

為了宣揚無政府共產主義，師復認為必須徹底澄清無政府主義理論體系及區別與其他社會主義派系之異同、優劣。故師復曾言：「無論其為國家主義或國家社會主義，均為無政府之障礙，吾人欲實現吾主義，一方面與政府戰，又一方面與此種謬說戰，必先戰勝此種謬說，然後吾主義能得平民多數贊同。」〔註86〕因此，師復於《民聲》中，曾以大篇幅的文字批判其他各派社會主義的主張。

民初承襲辛亥革命時期鼓吹社會主義的時代潮流，社會主義一時蔚為風尚，如前文所述，甚至夙持反對立場的上海《時事新報》、《東方雜誌》、北京的《公論報》和《國民公報》均極力鼓吹社會主義。〔註87〕馮自由也不禁慨然認為「中國已進入了社會主義的新時代」。〔註88〕當時於中國提倡社會主義理念，以孫中山和江亢虎二人最具影響力，故師復為求與其他派系的社會主義劃清界線，進而凸顯無政府主義體系的完美性，乃對孫江二人的主張提出嚴厲的批判。〔註89〕

〔註85〕同上。
〔註86〕師復，〈答蔡雄飛〉，收入《劉師復文集》，頁273～279。
〔註87〕同上。
〔註88〕馮自由，《社會主義與中國》，（香港：社會主義研究所，民國9年），頁2。
〔註89〕Martin Bernal, *"Chinese Socialism before 1913"*, from Jack Gray ed., *Modern*

　　為正本清源，故師復首先闡釋社會主義的基本涵義。師復認為社會主義的基本內涵就是反對私有財產，主張將生產機關（土地、器械）及其產物（衣食房屋等）歸之社會共有。依據當時一般對社會主義的認識，大多以生產物分配方法之不同，以區別各派別之異同。師復因此認為社會主義大略可分為二：「一曰共產社會主義，一曰集產社會主義。共產社會主義者，主張以生產機關及其所生產之物全屬之社會，人人各盡所能以工作，各取所需以享用之。集產社會主義則主張生產機關屬之公共，其所生產之物，則由社會或國家處理而分配之，其分配法亦有種種不同，然大致不外視其人工作之多寡，酬給因人而異，各人所得之酬給，即為個人私有物。」〔註90〕至於集產社會主義主張「按各人勞動之多寡而異其酬給，則是強有力者將享最高之幸福，能力微弱者將至不足以贍其生。」〔註91〕因而師復認為集產主義與社會主義追求「公平」、「均」的基本精神，可謂是全然背離，因此師復認為此派主張乃是「社會政策」，而非「社會主義」。

　　孫中山對社會主義有其獨到的看法，他認為社會主義可分為四大類，即（一）共產社會主義，（二）集產社會主義，（三）國家社會主義，（四）無政府主義。依其性質又可歸納成兩部份，即（一）集產社會主義：包括集產社會主義及國家社會主義。（二）共產社會主義：共產社會主義及無政府主義。孫中山首先肯定「共產主義本為社會主義之上乘。」〔註92〕「然今日一般國民道德之程度未能達於極端」，各盡所能，各取所需的理想過高，恐難遵行。〔註93〕故共產主義僅能「行於道德知識完美之後」，孫中山很實際地辯稱「斯時人民，道德智識即較我人為高，自有實行之力，何必我人之窮思竭慮，籌劃於數千年之前乎。」〔註94〕因此孫中山主張國家社會主義才符合今日中國之所需。〔註95〕

　　根據師復對社會主義涵義之界定，他認為孫中山根本誤解社會主義的真

China Search for a Political Form, Oxford University Press, 1969, P.89～90.
〔註90〕師復，〈孫逸仙江亢虎的社會主義〉，收入《劉師復文集》，頁22～23。
〔註91〕同上。
〔註92〕孫中山，〈社會主義之派別及方法〉，收入《國父全集》，第2冊，（台北：中央黨史委員會，民國60年），頁285。
〔註93〕同上。
〔註94〕同上。
〔註95〕孫中山，〈對于勞資問題及社會主義之意見〉，《國父全集》，第2冊，頁859～861。

諦，將方法與理念混淆，而呈現思想主張的本末倒置，以致於誤認集產主義、單一稅制、鐵道及生利事業收爲國有等的「社會政策」手段，即爲社會主義的眞諦。

至於江亢虎，雖然早在辛亥革命時期曾流露出無政府主義傾向，提出無宗教、無家庭、無國家的「三無主義」主張。但其思想與一般無政府主義之間，存有很大歧異，尤其他堅持「無國界而有政治之說。」對於無政府主義者而言，更是荒謬茅盾〔註 96〕故於辛亥革命爆發未久，江亢虎秉持社會主義理念發起成立中國社會黨，但是後因環境因素的影響下，江亢虎的主張還是逐漸傾向國家社會主義路線。一九一三年八月中國社會黨被袁世凱政府查禁，但是師復認爲「他們的理論，總有多少流布國中，且很爲無政府共產主義宣傳的障礙。《民聲》對于這種歧說，曾再三出力糾正他，經此之後，群眾的觀念愈加清明。」〔註 97〕

江亢虎認爲無政府「共產主義恐未易遽見施行」，且「無機關、無組織、無契約之說未感深信」，因爲若眞成爲上述所描述的無政府境界，則世間必將成爲一片混亂。因此江亢虎深信「無政治即無系統、無契約、無機關，如此之世界，誠以吾人設身處地思之，能安居乎？能進化乎？」因爲「無比較即無競爭，無競爭即無進化。」〔註 98〕無進化人類社會將陷入退步狀態之困境，更遑論社會進化。另外江亢虎認爲無政府主義在反現有體制理念下，必會出現反現有教育體制的反智傾向，反現有教育體制，最終結果將會對人類社會進化，造成極爲嚴重的戕害。

師復對江亢虎的論點提出強烈的反駁。首先師復根据克魯泡特金學說闡釋無政府主義涵義，他認爲「無政府之世眾人結合而同活于社會中，不本於強權之管轄，而本于眾人之協約。……而政府之世，法權全滅，信權不滅，仍有契約，爲眾人志願所認可。保此信權著，共同工作，互相協助，雖有不消，不敢犯眾也。眾人協約組合而爲群，無須強爲協約之條款。無罰律，無裁判，惟以公共之工作大眾之熱誠行之，有不踐行者，可爲眾人所摒斥。……無政府之世，以自由組織爲社會之新法。……由工作者自經營之，自組織之。將來之社會，即以代今日之政府。」〔註 99〕由此可知無政府主義並非盲目空

〔註96〕江亢虎，《江亢虎文存》，初編，頁 148。
〔註97〕〈《民聲》小史〉，《民聲》，30 號，1921 年 3 月 15 日，頁 3。
〔註98〕江亢虎，《洪水集》，轉引自《劉師復文集》，頁 187。
〔註99〕師復，〈答李進雄〉，收入《劉師復文集》，頁 188～189。

談無機關、無組織、無系統。其所反對「乃國家統治機關之所尚，政權統一即強權集中之謂。無政府黨之極端排斥者即在於此。」〔註100〕無政府之組織乃秉持自由組合原則，以各盡所能各取所需為社會生活的基礎，至於教育更為無政府主義之所重，主張人人皆受完全高等教育，以教育為基礎，追求社會進化。至於反對目前教育制度，主要基於統御在現實政府體制下的教育，教育成為統治者迷惑人們思想的工具，完全背離教育的眞諦。最後師復從三方面批評江亢虎的理論謬誤：（一）江亢虎不主張機關公有，不主張廢私產，違背社會主義之原則。（二）江亢虎對於政治主張限制軍備，採用單稅，對於產業主張營業自由財產獨立，皆屬國家的社會政策，故決不能竊社會主義之名。（三）江亢虎即主張社會政策，與無政府共產主義相去太遠，故不惜詆共產為阻滯進化，詆無政府不能安居，不能進化，因是之故，吾人不能認其為反對黨。〔註101〕

　　至於馬克思主義理論雖然早在辛亥革命時期即有人介紹給國人，但是直到民初，一般人仍視馬克思主義祇是社會主義眾多理論裡的一支，並無特別之處，也無人有系統地進行介紹。一般無政府主義者對於馬克思主義的認知也是十分含混，褒貶不一。如一九一二年景梅九於山西大學「夏期講演會」介紹社會主義給學界，後來景梅九把演講內容編成《社會主義概說》一書，文中敘述社會主義興起、流變及派別，其中對於馬克思的「剩餘價值說」評價甚高。〔註102〕一九一四年景梅九擔任西北大學農校校長，更藉講述經濟學之際，把馬克思《資本論》與普魯東等無政府主義理論並列，也畀以頗高評價。〔註103〕至於師復本人，並無資料顯示其曾有系統地閱讀過馬克思著作，也未見師復專門撰寫批判馬克思主義的文章。師復祇是在批評孫中山和江亢虎的文章中涉及馬克思主義部分，曾對馬克思的部分主張提出批評。首先師復把馬克思歸類為集產主義，依師復對及產主義的定義，他認為集產主義「生產機關歸公，而所生產之物仍屬私有，是僅得財產公有之半面，即不啻不完全之社會主義，不啻為失其眞相之社會主義矣。」〔註104〕其次師復反對按勞力分配階段，認為「集產者主張按各人勞動之多寡而異其酬給，是則強有力

〔註100〕同上。
〔註101〕同上，頁 190。
〔註102〕景梅九，《罪案》，（北京：國風日報社，民國 14 年），頁 307～318。
〔註103〕景梅九，《入獄始末記》，同上，頁 3。
〔註104〕師復，〈駁江亢虎〉，收入《劉師復文集》，頁 230～231。

者將享受最高之幸福，能力薄弱者將至不足以瞻其生。」〔註105〕最後他反對馬克思主義的國家學說及無產階級專政理念。師復認為上述理念象徵馬克思主義即國家社會主義。師復主張「社會主義當向社會謀解決，不當向政治謀解決，以社會問題而乞靈于政治，是自失其社會主義之價值。」〔註106〕故師復認為馬克思主義的國家學說，決無能力解決社會問題，至於無產階級專政，更是違背無政府主義追求絕對自由平等的精神。

　　民初之際，馬克思主義尚未有系統地被介紹入中國，絕大多數的無政府主義者也不明瞭於第二國際時期馬克思與巴枯寧之間的歷史恩怨及理念對立。但是觀察師復對馬克思主義的批評，雖屬於間接性質的零文短語，但是已經觸及馬克思主義的部份核心，及與無政府主義的根本差異。迨日後無政府主義派與馬克思主義派大決裂，雙方爭辯的重心，即為師復觀點的持續發揮，無怪乎有位無政府主義者於師復逝後數年，對於師復的理念仍緬懷不已，譽之為具有「縛馬（克思）伏虎（江亢虎）之效的降魔破障之法」〔註107〕。因此，早年師復編印的刊物及言論，更是一再地被翻印，諸如：《師復文存》等。〔註108〕日後雖然也有人對劉師復的思想主張及內涵頗有質疑，如一九二五年一位國民黨的理論家甘乃光就認為劉師復「講來講去都不出民生主義是社會主義抑或是社會政策這個問題，而對于民生主義是否適宜于中國社會經濟的改造這個問題，毫未言及。」「雖然高談什麼無政府共產主義，不過在雜誌上增多一種主義的談論罷了。」〔註109〕但是從日後中國思想界的變動及劉師復思想對無政府主義者、馬克思主義者的啓蒙角色，仍可以說明劉師復在民初的地位及影響是十分深遠的。〔註110〕

〔註105〕師復，〈孫逸仙江亢虎之社會主義〉，收入上書，頁23。

〔註106〕同註104。

〔註107〕老梅，〈弁言〉，收入《劉師復文集》，頁1。

〔註108〕於1920年2月，朱謙之與黃凌霜進行辯論時，當討論到社會主義的流派、內容，都是根據師復的觀點進行討論，由此可見師復對後來無政府主義者之影響。朱、黃二人文章收入第二歷史檔案館編，《中國無政府主義與中國社會黨》，（江蘇人民出版社，1981年），頁35～64。

〔註109〕甘乃光，〈「評民生主義」訂誤〉，《孫文主義之研究》，第一期，民國14年2月26日，頁9。

〔註110〕張磊，余炎光，〈論劉師復〉，《近代中國人物》，（北京：中國社會科學院，1983年），頁193。楊才玉，〈評民國初年的無政府主義思潮〉，《學術月刊》，1983年，2期，頁81。

第五章　五四運動前後的無政府主義運動（1915～1923）

　　梁啓超認爲從甲午戰爭到五四運動之間的二十餘年，「政治雖變遷很大，思想界只能算同一個色彩」〔註1〕。於此期間，往日的期望，一件件落空幻滅。此種抑鬱失落之情，令整個社會陷入無奈絕望的困愁之境。〔註2〕迨歐戰結束，協約國勝利，威爾遜主義揭櫫於世，久被壓抑的國人，興奮地認爲黑暗已去，光明將至〔註3〕。但是隨之而來的卻是巴黎和會的挫敗，乃激起久困情緒的爆發。誠如陳獨秀所言：「五四運動因外交而牽到內政，而牽到一切社會問題，不是一個單純的外交運動，一時頗現出一點革命的空氣」〔註4〕。蔡元培則稱之爲「洪水」因爲它「來勢很勇猛，把舊日的習慣衝破了」〔註5〕。在此激烈運動的衝擊下，整個中國無論內在或外在均產生巨大的變動，塑造出五四運動前後兩個迥然不同的社會現象。民國時期的無政府主義運動，也受此時代風潮的影響，於整體運動的外在形貌及內在理念，亦產生極大的改變。另外，由於受到五四運動新思潮的激盪，社會主義蔚爲時代思想的主流。同時人們渴望劇變、否定現狀、解放一切。此種意識型態在很多方面與無政府主義主張頗爲相近，致使無政府主義得以因緣攀上主義宣揚的巔峰，成爲民

〔註1〕 梁啓超，〈五十年中國進化概論〉，《飲冰室文集》，第 14 冊，（台北：中華書局，民國 54 年），頁 45。
〔註2〕 蔡元培，〈黑暗與光明的消長〉，收入孫常煒輯，《蔡元培先生全集》，（台北：台灣商務印書館，民國 66 年），頁 756～758。
〔註3〕 獨秀，〈外交問題與學生運動〉，《嚮導》，23 期，1923 年 5 月 2 日，頁 166。
〔註4〕 蔡元培，〈洪水與猛獸〉，收入《蔡元培先生全集》，頁 499。
〔註5〕 同上。

國時期社會主義運動史上十分醒目的一幕。

第一節　五四運動前後的社會主義思潮

　　五四運動是民國史上的一個重要關鍵點，也是民初以來整體社會趨勢「發展之必然產物」〔註6〕。然而辛亥革命後的中國，就如孫中山於〈《建設》發刊辭〉所言：「革命遂使數千年一脈相傳之專制為之推翻。有史以來未有之民國為之成立。然而八年以來，國際地位猶未能與列強并駕，而國內則猶是官僚舞弊、武人專橫、政客搗亂、人民流離。」〔註7〕民國成立後的社會、政治結構，陷入更嚴酷的危機中。也因為現實社會的混亂，致使傳統價值系統有若摧枯拉朽般地瀕於崩潰。處在此動盪不安時空環境裡的人們，最常見的反應就是因現實環境的挫折、無力而陷入灰心喪志的虛無之境。誠如瞿秋白所言：「一九一一年的革命，証明中國舊社會的破產」。「革命後中國社會畸形變態，資產階級自由平等的革命，只賺著一興台奴婢匪徒盜寇的獨裁制。自由、平等、民權的口頭禪，即使不生復古的反動思潮，也就為人所厭聞，一激而成厭世的人生觀；或是有托而逃，尋較遠于政治科學的安頓心靈所在，或是竟順流忘返，成綺語淫話的爛小說生涯。」〔註8〕瞿秋白描述五四運動爆發前三年的個人心境，可謂是其一生「最枯寂的生涯。」因為「北京城裡新官僚，民國的生活，使我受一重大的痛苦激刺。」〔註9〕當時瞿秋白的心態，相信也是許多人共同擁有的體驗。處在此長期巨大沉重的挫折、無力感的交錯重疊刺激下，雖然五四運動起因外交挫敗，但是彷彿是點燃導火線的火苗，引燃整座火藥庫，最後導致人們對整體社會結構進行全面性的反省與批判。〔註10〕

　　人們長久蟄伏被壓抑的情緒，隨著五四事件的激盪，遂以排山倒海之勢衝擊整個中國。誠如易君左所言：「我們那時像一團火，挨著就要燃起來。」

〔註6〕陳獨秀，〈蔡孑民先生逝世後感言〉，收入《蔡元培先生全集》，附錄二，頁1440。
〔註7〕孫中山，〈《建設》發刊詞〉，《建設》，1卷1期，1919年8月，頁1。
〔註8〕瞿秋白，〈餓鄉紀程〉，收入何乃生編，《瞿秋白隨想錄》，（廣州：花城出版社，1992年），頁23。
〔註9〕同上，頁24。
〔註10〕陳獨秀，〈外交問題與學生運動〉，《嚮導》，23期，1923年5月2日，頁166。

〔註 11〕在此激情的運作下，人們急於尋找新方法、新出路，以突破中國現處之困境，此一思想取向，乃成為時代思潮的主導力量。當人們處在急迫尋求新出路的壓力下，急功近利，無暇憤解，則屬必然。因此，從五四運動爆發到民國十三年中國國民黨改組的五年期間，可謂是中國新思想、新政治醞釀的時期，同時也是個未來大混亂局面種下因子的時期。〔註 12〕因為，基於渴盼打破現狀、追求新出路的激勵下，傳統文化已失去吸引力，人們乃把目光投向歐美，因而西洋學說、思想也就源源不絕地輸入中國。而當時學界的學術水準又甚為青澀幼稚，根本無力完全掌握西方學說的深厚內涵或複雜背景因素，以致全然不考慮其是否適合中國的需要。因而無政府主義、馬克思主義、基爾特社會主義、工團主義、實驗主義、階級鬥爭說無一不在中國被宣揚傳播。當時社會上的一般人甚至盲目附會相信只要「能寫作一篇文章或翻譯一本書籍，世人即認他為該學說的權威，學校請他講學，民間請他演講，風頭之強，令人莫名其妙。這是文化運動當時現象。」〔註 13〕當時的年青人沉浸在此時代氛圍下，再加上「青年含有一種弱點，叫做感情太強，理性太弱。惟其感情太強，所以遇事不辨利害，每以意氣對之。惟其理性太弱，所以為偶像打破，卻還逃不了新式偶像崇拜。」〔註 14〕結果出現一種最常見的現象，就是染上了主義的流行病，一般說來人們對任何主義或學說的認識，都非常含混模糊。〔註 15〕因此，一位五四時期的作者曾分析當時一般人們的思想取向，就好像憑空吹來一陣無定的風，忽東忽西，忽南忽北，結果是「今天聽說共產主義，便加入共產黨；明天說無政府主義，又加入無政府黨了。」〔註 16〕雖然當時青年們的思想特質是游移不定的，也沒有固定的政治型態認同，但其基本精神仍是以「鼓吹愛國救國」為主導理念，〔註 17〕而且以充滿著熱情、浪漫與理想的力量去追尋。舒新城曾回憶當時的他，「自五四運動以後，求知欲更為發展，各種刊物風起雲湧，使我應接不暇，竟因讀書過度而生胃病。」〔註 18〕

〔註 11〕易君左，《火燒趙家樓》，（台北：三民書局，民國 58 年），頁 45。

〔註 12〕左舜生，《近三十年見聞雜記》，（台北：文海出版社，民國 57 年重印），頁 459。

〔註 13〕薩孟武，《學生時代》，（台北：三民書局，民國 56 年），頁 187。

〔註 14〕頌皋，〈對於《覺悟》的新希望〉，《覺悟》，民國 13 年 2 月 16 日，頁 5。

〔註 15〕周策縱，《五四運動史》，（台北：龍田出版社，民國 70 年），頁 359。

〔註 16〕子生，〈中國今日大多數青年們底通病〉，《覺悟》，民國 13 年 2 月 22 日，頁 2。

〔註 17〕同註 11，頁 170。

〔註 18〕舒新城，《我和教育》，上冊，（台北：龍文出版社，民國 79 年），頁 141。

　　於雜然繽紛的各家各家思想裡，以崛起於清末民初具有浪漫理想主義色彩的社會主義思想是最具吸引力的。因爲人們「身受種種壓迫，目睹政府的腐敗顢頇，再加上俄國革命的影響所致，他們開始響往各派社會主義的學說。」〔註 19〕雖然時人對於其所信仰的社會主義之派別、內容、層次，認識或有不同，但是社會主義儼然已成爲時代思潮的主流。這可由北京大學二十五周年校慶時，對於參與慶典的學生、來賓進行民意調查，得以証之，其調查數據如下：〔註 20〕

1、問題：何種方法救中國？

	人　數	百　分　比
國民革命	725	96.2
軍閥割據	10	1.3
外國共管	19	2.5
合　計	754	100

2、問題：現在流行的政治主義相信那一種？

	男	女	未註明性別	合　計	百　分　比
社會主義	203	22	66	291	53
孫文三民主義	103	5	45	153	28
民主主義	51	1	14	66	12
聯省自治	30	0	10	40	7
合計	387	28	135	550	100

3、問題：俄國、美國誰是中國之友？

國　別	人　數	百　分　比
俄　國	497	82.3
美　國	107	17.7

〔註 19〕張國燾，《我的回憶》，上冊，（香港：明報出版社，1981 年），頁 79。
〔註 20〕朱務善，〈本校二十五週年紀念日之民意測量〉，《北京大學月刊》，1924 年 3 月 4 日至 7 日，收入張允侯等編，《五四時期的社團》，第二冊，（北京：三聯書店，1979 年），頁 225～243。

4、問題：心目中的大人物

國　內	孫中山
國　外	列　寧

5、問題：最喜歡的刊物

依序：《嚮導》、《努力周報》……

根據這份民意調查，反映（一）絕大多數人贊同以「國民革命」方式救中國，也為日後中國國民黨北伐能夠順利完成，提供良好發展條件；（二）對共產革命後的俄國及其領袖列寧特別具有好感，為日後中國共產主義運動奠定發展的溫床；（三）社會主義（包括無政府主義、馬克思主義、工團主義等）已成為時代思潮的主流。

五四運動前後，各種社會主義理論都被介紹入中國，但大多數青年卻沒有一個確定的信仰，對社會主義的認識祇是傾心愛慕，但是理論認識卻十分矇矓含混。一位馬克思主義者回憶當時思想，就「如俄國十九世紀四十年代的青年思想似的，模糊影響，隔著紗窗看曉霧，社會主義流派、社會主義意義都是紛亂，不十分清晰的。」〔註 21〕以李大釗為例，他雖然早在一九一八年十月、十一月分別發表〈庶民的勝利〉、〈布爾什維克的勝利〉二文，文中極力頌揚俄國共產革命，但是此時的李大釗對馬克思主義的認知，卻仍非常含混膚淺，更遑論一般大眾。〔註 22〕至於無政府主義從辛亥革命時期以來，即在中國有組織地進行宣揚、活動。無政府主義的理論，諸如：自由、平等、互助、打倒強權、各盡所能、各取所需等美好的主張，非常容易吸引充滿浪漫精神的年青人之目光。如一九一八年的毛澤東，他「讀了一些關於無政府主義的小冊子，並且受了很大的影響」〔註 23〕。同時期的周恩來、鄧穎超等人創設「覺悟社」，根據日後鄧穎超的說法，一九一九年底成立之初，「社員們談論著科學社會主義——馬克思、無政府主義、基爾特社會主義等等。大家都還沒有一定的信仰，也不懂得共產主義。」〔註 24〕但是觀察當時「覺悟社」的精神與宗旨，如廢姓等作法，似乎仍帶有非常濃郁的無政府主義色彩。另一位馬克思主義者劉仁靜，早年曾參加惲代英創辦的「互助社」，該社得名

〔註 21〕同註 8，頁 25。
〔註 22〕劉民山，《李大釗在天津》，（天津：天津社科院，1989 年），頁 99。
〔註 23〕斯諾（E. Snow）著，陳雲譯，《西行漫記》，頁 147。
〔註 24〕鄧穎超，〈五四運動的回憶〉，《中國青年》，第 7 期，1949 年 5 月 4 日，收入《五四時期的社團》，第二冊，頁 352～353。

於俄國克魯泡特金的《互助論》，其宗旨是「砥礪品行，幫助學業，群策群力，自助助人」，提倡互助互愛。他們理念可謂完全受到克魯泡特金的影響，認為靠共同勞動，互相幫助，就可以抗拒社會惡勢力，建立平等、自由、博愛的新世界。〔註 25〕至於李大釗直到一九一九年中期，思想仍帶有濃厚的無政府主義色彩，譬如他於〈階級競爭與互助〉一文中，即明言：「人類應該相愛互助，才能互助而生存，而進化；不可依戰爭而生存，不能依戰爭而進化。」「總結一句話，我相信人類不是爭鬥著、掠奪著生活。總應該是互助著、友愛著生活的，階級的競爭，快要息了，互助的光明，快要著了。」〔註 26〕還有位馬克思主義者回憶道：「在那個時候，馬克思主義的書譯成中文的還很少，直到一九二二年時，只有《階級鬥爭》和李達譯的《唯物史觀》等書。我識字不多，很難讀懂這些書，而無政府主義的書，簡單淺近，這也是它容易被接受的原因。」〔註 27〕

　　根據上述資料顯示，近代中國的西方社會主義思想萌芽於清季，於民初其影響力則持續擴大。迨俄國共產革命及五四運動相繼發生，中國社會在內外因素的激盪下，益發激進，爛漫激情的社會主義對人們的吸引力更為強烈。當時流行歐美的社會主義流派、內涵極為複雜多樣，其中又以無政府主義最具吸引力。無政府主義之所以特別醒目，主要因為具備數項條件：第一、無政府主義自清末以來，已有熱情的信仰者以報刊、組織進行宣揚，故比起其流派，可謂深具經驗。第二、無政府主義內容充滿浪漫及理想，對於厭惡傳統與現實體制的國人，深具吸引力。第三、無政府主義理論淺明簡潔，對於一般知識水平不高的群眾，更是具有說服力。第四、除無政府主義外，其他各派社會主義在中國的發展尚屬起步階段，故影響力不大。

第二節　五四運動前後的無政府主義運動

　　五四運動的爆發，意味著蘊釀多時的各種變因，已匯聚成熟，進而發展

〔註 25〕秦英君等編，《大浪淘沙——中共一大人物傳》，（北京：紅旗出版社，1991年），頁 362。

〔註 26〕李大釗，〈階級競爭與互助〉，《每週評論》，29 號，1919 年 7 月 6 日，收入蔡尚思主編，《中國現代思想史資料簡編》，第 1 冊，（杭州：浙江人民出版社，1982 年），頁 186～189。

〔註 27〕中國社科院現代史研究室編，《「一大」前後》，（二），（北京：人民出版社，1989 年），頁 38。

出能夠對社會造成全面性、結構性衝撞的力量。在此力量的衝擊下，乃創造出五四前後兩種迥然不同的社會。至於無政府主義運動適時地穿越兩個時代，也因此無論是運動所呈現的形貌或內在的理論體系，也就會產生相當大的差異。故以下依其特性分期討論，以作爲比較。

1、五四運動之前

由於五四運動是民國史上的一個重要關鍵點，故其影響範圍極爲深巨。尤其社會思想結構，於五四前後，往往呈現出絕然不同的徵貌。就無政府主義運動發展而言，無論是組織，刊物或理論，亦皆能表現此一特色。五四運動以前的無政府主義運動可謂是承續辛亥革命之餘緒，因應當時社會環境的特質持續發展。由於辛亥革命時期無政府主義運動的活動重心主要是在國外，國內雖然也曾出版數冊介紹無政府主義的書刊，但是國內尚未出現一份專門鼓吹無政府主義的期刊或團體。再加上當時中國社會結構亦不具備宣揚無政府主義的條件，因而此時的無政府主義社團、理論均較粗糙。

根據資料顯示從民初至五四運動前，於中國發行的無政府刊物如下：

〔註28〕

書刊名稱	時間	地點	譯著者	附註
《社會世界》	1912	上海	沙淦編	
《天聲》	1912	上海	徐安鎮編	
《新世界》	1912	上海		
《大江報》	1912	漢口	何海鳴等	
《改造論》	1912	上海		
《新思潮》	1912	上海	華林	
《善報》	1912	嘉善	程天放	
《極樂地》	1912	北京	魯哀鳴	
《新世紀叢書》	1912	廣州	晦鳴學會	
《無政府主義粹言》	1912	廣州	晦鳴學會	
《無政府主義名著叢刻》	1912	廣州	晦鳴學會	
《軍人之寶筏》	1912	廣州	晦鳴學會	
《社會階級》	1912	廣州	晦鳴學會	
《人道周報》	1913	上海	徐安鎮編	
《良心》	1913	上海	沙淦編	

〔註28〕參考本論文附錄二。

《無政府報》	1913	日本、奉天	
《晦鳴錄》	1913	廣州	劉師復編
《民聲》	1913	澳門	劉師復編
《正聲》	1914	新加坡	梁冰弦編
《犧牲》	1914	東京	重民、耿夫編
《無政府淺說》	1916	上海	劉師復
《人群》	1916	南京	楊志道
《周年報告》	1916	南京	楊志道
《平民之鐘》	1916	上海	
《無政府主義》	1916	上海	
《總同盟罷工》	1916	上海	

根據上表可得知，於一九一九年五四運動爆發以前，若以年為統計單位，以一九一二年及一九一七年兩年所刊印的無政府主義書刊數量最多，分別各有十三冊及十一冊。就一九一二年出版的十三冊之內容性質而言，其中五冊為劉師復翻印或選錄自巴黎「世界社」所編印的《新世紀》週刊，因此適足以說明世界社對現代中國無政府主義運動所扮演的啟蒙角色；亦顯示民初劉師復本人對無政府主義的認識，也極為粗淺含混，僅能全盤接受早期無政府主義者的理念。至於一九一六年及一九一七年兩年間所發行刊物，就內容觀察，大部分已脫離世界社的理論範疇。其中以劉師復著的《無政府淺說》、《平民之鐘》、《伏虎集》、《民聲叢刻》等書，於無政府主義理論方面均有極為深入的闡釋與發揮。由此可知民初無政府主義運動到此時已能不再拘泥於過去範疇，而能自己走出一條具有自我特色路來。於此成長的過程中，劉師復扮演著極具關鍵性的角色，因此，一九一五年三月師復病逝後，無政府主義的同志們不禁要在三痛曰：「理論建設，後繼無人」〔註29〕

五四運動前無政府主義者於國內亦曾成立許多社團，透過社團成立地點、時間、成員的分析，可以更深入地瞭解五四運動前中國無政府主義運動發展之實況。根據現今所能掌握的史料整理統計，當時以鼓吹無政府主義為宗旨的社團、組織，如下：〔註30〕

〔註29〕 鄭佩剛，〈鄭佩剛的回憶〉，收入高軍等編，《無政府主義在中國》，（長沙：湖南人民出版社，1984年），頁516。

〔註30〕 方慶秋，〈五四運動前後的中國無政府主義〉，《歷史檔案》，1981年2期，頁105～108。張允侯等編，《五四時期的社團》，第4冊，（北京：三聯書店，1979

組 織 名 稱	創 設 時 間	地 點	參 與 份 子
晦鳴學社	1912	廣州	劉師復等
大同社	1912	香港	袁振英等
社會黨	1912	上海	沙淦、太虛等
心社	1912	廣州	劉師復等
世界語夜學	1912	上海	許論博
廣州世界語學會	1912	廣州	劉師復等
民聲社	1914	上海	劉師復
無政府共產主義同志社	1914	廣州	劉石心
無政府主義傳播社	1914	江蘇常熟	蔣愛眞
無政府主義討論會	1914	南京	楊志道
世界語講習所	1914	上海	蘇愛南等
無政府共產主義同志社	1914	上海	劉師復
加拿大華人工會	1916	加拿大	楊志道
群社	1916	南京	
實社	1917	北京	黃凌霜、趙太侔等
互助社	1917	武昌	惲代英
平社	1918	山西	尉克水、劍平
常熟教育會	1918	江蘇常熟	蔣愛眞
綠幟社	1918	江蘇常熟	蔣愛眞

由上述資料顯示，民初無政府主義運動在師的復領導下，主要以廣州、上海、南京等地為活動核心區，參與分子則是直接或間接受到師復啓蒙之影響。早期的無政府主義倡導者如：吳敬恆、李煜瀛等人，雖不時為人們所提及，但是對於此一時期的理論發展及組織建立，影響可謂極微。至於此時期的活動重心、成員、組織，明顯地偏重於華南、華中地區，這與師復等人以上海、廣州為活動重心有密切的關聯。但是自從師復於一九一五年三月病逝後，《民聲》由師復的學生林君復主編，梁冰弦、黃導生、盛國成等人擔任撰述，一九一五年五月五日出版二十三期，為紀念師復專號。其後三期（二十四、二十五、二十六）改為半月刊。又於一九一六年二月、九月及十一月在上海不定期出版三期（二十七、二十八、二十九），因人力、財力不繼而宣告停刊。

年，頁 158～188。

此期間「民聲社」又陸續重印一些舊作，如：《民聲叢刻》、《工人寶鑑》、《世界風雲》等；另外又收集師復的文字，編成《伏虎集》出版。同時在南京出現名曰「群社」的無政府組織。「群社」的前身是「無政府共產主義討論會」，其發起人名爲「無吾」（楊志道）。楊志道於一九一六年十一月二十七日與眞風（許眞風），共同組織「群社」，出版《人群》一期、《周年報告》一冊。一九一七年春天，《民聲》停刊，鄭佩剛赴北京，與北大學生太侔（趙畸即趙太侔）、震瀛（袁振英）、清華學生超海（黃凌霜）、《國風報》記者華林及竟成等十餘人，成立「實社」，出版《實社自由錄》兩集，由黃凌霜、袁振英任編輯，托鄭佩剛在上海印行。鄭佩剛又編印《民聲社記事錄》，記載國內外無政府主義的活動消息及通訊。〔註31〕另外在一九一八年五月，山西省聞喜縣的尉克水及劍平成立「平社」，并發表宣言曰：「今日世界之僞道德惡制度，乃社會進化之蟊賊、人類發達之障礙物也。同仁憫焉，爰組斯社。本科學之眞理，復我天賦人權，使社會無尊卑、貴賤、貧富之階級，而男女教育均歸于平等；破除一切之僞道德、惡制度，而倡導世界平民之大革命。」〔註32〕「平社」出版《太平》一冊，爲其宣傳刊物。

此時期於上海地區，因一九一八年二月梁冰弦、劉石心等人從新加坡回國，乃在上海霞飛路設立大同書店，創辦《勞動》月刊，鼓吹無政府主義，但出版五期遭查禁。同年十二月陳延年加入無政府主義陣營，進行翻譯《巴枯寧全集》，準備出版。同時受俄國爆發十月革命影響，「中國各種社會主義宣傳逐日增多，在新思潮的鼓動影響下」〔註33〕，許多人主張恢復《民聲》，藉以團結各無政府組織，鄭佩剛、陳延年經商議後亦認爲應將各地無政府主義刊物合併成一冊，如此人、物力才不致重複浪費，亦可集中力量增強宣傳效果。一九一九年一月，歷經數次商議後，乃決定將「民聲社」、「群社」、「實社」、「平社」等社聯合組成一「進化社」，出版《進化》月刊，由陳延年編輯。其成立理由誠如《特別啓事》中所云：「同人等現雖採互助方法，聯合同志共致力于書說之傳播；但于編輯發行及經濟維持各方面，則非惟任輕責重，爲同人等綿力所不能悉舉，即于進行手續上，勢亦不能不各有獨立之組織，以分別辦理而協助進行。」〔註34〕「進化社」社址設在上海，主要成員爲鄭佩

〔註31〕同註2，頁520。

〔註32〕同上，頁43。

〔註33〕同上，頁521。

〔註34〕〈民聲社，群社，實社、平社特別啓事〉，《進化》，1卷3期〈師復紀念號〉，

剛、尉克水、楊志道、黃凌霜、區聲白及陳延年等。《進化》雜誌由陳延年編輯，鄭佩剛主持的華強印刷所印行，由亞東、泰東兩書店代理發售，第一期印製二千冊，一月內即告售完。〔註35〕「進化社」的成立，可謂中國無政府主義運動於師復逝後的首次大結合。但是於一九一九年五月北京政府查禁無政府主義活動，下令封閉上海「進化社」信箱，禁止《進化》及其他的無政府主義刊物。〔註36〕「進化社」除了出版《進化》月刊，鼓吹無政府主義外，另外編印《進化叢書》，即克魯泡特金的《近世科學與無政府主義》一書，一時間也頗為風行。

　　一九一九年五月北京政府因五四事件爆發影響，開始積極鎮壓無政府主義活動。《進化》月刊停刊，泰東、亞東二書店負責人趙南公、汪孟鄒因代理銷售《進化》被捕。同月十五日鄭佩剛在上海被捕，判刑六個月，並規定刑滿永不得入租界。於北京的朱謙之、杜水坡、區聲白等人也相繼被捕。神戶的黃芸博、於蘇門答臘的劉石心均遭逮捕。故於此時，因五四運動所造成國內政局激盪之影響，致使無政府主義運動面臨嚴酷的考驗。雖然環境日趨惡劣，但「進化社」成員楊志道仍赴天津與姜般若組織「眞社」，出版《新生命》半月刊，持續宣揚無政府主義，其中特別宣揚新村主義理念，總共出版四期，一九一九年底也遭楊以德查禁。〔註37〕

　　檢討五四運動以前的無政府主義運動，於民國初期由於國內無政府主義運動處於啓蒙期，無論組織或理論均尚屬幼稚，故雖有劉師復的努力，但組織有限，理論也多承襲辛亥革命時期《新世紀》的言論。其後，經由師復的努力，組織日益成長，理論體系也開始超越舊窠臼，但不久因為師復病逝，致使無政府主義運動的理論與組織遭受嚴重挫折，根據前面有關社團及刊物發行數量分析，顯示一九一五年至一九一七年間可謂無政府主義運動的沉寂時期。但是隨著無政府主義者的努力及中國主客觀環境的變動，於一九一八年及一九一九年間無政府主義運動又逐漸活絡，終於於一九一九年一月在各

　　　　〈廣告〉，1919 年 3 月。

〔註35〕同註 2，頁 522。

〔註36〕〈交通部訓令〉，第 763 號，1919 年 5 月 5 日，收入第二歷史檔案館編，《中國無政府主義與中國社會黨》，（江蘇人民出版社，1981 年），頁 19。

〔註37〕以原本立場保守的《晨報》為例，當時曾陸續刊載：〈最近歐洲社會黨之運動〉1918 年 12 月 14 日，〈德國社會黨人事略〉1918 年 12 月 17 日，〈地底的俄羅斯〉連載 76 日。〈何謂無政府主義〉1919 年 3 月 19 日，〈蒲魯東〉1919 年 3 月 30 日，〈馬克思奮鬥生涯〉1919 年 4 月 1 日～4 日，〈論無政府主義〉等。

團體深感必須集中力量才能作更強而有力的推動無政府主義的實踐下，「民聲社」、「群社」、「平社」、「實社」進行大聯合，「進化社」乃因應而生，「進化社」的出現意味著無政府主義運動已擺脫師復驟逝後所造成的影響。但不久因爲五四運動爆發，北京政府爲穩定政局，開始全面壓制群眾運動，各種政治團體亦受到波及，無政府主義組織更是首當其衝，故「進化社」被查禁，眾多無政府主義者被逮捕。但是由於五四運動的激盪，人們求新、求變已成爲時代思潮的主導，無政府主義的理論，無論其表面或內容，均能與此時代的思潮相呼應，因此，雖然面臨來自北京政府的打壓，但無政府主義運動於五四時期已有沛然莫之能禦的態勢。成爲五四時期百花齊放的思想環境裡，甚爲醒目的一支，也成爲民國時期無政府主義運動發展的巔峰。〔註38〕

2、五四運動之後

中國社會在五四運動的衝擊下，產生全面性激烈的回應，人們渴盼改變一切既有的事物，當時的知識分子也幾乎淹沒在追求改變的時代熱潮裡，他們具備強烈的「超越精神」，認爲可以根據某種西方先進理論，超越性地將中國的各種問題，全部一次性的徹底解決。〔註39〕雖然有胡適等人提出「多研究些問題，少說些主義」〔註40〕的看法，但亦難以阻擋五四浪漫精神下的思想風氣。於此股風潮中，社會主義扮演著極爲重要的角色。部分人們亦深感「社會主義近來似覺得成了一種口頭禪，雜誌報章，鼓吹不遺餘力，最近則與社會主義素來不相干的人，也到處以社會主義相標榜。」〔註41〕以北京大學二十五週年校慶時所作的民意調查，即可說明當時大多數的知識階層，皆視社會主義爲解決中國現狀最好的方法。〔註42〕雖然社會主義各家各派主張不一，但其主張早在五四運動以前，大多已被介紹入中國，但介紹內容多屬零散片面、無系統，而且民初的社會背景、主導理念亦無法完全契合西方社會主義生長的條件。但在俄國十月革命及巴黎和會弱肉強食殘酷現實的雙重衝擊下，以倡導平等、自由、公平、打破強權的社會主義驟然間成爲時代的主導理念。社會主義範疇下的無政府主義及馬克思主義，更成爲這股新思潮

〔註38〕李小峰，〈新潮社的始末〉，《文史資料選輯》，61 輯，頁 101。

〔註39〕Chow Tse-tsung, *The May Fourth Movement*, Harvard University Press, 1960, p.356

〔註40〕胡適，〈多研究些問，少說些主義〉，《每週評論》，31 期，1919 年 7 月 20 日。

〔註41〕楊端六，〈歸國雜感〉，《太平洋》，第 6 期，1920 年 8 月。

〔註42〕Maurice Meisher, *Li Ta-chao and the Origins of Chinese Marxism*, Cambridge: Harvard University Press, 1967, P.100.

中之主流。在北京大學或其他高等學府中，無政府主義和馬克思主義更常是青年學子的主要話題。〔註43〕甚至遠在日本留學的周佛海，亦受到《解放與改造》的主持人張東蓀之請託，翻譯了克魯泡特金的《互助論》。〔註44〕

　　由於五四運動掀起的新思潮、新環境，塑造一個適宜無政府主義發揮的舞台，因此，從一九一九年下半年開始，無政府主義者的活動極為活躍，他們四出聯絡同志，於各地成立組織，發行刊物，寫下中國無政府主義運動最輝煌的一幕。

　　於五四運動前後，「進化社」及「眞社」相繼遭受北京政府壓迫而結束的同時，卻另有一批無政府主義者活躍在華南地區，主要是梁冰弦、劉石心等人。〔註45〕一九一七年，梁冰弦在星加坡宣傳無政府主義，出版《世界風雲》和《世界工會》兩本小冊子，並且成立眞社結合志同道合之士。但是不久引起英國殖民政府注意，被驅逐出境。〔註46〕乃於一九一八年春返抵上海，與劉石心在霞飛路組織大同書局，出版《勞動》月刊，出版五期，於一九一八年八月被查禁。《勞動》停刊後，劉石心赴印尼編輯《蘇門答臘》，梁冰弦回廣州編輯《民風》周刊。早在五四運動之前，廣州已是無政府主義運動的活動重心地區。無政府主義者在廣東曾掌握「理髮工會」、「茶居工會」、「皮革工會」等。五四運動發生之後，「廣東機器工會」也由無政府主義者所掌控。一九一九年春天，廣東的無政府主義者在木排頭組織一個「互勞俱樂部」（即互助勞動俱樂部簡稱），主持人爲梁一餘，參加者有：區聲白、梁冰弦等，他們秉持工團主義理念，利用俱樂部組織，聯絡工人，灌輸理念，企圖「在工人中策動組織工會」〔註47〕，以待時機成熟，發動總同盟罷工，完成無政府主義的革命目標。另外，爲了啓發工人知識，明瞭世界大勢及變遷，乃利用晚上閒暇時間，於俱樂部裡開辦教授世界語的課程，以教授世界語，並藉機宣揚主義，由區聲白任教。同一時刻，陳炯明正駐兵漳州，由於陳炯明思想傾心社會主義，計劃於漳州行社會主義，乃邀請梁冰弦前往主持宣傳工作。適其時劉石心因在蘇門答臘宣傳無政府主義遭到荷蘭殖民政府驅逐出境，故

〔註43〕羅章龍，《椿園載記》，（北京：東方出版社，1989年），頁86～87。
〔註44〕海隅孤客，《解放別錄》，（台北：文海出版社，民國57年重印），頁30。
〔註45〕歐西，〈南洋無政府主義運動之概況〉，《民鐘》，2卷1期，1927年1月25日。
〔註46〕劉石心，〈關于無政府活動的點滴回憶〉，收入葛懋春等編，《無政府主義思想資料選》，（北京：北京大學出版社，1984年），頁928。
〔註47〕同上。

轉赴漳州。梁冰弦在漳州一面擔任教育局長；一面主編《閩星》半周刊，後又創辦《閩星》日刊。當時參加《閩星》的還有另兩位無政府主義者即陳秋霖和謝嬰白。梁冰弦等爲了壯大聲勢，紛紛請國內的無政府主義者到漳州，于是尉克水、許眞風等紛至漳州。〔註48〕這些無政府主義者在漳州非常活躍，他們「眞的擺開社會革命的架勢，談話毫無顧忌，行動也激烈得很。」〔註49〕他們四出散發傳單，組織宣傳隊到鄉下向群眾演說，號召打倒資本家地主，打倒軍閥。一時之間漳州成爲全國矚目之域，因而被譽爲「閩南的俄羅斯」。甚至引起英國駐華外交人員的關注，還特地致函中國外交部，要求中國政府正視陳炯明在漳洲的活動及與蘇俄的關係。〔註50〕由於無政府主義者強調個人自由及權利，他們並將這些觀念灌輸給下層士兵，打倒軍閥、打倒地主等口號。後因爲他們的這些做法與高階軍官的利益相衝突，導致陳炯光代表不滿者出面，逮捕了一些無政府主義者，其中尉克水、許眞風險遭槍決，後由劉石心出面調停，暫時化解衝突。經此風波，無政府主義者見漳州氣氛已變，陳炯明的支持亦逐漸動搖，遂紛紛離開漳州，無政府主義者在中國的首度行動實踐，乃宣告結束。〔註51〕

　　從一九二〇年至一九二一年七月，〔註52〕無政府主義團體及刊物如雨後春筍般湧現。除了梁冰弦等人在南方活動外，在北京有朱謙之、易家鉞、郭夢良等組織「奮鬥社」和出版《奮鬥》旬刊。《奮鬥》旬刊主要內容是宣揚無政府主義和提倡所謂奮鬥主義的人生觀，另外也介紹一些唯心主義的哲學觀點，如柏格森的「創化論」等。其中最值得注意的是，於刊物中已出現攻擊馬克思主義及布爾什維克黨的文章。如於《奮鬥》第二期出現一篇署名 AD 者的〈我們反對布爾什維克？〉，於八、九期另一署名 AF 者的〈爲什麼反對布爾什維克？〉，二文爲無政府主義派與馬克思主義派尚未正式決裂前，頗爲著名的兩篇攻擊馬克思主義及共產主的文章。〔註53〕此外，十分具有影響力的《北京大學學生週刊》亦分別由黃凌霜及朱謙之擔任編輯，在二人擔任編輯

〔註48〕同註17。

〔註49〕同註19。

〔註50〕〈外交部等爲嚴密查禁福建漳州過激主義宣傳品傳播有關文件〉，收入《中國無政府主義與中國社會黨》，頁65～72。

〔註51〕同註17及19。

〔註52〕1921年7月，中共第一次全國代表大會召開，意味著兩派正式決裂。

〔註53〕張允侯等編，《五四時期的社團》，〈四〉，頁194～208。

期間，週刊上陸續出現討論無政府主義的文字。由於無政府主義者在北方學界非常活躍，引起正亟欲於中國推展共產主義運動的第三國際之目光。根據鄭佩剛及梁冰弦等人的回憶，於一九二○年初，鄭佩剛突然收到俄國人布魯威（Broway）在天津用世界語寫來的信，邀請黃凌霜赴天津與布魯威接洽，經過幾次會晤，乃邀約了陳獨秀、李大釗等人，於北京成立了「社會主義者同盟」，推舉陳獨秀為領導。〔註54〕二月十九日陳獨秀為避免遭北京政府逮捕，經化妝逃抵上海，並約黃凌霜、鄭佩剛等人赴滬相助。鄭佩剛抵滬後，介紹張墨池、費哲民、趙石龍、黃碧魂等與陳獨秀會面，於上海成立「社會主義者同盟」。一九二○年夏，共產國際派兩位代表經海參威來到上海，一個是俄人斯脫洛米斯基（Stromisky），另一個是華人名楊明齋，楊原籍山東，久居俄國，會俄語，擔任翻譯，〔註55〕以推動東方民族解放運動為號召。根據鄭佩剛回憶，約在同年八月間斯脫洛米斯基與社會主義者同盟在上海地區的盟友會晤，商談一些工作計劃。〔註56〕與會者還有：沈定一、李漢俊、尉克水、袁震瀛、俞秀松、鄭佩剛，及朝鮮獨立黨領袖金九。關於主義的宣傳工作，議決成立一個小型印刷所，他們於辣菲德路成裕里租一房子，由鄭佩剛負責，將晦鳴學舍時代的印刷設備借用，名稱為「又新印刷所」，另由斯脫米斯基提供二千元作為開辦費，以後的營業則須自給自足，不再津貼。陳望道譯的《共產黨宣言》，即由該印刷所印製。至於陳獨秀編輯的《新青年》、《共產黨》及景梅九的《自由》，都由該所印製。〔註57〕一九二○年底陳炯明由漳州攻回廣東，特邀陳獨秀擔任教育委員會委員長。〔註58〕由於陳獨秀準備赴廣州，無政府主義者也因形勢有利於主義的鼓吹，紛紛聚集廣州。於年底當陳獨秀抵廣州，隨即與梁冰弦、區聲白、黃尊生、劉石心等於廣州組「社會主義者同盟」。〔註59〕於此時無政府主義者於華北、華中、華南等地，分區組織起來，

〔註54〕 鄭佩剛，〈鄭佩剛的回憶〉，收入高軍等編，《無政府主義在中國》，（湖南人民出版社，1984年），頁512～523。羅章龍，《椿園載記》，（北京：東方出版社，1989年），頁126。

〔註55〕 根據梁冰弦的《解放別錄》第9頁，把Stromisky譯為「斯脫落米斯基」，其他資料均無其中文譯名，故推斷梁冰弦自己據其音而譯之。海隅孤客，《解放別錄》，（台北：文海出版社，民國57年），頁9。

〔註56〕 同註27。

〔註57〕 同註27，頁520，及註17，頁9～10。

〔註58〕 陳定炎、高宗魯，〈陳炯明：聯省自治的實行者〉，《傳記文學》，63卷2期，民國82年8月，頁41。

〔註59〕 同註27。

並且與馬克思主義派結為同盟。當時參與者及活動地點，大致如下：

社會主義者同盟活動地區及人員（1920～1921）

地　　區	活動重心	參　與　人　員
華北地區	北京	李大釗、黃凌霜、華林、布魯威（Broway）等
華中地區	上海	陳獨秀、李漢俊、鄭佩剛等
華南地區	廣州	梁冰弦、劉石心、W君

　　同時各地區的社會主義者同盟為推動勞工運動，分別創辦三份刊物：於北京創辦《勞動者》，由黃凌霜主編；上海地區為《勞動界》，由陳獨秀主編，鄭佩剛也參與。於廣州創辦《勞動者》，梁冰弦、劉石心也編輯了三、四期。一九二一年三月十五日，《民聲》第三十號也於廣州復刊，投稿者有梁冰弦、區聲白、劉石心等。他們又把早期出版的《民聲》重印合訂本出售，廣受一般讀者歡迎。

　　至於在上海的又新印刷所於一九二一年二月被封閉，因而亦遷移至廣州昌興街二十九號營業，由鄭佩剛主持。〔註60〕同時在廣州無政府主義者以互勞俱樂部為基礎，聯絡工人，成立廣東機器工會，出版《進化》週刊，由李占標擔任編輯。廣東機器工會和其他無政府主義者約定，每年農曆正月初七於廣州北郊寶漢茶寮聚會、演說、唱歌，進行交誼活動〔註61〕一九二一年的聚會，到會者達數百人之多，由梁一餘主持。同年三月底克魯泡特金去逝，無政府主義者於廣東高等師範大禮堂召開追悼會，到會群眾達千人，由梁冰弦主持。迨五月一日，廣州的無政府主義者，馬克思主義者及其他人士共同發動各行業工人罷工，示威遊行。當時廣州永漢路上曾掛上兩幅人像畫，一是克魯泡特金，另一是馬克思。遊行進行中，無政府主義者特別戴黑領帶以示區別，馬克思主義者戴紅領帶。這段期間可謂從五四運動爆發以來，無政府主義派與馬克思主義派二派攜手合作的巔峰。其後因現實利益的衝突、理論的對立致使二派分道揚鑣。首先是廣州地區的社會主義者同盟分裂，然後是上海、北京，最後兩派全面決裂。

〔註60〕同註27。當時機器工會影響力很大，他們成為勞工總會的核心，於1925年後，曾與馬克思派的工人團體發生激烈的鬥爭，參見，陸克葦，〈廣州工會狀況〉，1927年9月，收入〈北洋政府軍機衛戍司令部檔案〉，第二歷史檔案館藏，編號一〇二四/170。

〔註61〕同註27。

　　一九二二年春，一位俄國無政府主義者狄克博從上海抵廣州，住在廣州東山，他與梁永弦、劉石心、黃凌霜、李德軒、黃尊生等取得連結，經數次晤商，乃成立「無政府主義者同盟」，代號 AF，主要負責人是梁冰弦。該組織秉持無政府主義精神，不設章程、分部、幹事，但有口號和年號，違反盟紀者，要受處分。該同盟有一標幟印章，繪有一蛇一杯，而且每個盟員發一刻有骷髏頭的戒指。同年夏天，在黃凌霜指導下，上海地區亦成立同樣組織。但上海地區組織設有各部，如組織部主任鄧夢仙，軍事部主任王亞樵、宣傳部主任鄭佩剛、婦女部主任劉無。〔註62〕至於宣傳刊物有 AF 成員王思翁、鄭眞桓、薛覺先在廣州成立眞社，發行《春雷》（後由王思翁在上海編印）。上海地區自鄧夢仙編印《互助》月報，黎健民、李太一於廣東新會發行《民鐘》等。〔註63〕

　　於五四運動期間，無政府主義者除了組成鬆散的同盟，於各地區也紛紛成立許多小團體，進行宣揚主義的活動。如在北京成立「社會革命團」，出版《社會運動》。在山西，先後出版《和平》、《平民》、《平民鐘》。在上海出現「眞理社」、「人道社」、「自由社」、「安那其同志社」等組織，先後出版過《眞理叢刊》、《共產原理》、《一個士兵的談話》、《救世音》、《世界軍人》、《新學社叢刊》、《目兵須知》等小冊子。在四川無政府主義思想亦在此時極爲風行。於一九二〇年八月，由陳小我、李峙青等在重慶籌組「適社」，「適社」先後印製《適社的意趣和大綱》、《昧爽軒一夕談》、《共產》等小冊子。於成都地區，部份青年受其影響，創辦《半月》，宣揚無政府主義。巴金即在此時受到「適社」鼓吹無政府主義的影響。根據巴金日後的回憶，當時十六歲的他，因爲讀了《適社的意趣和大綱》後，「心跳的很厲害」，深感「那意見那組織正是們朝夕夢想的」〔註64〕，不久遂加入《半月》的編輯工作，確定了無政府主義信仰。後來巴金與吳先憂、張拾遺等創辦「均社」。當《半月》被查封後，又出版了《警群》和《人聲》兩份刊物〔註65〕。另外有位無政府主義者盧劍波在合江成立「覺社」。這一時期受「適社」的影響，在四川各地成立的無政府主義團體有：達縣的「益社」、瀘州的「明社」和華陽的「無社」等。同一時期在湖南、長江下游地區、國外的菲律賓、美國等

〔註62〕同上。
〔註63〕同上。
〔註64〕巴金，《回憶》，（台北：龍文出版社，民國 79 年），頁 54。
〔註65〕同上。

地皆有鼓吹無政府主義的社團或刊物出現。故於五四運動期間，從書刊發行、社團成立的數量及分佈觀察，可以說明此一時期誠為中國無政府主義運動的最高峰時期。

根據統計資料，從一九一九年至一九二四年間，共出版一三九冊有關無政府主義的書刊，其分刊年代及數量如下：〔註66〕

年　代	冊　數
1919	12
1920	21
1921	23
1922	29
1923	42
1924	12

從一九一九年至一九二四年間，共出現九十七個鼓吹無政府主義社團，其分佈地區及年代的數量，統計如下：

年　代	冊　數
1919	7
1920	10
1921	11
1922	18
1923	42
1924	8

其分佈地區依數量排列如下：廣州十個，上海九個，北京九個，武漢七個，長沙六個，成都四個，天津、廣東香山、南京、四川瀘州、安徽安慶、江蘇洞庭山各二個，廣東佛山及新會、福建漳州、四川的合川、重慶、華陽、達縣、安徽的蕪湖、天長、大通、直隸的保定、山西的太原、山東的濟南、江西的奉賢、南昌各一個，僅知在四川地區地點不詳者有八個。海外地區：日本地區四個，南洋地區三個，加拿大、法國巴黎、美國舊金山各一個。地點不詳者有六個。

這些小團體具備些相同的特色，就是成員人數很少（有的社團僅有兩三

〔註66〕參見本篇論文附錄一、二的統計。

個人），由於他們秉持無政府主義理念，因此組織並不嚴密，成員多屬知識階層，活動層面也多僅停留在理論宣揚層次，再加上無政府主義本身特質具有強烈極端個人主義傾向，以致許多無政府主義的社團及刊物，於現實世界裡，往往因不切實際而導致成立未久即宣告解散或停止活動。但是依據其社團及刊物出現的數量、頻率及分佈地區進行觀察分析，也可從其數據變動中看出無政府主義運動在此時期之活動趨勢及端倪。〔註67〕

　　根據上述出版刊物，組織數量及分佈地點的統計資料，大致可歸納成下列數點結論：（一）根據社團成立及書刊發行數量觀察，一九二二年及一九二三年可謂是無政府主義運動最活躍期。（二）根據社團成立地點而言，廣州、上海、北京、武漢地區是無政府主義者的活動重點區域。北京、上海、武漢等地為當時文化、經濟重鎮，自然較具備吸收外來新思想的條件，也因為位居內外交通核心，因此得以薈聚各方精英，成為時代思潮取向之所在。至於廣州除了具備上述各項優勢條件外，也與一九二〇年底陳炯明率軍由閩返粵，重建親社會主義的政權有關。由於陳炯明夙來傾心社會主義，早在漳州時代即曾大量引用許多無政府主義者任事。故粵軍回粵後，無政府主義者因之聚集廣東，積極進行主義推展之活動。（三）若以省為單位觀察，四川一省共成立十九個無政府主義的小團體，居各省之冠，凸顯四川雖然地處內陸，但因有長江交通線與外聯絡，思想並不僻陋。對外來新事物的反應也是十分敏銳熱切，這也可以說明川籍人士在日後勤工儉學運動及共產主義運動中所扮演關鍵角色，並非意外。〔註68〕（四）一九二四年成立的新團體大多在上海，其他地區幾乎已不復見，而且數量銳減，說明無政府主義運動的快速萎縮。此一現象探究其因，與馬克思主義派在第三國際的大力支助下，於中國及極活躍地擴張勢力，吸引了時人的目光。另外，於廣東也因中國國民黨採「聯俄容共」政策後的新情勢，無政府主義運動的發展空間遭受嚴重排擠所致。

第三節　五四時期無政府主義的流派

　　五四時期的無政府主義者，雖然其理念之啟迪大多來自吳敬恆、李煜瀛、劉師復等人，但是由於個人背景及境遇的差異，致使他們對於無政府主義的

〔註67〕同上。
〔註68〕李璜曾對四川人於民國前後的思想動向，曾有非常深刻的分析。見李璜，《學鈍室回憶錄》，（台北：傳記文學出版社，民國69年），頁142。

認知亦有所不同。當時的無政府主義陣營大致可依其理論內涵分爲四派，即：無政府共產主義派、無政府個人主義派（或稱虛無主義派）、無政府工團主義派及新村主義派。〔註69〕

1、無政府共產主義派

無政府共產主義派是五四時期無政府主義運動裡影響最大的一個派別。其主要代表團體是成立于一九一七年的「實社」及於一九一八年結合「民聲社」、「實社」、「平社」、「群社」而成的「進化社」爲核心。主要成員有黃凌霜、區聲白等，這一派無政府主義者以劉師復的理論體系爲基礎，並加以闡釋發揚。師復的理論是以克魯泡特金的《互助論》爲核心，因此無政府共產主義派乃以「互助」的觀點解析社會與自然的發展規律，作爲理論發揮之本。也由於克魯泡特金的互助進化理論，建立在廣泛的科學觀察及實証基礎上，因此，無政府共產主義派的論証也以科學範疇及方式爲依歸。此派的理論內涵及延伸發揮，可以吳敬恆的〈一個新信仰的宇宙觀及人生觀〉一文，最具代表性。〔註70〕

無政府共產主義派認爲人類社會耗費數千年歲月的進化，至今始有共和政體的出現，今昔相較，固屬進步，但深究社會結構性質及內在，進化速度實在太緩。更何況在現有體制下，強而有力者隨時企圖以「其虎狼之手段以摧殘方新之氣」，故今之社會「去吾人理想之社會蓋遠。」〔註71〕祇有「于政治上則暫無政府之組織，于經濟上則主張共產之眞理」〔註72〕，雙管齊下，始可達到理想社會。

基於上述理念，此派根本否認國家的存在意義。他們認爲根據科學理論，互助是人類的本性，因而祇有極少數人由於自己的私欲而違背此一本性，爲求滿足己欲，才創造出國家、法律及權利觀念。這些國家、法律和權利，不論其出發點是善或惡，都違反自由；雖然違反的程度有輕重，但均已與自然進化的眞理相悖離，因而妨礙順應自然進化之律及臻於完美之境的發展。因此，祇有

〔註69〕湯庭芬，〈五四時期無政府主義的派別及其分化〉，收入劉其發主編，《近代中國空想社會主義史論》，（北京：華夏出版社，1986）頁243。

〔註70〕吳敬恆，《吳稚暉先生全集》，（台北：國民黨中央黨史委員會，民國53年），頁2。

〔註71〕凌霜，〈弁言〉，《自由錄》，第1集，1917年7月收入葛懋春編，《無政府主義思想資料選》，（北京：北京大學出版社，1984年），頁349。

〔註72〕同上。

廢除現有體制，人類的眞本性纔能發揮，社會纔能眞進化。人類的本性即無政府之世的道德，亦即「平等也、博愛也、自由也、無非順乎人類天性自然之發育。」〔註73〕如何可以完成無政府主義目標，其手段有二，「有激烈焉，有溫和焉。前者以炸彈、手槍而爲荆軻、蘇菲亞之行動，後者以教育、言論勤其感化，求大多數之同智同德。」〔註74〕但是由於該派理念以當代自然科學範疇爲核心，故認爲最佳方法是介紹科學之眞理，傳播人道主義，因爲無政府主義者所鼓吹的無政府主義，絕非感情的調調，無政府正當之眞理，實來自眞理之科學。科學所求者發明公理，革命之所圖者，實行公理。〔註75〕由於深信科學爲一切眞理之根本，故欲解決人類進化問題，亦祇有本之於科學，因爲一切智識問題皆由科學証明，凡所作爲，必懸一科學眞理以爲衡，一切背乎科學的惡制度、劣嗜好，皆不肯以身爲殉。〔註76〕因此，無政府共產主義派反對一切形式的國家，因爲國家體制違反科學進化之眞理，也反對利用其他主張方式，以替代國家，包括馬克思的無產階級專政等。

　　無政府主義者向來將馬克思主義歸類爲集產社會主義。集產社會主義「主張生產機關屬之公共，其所生產之物，則由社會或國家處理而分配之，其分配法亦有種種不同，大致不外視其人工作之多寡，酬給因之而異，各人所得之酬給，即爲個人私有物。」〔註77〕雖然馬克思主義與無政府主義的遠程目標一致，即消滅國家。但無政府主義者認爲馬克思主義既然是集產社會主義，故在追求終極目標時，允許國家組織存在以進行生產，另外無產階級專政及階級鬥爭等主張，更與無政府共產主義派堅信經由科學實証的互助理念相違背，故無政府共產主義派早在一九一九年初，黃凌霜於《進化》及《新青年》上分別發表〈評《新潮》雜誌所謂今日世界之新潮〉及〈馬克思學說的批評〉二文，〔註78〕對馬克思主義提出嚴厲的批評。

　　另外，無政府共產主義派本之於科學解釋世界的演變，其理論延伸發展，必然會走向「科學主義」之途。〔註79〕以無政府主義的終極目標──大同世

〔註73〕太侔，〈復了僧君〉，《自由錄》，第一集，同上書，頁351。
〔註74〕同註71。
〔註75〕凌霜，〈少見多怪的時事新報〉，《自由錄》，第二集，1918年5月。
〔註76〕〈師復君傳〉，《進化》，1卷3集，1918年3月。
〔註77〕師復，〈孫逸仙江亢虎之社會全集〉，收入《劉師復文集》，（台北：帕米爾書店，民國69年），頁22。
〔註78〕《進化》，1卷2期，1919年2月及《新青年》，6卷5期，1919年5月。
〔註79〕林正弘，〈胡適的科學主義〉，收入周策縱編，《胡適與近代中國》，（台北：時

界而言，無政府共產主義者認爲大同世界絕非退化至過去的原始自然社會，應是透過科學、機器的進步去追求。〔註 80〕因爲「進化是宇宙和有機體的機械的進行程序，而用物理來說明他的自然歷史。這個宇宙的系統，始初是由很小的物質一步步自然發生來的。」〔註 81〕因此他們往往以科學的、物質的角度解析宇宙本體，及本體與個體的關係。由於個體是構成宇宙本體的基本、客觀的單位，因而個體與個體之間，僅有表相的差異，而無實質的高低，故人爲萬物之靈的說法，他們根本就認爲是十分荒謬的。因此建立在對人性價值肯定的托爾斯泰的人道主義式的無政府主義、新村主義及玄想式的虛無主義都是無法完全接受的。〔註 82〕

2、無政府個人主義派（或稱虛無主義派）

　　無政府個人主義派以成立于一九二○年的「奮鬥社」爲代表，成員包括易家鉞、郭夢良、朱謙之等。這派以施蒂納（Max Stirner）的主張及柏格森（Henri Bergson 1859～1941）的理論爲基礎〔註 83〕。施蒂納主張打倒一切，祇講破壞，不講建設，認爲破壞即爲建設之基。柏格森可謂非理性主義代表，無政府個人主義派引用柏格森的直覺論來反對科學。他們認爲現在的人們「把科學看做百寶靈丹，以爲科學就是眞理，我們只要跪在科學底下，無論什麼境地，什麼時候，照著他做去了，都是好的。似這樣沒頭崇拜，把別的關於思想方面的，都一概抹煞，卻不知科學也只有相當位置，應用去做一種研究，自然是再好沒有了，但採用他去說明理想的價值，就很容易陷入謬誤。」因此，明白揭示「科學萬能的時代已經過去了。」〔註 84〕

　　此派的代表人物是朱謙之，福州市人，一九一七年考入北京大學法律系預科班，兩年後轉入哲學系，曾在《新中國》雜誌發表〈虛無主義哲學〉、〈虛無主義與老子〉等文，其虛無主義「與前的很不相同，因爲俄國的虛無主義是過去的了，雖然他的方法論有些還不用變更，但他那不能夠令人滿意的學

　　　　報出版社，民國 80 年）頁 197。
〔註 80〕吳敬恆，〈機器促進大同說〉，《吳稚暉先生全集》，上冊，（台北：國民黨中央黨史會，民國 53 年），頁 232～233。
〔註 81〕凌霜，〈本志宣言〉，《進化》，1 卷 1 期，1919 年 1 月 20 日。
〔註 82〕同註 2。
〔註 83〕AA（朱謙之），〈革命哲學〉，《奮鬥》，第 7 號，1920 年 4 月 20 日～4 月 30 日收入《無政府主義思想選輯》，上冊，頁 456～471。
〔註 84〕同上，頁 452。

理，非根本改換不可。」「（朱謙之）的虛無主義，便是唯心的虛無主義，于近世取黑格爾的絕對唯心論辯証法和肖本華的厭世主義，于現代取柏格森的直覺主義，奧斯特瓦爾德的唯力論，頡德的進化論和克魯泡特金的無治主義，歸納起來，才成這種學說。」〔註85〕另外他還吸收了中國的佛老主張融入自己的思想體系。譬如朱謙之經常愛引用禪宗《高峰語錄》裡的「虛空粉碎，大地平沉」一語來詮釋自己的主張，〔註86〕故其思想主張可謂是古今中西的唯心主義大混合。吳敬恆曾評論其思想：「他是一個印度學者而有西洋思想。他的論調叫人完全可以否認，也叫入完全可以承認。」〔註87〕

　　朱謙之的虛無主義其基本特點是懷疑一切、否定一切、破壞一切。所以懷疑是因，破壞是果；懷疑是破壞的主義，破壞是懷疑的工夫。「革命主義除破壞外，沒有什麼；革命的方法，就是施展這一切破壞手段。」〔註88〕「革命底目的，在于創造將來，但『將來』是現在的綿延，要不將『現在』打破，就無所謂『將來』，因此此革命底手段，勢不能不出於破壞現在一途，而破壞以外，也實無所謂手段。」〔註89〕「因破壞就是更新，就是創造」，「革命因他（破壞）而稱爲進化的原動力，宇宙因他而日進于眞美善之境。」〔註90〕

　　由於懷疑一切、破壞一切，故革命一定要革到宇宙滅之、大地平沉、虛空破碎才算徹底。因此，就算是無政府主義，亦不夠徹底，因爲「強權之大者，莫如天地，是安可恕之矣！故不至於虛空破碎，大地平沉，以言無政府，實有所未至。」〔註91〕因此，朱謙之認爲新庶民主義不如廣義派主義，廣義派主義不如無政府主義，無政府主義不如虛無主義，虛無主義主張革宇宙的命，這纔是最徹底的解決。

　　虛無主義思想可謂是無政府主義精神持續推衍發展之必然，因爲無政府主義的重點即在於否定現實體制的存在價值，但是否定既有的一切後，必有新體制取而代之，從無政府的角度而言此即無政府理想世界，即終極目標的

〔註85〕朱謙之，《現代思想批評》，（北京：新中國雜誌社，1921 年），頁 139～140。
〔註86〕朱謙之，《自傳兩種》，（台北：龍文出版社，民 78 年）頁 1。
〔註87〕同註 70，頁 15。
〔註88〕同註 85，頁 144。
〔註89〕朱謙之，〈革命哲學〉，收入蔡尚思主編，《中國現代思想史資料簡編》，二卷，頁 157。
〔註90〕同上。
〔註91〕同註 85，頁 57。

實現。但是從進化角度而言，無政府理想世界僅不過是另一新體制而已。因此必須持續否定，如此纔能生生不息，永無止境。所以，虛無主義者認為「無政府主義雖對於上帝、主人凡有阻礙人的生活之東西或學說，他是否認，只可惜是夾帶著調和意味，缺乏那反對的誠意罷了。」〔註92〕虛無主義則持「不可調和的態度，連天然強權都推翻」。〔註93〕另外虛無主義本之唯心主義解釋宇宙的存在，故其思維方式有別於自然科學，所以對科學的角色乃持懷疑、否定的態度。因為科學「是空間性的、理性的、律例的、現實的，所以很保守。」〔註94〕故科學有其局限，絕非萬能。若無政府主義精神是打破強權，而又服從科學，豈非又屈服另一權威（科學）之下，這是十分矛盾的。因此，虛無主義與無政府共產主義派於精神及目標大致相同，但因層次及解釋觀念立基點的差異，致使二派為釐清立場，而發生一場辯論，從辯論中，虛無主義的立場得以闡釋，也因為虛無主義派的產生，提供人們可從另一角度詮釋中國無政府主義運動發展的趨勢及影響。

此次論戰起源於朱謙之的《現代思潮批評》一書的出版。書中批判當時的流行思想，對於無政府主義思想亦不假顏色，因而引起無政府共產主義派黃凌霜的反駁。

黃凌霜認為虛無主義的終極目標為「大地平沉，空虛破碎」之境，依邏輯推演是不可能存在，因為虛無主義的絕對之無，雖是最高形式的無，但卻是另一種形式的有，故虛無主義的絕對反對，在理論上是矛盾、不存在的。〔註95〕朱謙之辯稱「絕對是永不達到的境界，所以事實上不能實現。但我們為著真理之向上努力，而向著絕對方面進行，這就是與絕對接近，而融化於絕對之中了。」〔註96〕其次，關於組織方面，「無政府主義者既主張自由組織，自由聯合，根本廢去強權，則組織中不容許有強權之存在。」〔註97〕但是虛無主義派認為組織只是名，組織只是力。由於任何形式的組織並非出於自然，因而組織出現，乃衍生競爭，罪惡亦因之而起。至於無政府主義的

〔註92〕 朱謙之，〈再評無政府共產主義〉，收入，第二歷史檔案館編，《中國無政府主義與中國社會黨》，（江蘇人民出版社，1981年），頁49。
〔註93〕 同上。
〔註94〕 同上，頁59。
〔註95〕 同註92，頁37。
〔註96〕 同上，頁50。
〔註97〕 同上，頁41。

組織，僅廢其名，但存其實，「實」則產生罪惡，祇有發展到「無」，才是根本歸宿。另外「無政府既有個自由結合的社會，那就不能無力，不能無力，就不能無強權了，須知一切的力，都是用來支配各分子的行為，不過因程度之差」〔註98〕，並非本質上的不同。因此無政府主義反強權，但卻贊同組織形式，在虛無主義者眼中，不僅不徹底，可謂十分矛盾。其三在於「有產即差」的論爭。黃凌霜認為無政府主義可分三派：集產、獨產及共產。無政府共產主義派主張凡物皆社會全體所共有，故不致產生違逆自由精神及剝削。朱謙之認為「無政府黨主張，在社會主義中為共產主義，與集產主義、獨產主義各殊」〔註99〕，但是祇要有「產」，不論程度，則必會生差等、自私及他我之心。因此，絕不可能達到公平之境。其四、「性善說不可能」。黃凌霜根據克魯泡特金道德論的觀點，將道德分為三種：宗教的道德、樂利派的道德及道德習慣的學說。黃凌霜認為「道德感覺出于同情的本能」，本能衍生於物種求生存的過程中，發展出的休戚與共之心，乃是源自於自然而生，與人性本源究竟是善或惡，毫無關係。這種休戚與共之心體現於實際，即為互助。〔註100〕根據此論証，互助乃人類社會進化之本源，無政府共產主義的理論核心即為互助，故意味著無政府共產主義是完全符合進化真理的。關於此點虛無主義派倒是著墨不多，無法深入討論。其五、「勞動非人生歸宿」。朱謙之在討論此議題時，論辯重心投置於終極目標，而非過程的意義。故在論証範疇及理論層次，與黃凌霜截然不同。因此，當朱謙之討論「人的生活裡應該勞動去換平安」的議題，本諸虛無主義追求絕對根源目標的立場問曰：「我們為什麼而必要過人的生活？」「難道沒比人的生活更有意識的麼？」朱謙之認為人生是很短促的人類生活，我們應當急起奮發最大的努力，以加入于宇宙的精神生活裡，由此可見人生的歸縮，是那更偉大的、總體的，由此宇宙的理想，乃有真正的人生出現。〔註101〕朱謙之認為無政府主義與虛無主義皆以宇宙為歸宿；但是無政府主義卻無力擺脫人類之圍。因此，縱然終極目標一致，但因過程、手段的不同，往往會衍生異化，導致目標被扭曲變形。故朱謙之認為無政府主義把人生觀置於人的生活之上，其

〔註98〕同上，頁54。
〔註99〕同上，頁42。
〔註100〕同上，頁45。
〔註101〕同上，頁62。

正確否是相當令人懷疑的。因為「（A）物質文明，現在是可算愈進步的；（B）文明進步的結果，使人類大感困難，而精神病者自殺者日多。」故「人類的生活──就是人類征服自然者，而自誇文明的生活──在今日已漸漸令人失望。」〔註102〕至於時下流行的罷工及要求減工時，其實也祇是「骨子裡實是不欲勞動的自覺」〔註103〕，故勞動又怎能是人生的歸宿？

　　根據上述兩派論辯，無政府共產主義與虛無主義二者之間是具有很大的理論重疊性。虛無主義者之所以「不滿意于無政府共產主義的，因他有所蔽塞，而不能一直向虛無方面跑去。」也因為「（A）無政府主義也不過一時做媒擺渡的工具。（B）無政府實現後必有更好更有理的主義來替他，因宇宙是永遠進化，所以無政府主義，不過是較好的，卻不是最好的。」〔註104〕至於朱謙之等虛無主義派所持的極端懷疑主義，有人懷疑可能會生負作用，以致阻礙社會進步。朱謙之則辯稱虛無主義者所持之極端懷疑主義「只在思想論中，捨此以外，實無極端可言」，而且其也「常尊重那能的做媒擺渡的真理（意指無政府主義），」「虛無主義，也不過此種工具之一。」因此「虛無主義雖曰阻礙社會進步不少，而從進化的全體看，則正是進化的最大原力。」至於虛無主義的厭世觀，「一則宇宙的進化是『自無而有』『自有而無』，所以虛無主義裏著『自有而無』來策進他。再則虛無主義對於人類生活，雖抱悲觀。但這生活，是快要滅的，若從宇宙生活的全體上著眼，卻很樂觀，由此或見虛無主義是積極的，是進化的，不是倒退的。」〔註105〕

　　朱謙之曾言：「不贊成俄式之共產專政，亦非希望僅到無政府地步。不過今日世界革命至低須要由無政府運動起手。」〔註106〕故虛無主義實以無政府主義理論為基礎，持續向理論內在發揮的結果。故其雖然批評無政府主義，但二者之間，祇是重心、程度不同而引發爭議。因此虛無主義並非反對無政府主義，祇不過虛無主義者企圖以更悲愴激烈的精神，打破更高層次的窠臼，以追求無止盡的終極目標。故當黃凌霜與朱謙之經歷激烈論戰後，二人不是

〔註102〕同上，頁63。
〔註103〕同上，頁64。
〔註104〕同上。當時批評虛無主義最具代表性人物為陳獨秀，陳獨秀認為「近代青年中頗流行的無政府主義」「更進而虛無主義──是青年的大毒」「中國學術文化不發達」之原因。陳獨秀，〈中國式的無政府主義〉，《獨秀文存》，卷2，頁118。
〔註105〕密探關謙的報告，〈北洋政府步軍統領衙門檔案〉，同上書，頁78。
〔註106〕朱謙之，《自傳兩種》，（台北：龍文出版社，民國78年），頁17。

視如寇仇，反而惺惺相惜。黃氏曾贈詩一首云：「翩翩少年古閩朱，落筆萬言意新奇，專注感情恥談理，誠實態度世所希；況復知行合一體，不分宇宙與身軀，欲破太空沉大地，高懷似你我焉如！」黃氏並邀請朱謙之接手編輯《北京大學學生週刊》〔註107〕。朱、黃二人從理論爭辯到相知相惜，也適足以說明無政府共產主義與虛無主義之間的關聯性。

3、無政府工團主義派

工團主義原為西方無政府主義的重要理論之一。在中國，由於工業落後，勞動人口及勞動意識不足，故早期無政府主義者對於工團主義並未投入太多關注。但是民國初年劉師復從歐美社會運動的實踐過程中，領悟勞動運動的重要性，遂轉而正視之。其所持的立場視「工團主義非理想的學說，乃實行的作用。……無政府其目的，工團主義其手段。」〔註108〕認為工團主義是追求無政府主義實踐的最佳手段。也由於劉師復把工團主義與互助主義列為無政府主義的兩根支柱，因為互助主義構成了無政府主義的理論基礎；工團主義提供了無政府主義實踐的方法，因此，日後各派無政府主義者於其理論中，或多或少都會提及工團主義，因而也有人質疑工團主義是否可列為獨立討論的流派。〔註109〕但是就各團體的宣揚重心及活動觀察，的確有部份團體是以工團主義為宣揚與實踐的重心，而形成該團體的獨特色彩，故從此角度而言，視其為一獨立範疇，應該更能呈現五四時期無政府主義運動的多元面貌。

師復逝後，較早致力宣傳工團主義的是梁冰弦。梁冰弦，廣東南海人，早年居住新加坡，曾加入同盟會，辛亥革命後受劉師復影響，轉而信仰無政府主義。曾翻譯世界產業工會（美國的工團主義組織，簡稱 I.W.W）的宣言書和入會手續等文件，於南洋華僑勞工界散發。一九一四年以一己之力創辦《正聲》，由於文詞白話淺顯，頗為一般大眾歡迎，無政府工團主義思想得以在南洋地區流傳。〔註110〕一九一八年，梁冰弦與劉石心一起回國，在上海成立大同書局，創辦《勞動》雜誌，明白揭示宗旨是：「尊重勞動；提倡勞動主義；維持正當之勞動，排除不正當之勞動；培植勞動者之道德；灌輸勞動者以世界知識普通學術；記述世界勞動者之行動，以明社會問題之真相；促進我國

〔註107〕同上。
〔註108〕劉師復，〈巴黎無政府黨大會成績〉，《民聲》，4號，1913年12月27日，頁3。
〔註109〕同註69。
〔註110〕歐西，〈南洋無政府運動之概況〉，《民鐘》，2卷1期，1927年1月25日。

勞動者與世界勞動者一致解決社會問題。」〔註111〕這是國內第一個宣傳工團主義的刊物。一九二○年以後，介紹和宣揚工團主義的文章逐漸增多，《閩星》、《北京大學學生周刊》、《勞工》、《勞動者》、《星期評論》上都出現鼓吹工團主義的文章。這些文字大多以「勞動運動」爲號召，內容主要是鼓吹勞動主義，建立工團組織，直接行動以完成無政府主義的革命目標。〔註112〕

工團主義首先在信念上強調勞工神聖，批判社會現有的不勞而獲的剝削行爲，以喚醒勞工們進行社會革命。於《勞動》雜誌一卷三號《勞動與掠奪》一文就明白控訴不勞而獲者，「大多數勞動之結果被少數不勞動者所掠奪。」，而且「被掠奪之勞動屈服于彼所妄造之法律、權力及道德僞說之下」，致使「今日不但掠奪者視掠奪爲當然，即被掠奪者雖受掠奪之痛苦而亦莫名其妙，且反心羨掠奪者之所爲」。因此，「吾人今日之言勞動主義，非欲進勞動者于掠奪之域，乃欲反掠奪者之惡世於『各盡所能，各取所需』之自由境界也。」〔註113〕無政府主義者又把勞工神聖口號與托爾斯泰的泛勞動主義結合，致使人們產生勞動至善的想法，把勞動當作「自然之理性與良心所共有之權威」〔註114〕。由於工團主義派的宣揚，配合五四時期的社會主義熱潮，勞動問題及工團主義乃成爲青年討論、關懷的重心。誠如當時有篇文章所言：「勞工神聖！與勞工爲伍！與勞工爲伍！這種聲浪……一般講新文化的青年，都免不掉要講幾聲。」〔註115〕

工團主義派除了宣揚勞動主義外，更計劃組織工人，以實踐主義。因此，面對中國逐漸升高的勞工運動，如一九一八年五月，上海發生人力車夫罷工和小販抗捐事件，接著土木工人、皮箱、板箱、棕櫚等業罷工，但這些運動收效不大，工團主義者有鑑於此乃提出看法，主張金日工人惟有「一當了悟勞動主義之眞理；二當團結工團主義之團體。」〔註116〕並分析今日勞工運動有五大謬誤：一、是工人團體多由工人與資本家組合而成；二、是工人團體以資本者爲董事；三、是工人團體僅知同業之組合，而不知大群之聯結；

〔註111〕勞動，〈勞動者言〉，《勞動》，1卷1號，1918年3月20日，頁1。

〔註112〕梁冰弦以「兩極」筆名發表《世界最新兩大組織》一文最具代表性，刊於《閩星》，卷4、5號，1919年12月8日15日～22日。

〔註113〕小秀，〈勞動盟掠奪〉，《勞動》，1卷3號，1918年5月20日，頁8～9。

〔註114〕頑石，〈託爾斯泰之勤勞生活〉，《勞動》，1卷3號，頁7。

〔註115〕〈討論怎樣過我們的暑假生活〉，《覺悟》，1920年6月7日。

〔註116〕S，〈勞動者之自覺〉，《勞動》，1卷4號，1918年6月20日，收入《無政府主義思想資料選輯》，頁376。

四、是工人團體之作用，僅知養生送死，迎神賽會，而不知勞動復權之運動；
五、是工人團體爲首領所利用。針對這些缺失，乃提出四項原則，以爲新工
團組成原則，一是工團純粹由勞動者自行組成，拒絕資本家；二是工團組織，
從小團體入手，自下而上，由小而大，再逐步結合成一個大團體；三是工人
團體內部，不可有首領、工頭、會長等設置，成員一律平等，不相統屬，不
得專制，並不可有總部本部之名目；四是工團宜採用萬國共同之工團主義，
以社會革命爲最終之標的，以勞動復權爲運動之脊髓，並相戒不爲政治之活
動，以絕野心家之妄念。〔註117〕這些主張的提出，可謂確立工團主義的原
則及實踐路線。

　　從一九二○年開始，無政府工團主義派於工人團體裡積極進行活動，並且
發行刊物鼓吹。當時主要團體有「工餘社」、「互助社」和「民聲社」，他們分
別出版《工餘》、《互助》和《民聲》（復刊）。另外，於加拿大的《明星》，廣
州的《光明》等刊物，亦以宣揚工團主義爲主。代表人物有鄭佩剛、李卓、
梁冰弦、劉石心、曉星等人。其等活動重心以廣州爲主，劉石心等人且親到
工廠活動，掌握理髮公會、茶居工會、皮革工會。後來又在廣州木排頭成立
「互勞俱樂部」（互助勞動俱樂部簡稱），一九二一年二月在「互勞俱樂部」
基礎上，成立廣東機器工會，擁有二十餘萬會員，於廣東無政府主義運動中，
扮演著極爲重要的角色。尤其在無政府主義派與馬克思主義派決裂後，廣州
機器工會乃居於抗拒馬克思主義派工會之首衝。〔註118〕

　　無政府工團主義派的主張，可謂是無政府主義的諸多理論之中最實際可
行的，其中直接行動主張更有別於其他僅是空談的理論。故無政府工團主義
派在廣東進行的活動，成爲民國時期無政府主義運動中與其他各派相較而呈
現頗爲不同的一幕。但是隨著無政府主義派與馬克思主義派的敵視對立，兩
派在勞工階層的競爭更是份外激烈。無政府主義者曾比較兩派勞工運動推展
之不同，「無政府主義者到工人隊裡去，常常將相當的知識灌輸給他們，並
且要他們相信無政府主義。馬克思主義者則常常要他們組織團體，自己佔據
團體的重要位置，並且立於指揮地位，時時製造罷工」。〔註119〕雖然作者對
於馬克思主義派的作法很不以爲然，認爲應該堅持無政府主義理念，「不甘

〔註117〕同上。
〔註118〕李少陵，《駢廬雜憶》，（台北：自印，民國52年）在135～138，羅醒〈廖仲
　　　　愷扶助工農運動〉，《文史資料選輯》，85輯，頁2～3。
〔註119〕安，〈勞動運動〉，《互助》，1期，1923年3月15日，頁36～38。

受人指揮與支配，所以對於勞動者也不肯去指揮與支配」，〔註120〕也由於無政府工團主義強調組工團，但是反對工團內部以系統的組織型式進行活動。因而與組織嚴密且外有第三國際支援的馬克思主義派工會對抗，自然日益落處劣勢。故至一九二三年有位無政府主義者也不得不承認「從現在形勢上觀察起來，好像馬克思主義者已經將勞動者結合在一塊。」〔註121〕以一九二二年四月十日第一次全國勞動大會召開為例，在代表的組成及議會的進行，無政府主義派皆居頗具影響的地位。〔註122〕但是一九二五年五月一日在廣州召開「第二次全國勞動大會」時，誠如鄧中夏夸夸所言：「此時無政府黨已匿跡銷聲」〔註123〕。這也意味著無政府工團主義派認為只要秉持人類天生具有的追求自由及互助的精神，透過智識的成長，人性特質必可隨之滋長發揮，如此無政府主義乃可實現的浪漫想法，經由殘酷現實的實証來檢驗，該理論可謂完全失敗。因此，無政府工團主義派在中國，隨著無政府主義運動的衰退而式微。

4、新村主義派

　　新村主義可謂是一種帶濃厚個人主義色彩的社會主義，它源於十九世紀至二十世紀在歐美流行一時的新生活社區運動，在中國曾引起少數人注意並且專章報導過，但是並未引起世人太大的反應。後來傳到日本，由武者小路實篤（1885～1976）等人加以發揮，在一九一八年創建日本第一個「新村」，後經留學日本的周作人等大力鼓吹，一時之間，蔚為風氣。

　　中國的新村運動，是西方無政府主義、烏托邦社會主義、老莊思想、大同思想及桃花源理想的綜合體。由於它反對國家、政府、法律及現實社會的體制，主張回歸自然，故與無政府主義的部份主張相符，至於發起者周作人及其他響應者，許多也是無政府主義者，或是具有無政府主義傾向者。〔註124〕至於新村主義的主張不談全民暴動、總同盟罷工及暗殺等，適足以說明新村主義應可另列為一支獨立的無政府主義流派。

　　在中國，早在辛亥革命時期吳敬恆以「燃」為筆名，於一九〇八年的《新

〔註120〕同上。
〔註121〕同上。
〔註122〕鄧中夏，《中國職工運動簡史》，（北京：人民出版社，1949年），頁70。
〔註123〕同上。
〔註124〕周作人曾以「獨應」筆名於《天義》報11、12卷合刊，發表〈論俄國革命與虛無主義〉一文。

世紀》上發表〈遊鷹山村殖民地記〉，報導巴黎近郊的一小型公社，〔註125〕但是並未引起人們的注意。辛亥革命後，劉師復就曾一度約集鄭佩剛等人，試圖在九龍江宋王台附近建立一座無政府主義村社。〔註126〕社會黨人沙淦亦曾計劃在江蘇崇明島上建立一社會主義新村。〔註127〕由此可見，建立一個自由、獨立、共產、互助，且秉持各盡所能，各取所須的原則運行的小社會，一直是部份人們浪漫的理想。

　　新村運動理念的創立者爲日人武者小路實篤，他是日本以《白樺》雜誌爲中心的「白樺」派核心人物。白樺派強調以文學鼓吹人道主義、個人主義及烏托邦社會主義等。至於武者小路實篤從一九一八年開始有系統地介紹他的新村計劃，並著手組織新村。經由武者小路實篤號召，於東京、大阪、濱松、福崗、神戶、橫濱等地都成立新村通訊處，有會員三、四百人。他們在九州日向郡宮崎縣湯郡木城大宇石河內一三三三地段購得四十五畝土地，於一九一八年十二月，日本第一個新村正式誕生。〔註128〕

　　新村的哲學基礎是建立在個人獨立與人性本善的信念上，希望透過自我獨立的生活方式，激發人性之根本，以完成人之價值，進而向外發揮，擴及週遭，致使整個環境得以日趨完美。由於人人恪守本份，各盡其責，因此每個人都是完的個體，結合個體的社會也因此可臻於完美之境。另外，農業生活是人類生存必備的勞動，也因此新村生活的重心乃以農業勞動爲主。至於閒暇時間，經由自修、自習方式，發展個人在知識上、藝術上的興趣。這種能夠發揮自我、無拘無束的生活，新村主義者認爲這才是眞正的「人的生活」，也因此才能消弭存在於人類社會的階級革命與剝削行爲。〔註129〕

　　周作人是第一個介紹新村運動理念回中國的知識份子，周作人早年因爲訂閱《白樺》雜誌而與武者小路實篤結識，並建立深厚的友誼。當武者小路實篤於日向建立第一個新村之際，馬上吸引周作人的目光。在日本新村成立後四個月，周作人就在《新青年》上發表〈日本的新村〉一文，介紹武者小路實篤等人理念，並認爲這是一條可以解決中國現實困境的方法。同年七

〔註125〕燃，〈遊鷹山村殖民地記〉，《新世紀》，53 號、190 號 6 月 27 日，頁 9～10。

〔註126〕文定，〈師復先生傳〉，收入《劉師復文集》，頁 4。

〔註127〕郭紹虞，〈新村研究〉，《新潮》，2 卷 1 期，1919 年 10 月。

〔註128〕周作人，〈訪日本新村記〉，《新潮》，2 卷 1 期，1919 年 10 月，頁 78，周作人，《知堂回想錄》，（中），（台北：龍文出版社，民國 78 年），頁 493～496。

〔註129〕同上。

月，周作人更親赴日本，進行實地參訪。事後發表〈訪日本新村記〉一文描述其感想，曰：「我自從進了日向已經很興奮，此時更覺感動欣喜，不知怎麼說才好，似乎平日夢想的世界已經到了。」「現在雖然仍在舊世界居住，但即此部份的奇蹟，已能夠使我信念更加堅固，相信將來必有全體成功的一日。」〔註130〕

經由周作人的鼓吹介紹，討論新村主義的文字紛紛在《新青年》、《新潮》、《星期評論》等刊物上出現；於北京、上海、武漢也分別成立各式各樣要實現新村理想的團體。譬如陳秋霖、謝嬰白二人分別在《閩星》第五號、第七號發表〈武者小路實篤之「人的生活」〉、〈新村提倡者武者小路實篤氏〉二文，論點及資料大多根據周作人發表於《新青年》六卷三號，《日本新村》及《新潮》二卷一號〈訪日本新村記〉二文，由此可見周作人在新村主意推廣上所扮演的角色及影響。

由於新村主義的理論涵括範疇頗廣，但是其中反對政府、國家、法律權威的主張與無政府主義的理念十分契合。因此人們認為新村主義「彷彿近於無政府主義」〔註131〕，因而得到具有無政府主義傾向者的響應。譬如於一九二○年七月李少陵、楊世才、劉天職等十五人在長沙郊外的一個小村莊，組織「大同合作社」，共同生產，共同消費。工作分為種菜、縫衣、養豬、販賣報紙雜誌等項，依自己興趣和工作能力選定工作，工作之餘再讀書、遊戲。〔註132〕毛澤東自湖南第一師範畢業時，曾和蔡和森、張昆弟等，亦試圖建立一個互助友愛的理想新社會——新村。〔註133〕至於惲代英在信仰馬克思主義以前，也具有濃厚的無政府主義傾向。他認為新村就是克魯泡特金互助社會的體現，甚至優於克魯泡特金的原始構思。因為新村運動主張透過感化與教育，喚起人性的良知，創造完美的個人，進而改造社會。因此，惲代英認為改造社會之始，是「利用經濟學的原理，建設為社會服務的大資本，一方用實力壓服資本家，一方用互助共有的道理，啟示一般階級；而且用這種共同

〔註130〕同上，頁495。
〔註131〕謝嬰白，〈新村提倡武者小路氏〉，《閩星》，7號，1919年12月22日，頁6。
〔註132〕李少陵，《駢廬雜憶》，頁125。〈湖南郵務長檢出《無政府主義討論集》書刊通行查案有關文件〉1971年10月19日，第二歷史檔案復藏，編號-00-（2）/922。
〔註133〕張勝祖，宋贊夫，〈毛澤東同志時期思想發展初探〉，收入《紀念五四運動六十週年學術討論會論文選》（三），（北京：中國社科院，1980年），頁11。

生活的擴張，把全世界變爲社會主義的天國。」〔註134〕秉此原則，惲代英於一九二〇年二月在武昌創設利群書社，即爲新村運動之體現。至於一九二一年夏，利群書社社員在黃崗林家大灣集合，改爲擁戴布爾雪維克共產主義，另組「共存社」，代表著新村運動的轉向，也意謂著馬克思主義逐漸成爲當時中國時代思潮的主導角色。

　　至於新村運動在中國最大的實驗，於一九一九年十一月由周作人、蔡元培、胡適、陳獨秀、李大釗、王光祈等聯名發起的北京工讀互助團計劃。此計劃主要受社會主義思潮衝擊，尤其在歐戰後更盛，因爲「中國青年受此深刻刺激，頓成一種不安之象，對于舊社會、舊家庭、舊信仰、舊組織以及一切舊制度，處處皆存懷疑，時時皆思改造，萬口同聲的要求一個新生活」〔註135〕。特別於五四前後，勞工神聖的口號普遍流傳於知識分子之間。但是在馬克思主義未在中國普遍傳播之前，勞動神聖的觀念並未能與勞工階層相結合，該理論僅是知識分子腦海裡的理念，因而在新村主義、托爾斯泰的勞動主義等帶有無政府主義色彩的思想影響下，乃產生工學主義，或稱工讀主義思想。他們期盼經由自由意志相結合，實行半工半讀的集體生活，從而消滅體力勞動和腦力勞動的差別，並以此組織作爲未來理想社會的雛型，再經由廣泛的發展與聯合，達到改造整體社會的目的。根據「工學會」〈會務紀要〉所揭示的宗旨：

　　一、本團體不定名義，不用章程；

　　二、入會與否，到會與否，均得絕對自由；

　　三、避去尋常各種會社之形式，務求精神上之結合；

　　四、本團宗旨雖有，但所包甚廣，不以數字的規定，致妨礙團中各分子精神自由。〔註136〕

　　觀察上述紀要的內容，呈現強烈的無政府主義色彩，故工學主義的實踐即北京工讀互助團的設立。也由於受到新村主義及無政府主義熱潮的激盪，於五四時期工讀互助團分別於各地成立，就目前資料統計，共有十三

〔註134〕惲代英，〈未來之夢〉，收入張允侯等編，《五四時期的社團》，第 1 冊，（北京：三聯書店，1979 年），頁 17。

〔註135〕王光祈，〈工讀互助團〉，《少年中國》，1 卷 7 期，1920 年 1 月 15 日，收入上書，頁 369。

〔註136〕蔡元培，〈工學互助團的大希望〉，收入孫常煒編，《蔡元培先生全集》，（台北：台灣商務印書館，民國 66 年），頁 93。

團，〔註137〕其中北京工讀互助團爲例，僅試行三個月即因經濟困難、團員對理想難以堅持、內部個人感情因素而無法維繫，一九二〇年三月二十三日北京工讀互助團開會議決解散，〔註138〕不久，其他各組織亦相繼無疾而終，新村主義思想在中國的影響也隨之逐漸衰微沒落。

新村主義思想主要建立在對人性的肯定及浪漫的烏托邦理想，希望秉持人性之善，企圖透過個體的自由結合，擺脫現實制度的束縛。此種思想經由周作人介紹傳回中國，適逢五四新思潮的配合，在中國引起很大的回應。也由於新村主義內蘊含著反現存體制的理念，與無政府主義的部份理念亦不謀而合，因此，五四時期知識界普遍存有強烈的無政府主義傾向的色彩下，他們乃以新村的理念作爲實現無政府主義的方法之一。但是浪漫的理想付諸於實踐的結果，往往是現實苦澀的回報，工讀互助團施行後的虎頭蛇尾之結局，即爲一例：根據施存統的檢討，工讀主義的失敗原因不外乎：一是經濟壓力；二是能力的不足。此次失敗經驗令施存統深感要改造社會，就要從根本改造起，枝枝節節改變是不中用的。而社會未改造前，不能試驗新生活，就算去做，亦屬枉然。〔註139〕因此，由於新村、工讀互助團等實驗的失敗，促使人們反省未來應何去何從。以瞿秋白爲例，經此挫折後，他深刻地認爲新村等衹不過是浪漫的理想，不切實際，完全非今日中國之所需。隨著昔日理想的幻滅，另謀出路的催迫下，他們思想爲之一變，放棄和平改造的幻想，轉而接受在俄國經由實驗而有成的馬克思主義。〔註140〕一九二〇年底毛澤東亦云：「我看俄國式的革命，是無可奈何的山窮水盡諸路都走不通了的一個變針。並不是有更好的辦法棄而不採，單要採這恐怖的方法」〔註141〕，這段話適足以說明五四時期時代思潮的轉向之緣由。

〔註137〕〈會務紀要〉，《工學》，1 卷 1 期，1919 年 11 月 20 日，頁 1。

〔註138〕參見，《五四時期的社團》，第 1 冊，頁 362～528。

〔註139〕施存統，〈工讀互助團底實驗和教訓〉，《星期評論》，〈勞動紀念號〉，1920 年 9 月 1 日，頁 15。

〔註140〕1920 年 8 月在法國的工學勵進會改名工學世界社，同年 10 年召開大會，與會者有張昆弟、李富春、李維漢、賀果、李林、蕭子暲等，討論會上大部份人贊同未來中國應信仰馬克思主義和實行俄國式的社會革命。李維漢，〈回憶新民學會〉，《文史資料選輯》，59 輯，頁 21～24。

〔註141〕同註 39。

〔註142〕湯庭芬，〈中國人尋找馬克思主義的一段歷程〉，《政治學研究資料》，1986 年 3 期，頁 12。

〔註143〕同註 39。

第六章　無政府主義與馬克思主義的 合分（1915～1923）

　　在五四時期大環境主、客觀條件的配合下，爲中國無政府主義運動的發展，寫下極爲輝煌的一頁。約在同時，十月革命後的共產俄國的第三國際，爲突破被世界列強包圍的困境，亦積極對中國輸出馬克思主義，企圖另闢新徑。另外，部份知識分子在中國面對西方利益爭奪時，遭遇現實與心靈的挫折後，也轉向俄國尋出路。因此，馬克思主義在中國由立足而逐漸滋長。當馬克思主義在中國發展之初，無政府主義派在中國已具有一定的聲勢，由於兩派同屬社會主義陣營，目標、理論又存有部份的重疊，因此兩派之間在利害關係上遂有一段恩怨分合的歷史。也由於外在大環境變動及理論內涵的終極差異，導致兩派日後的發展由合作而分道揚鑣，最後分別走上盛衰不同的結果。

第一節　無政府主義與早期的馬克思主義者

　　五四時期社會主義思想已蔚爲時代思潮的主流，於各家各派的社會主義主張裡，無政府主義以其在清末民初的活動基礎及理論的誘惑力，很快地吸引住人們的目光，紛紛投入此陣營。因此，五四時期可謂是中國無政府主義發展的巔峰，其他各派主張皆難以匹敵。但是，由於俄國共產革命後，爲求突破被西方世界包圍的困境，乃將其發展共產革命的目標投向中國。据毛澤東的說法，「十月革命一聲炮響，給我們送來了馬克思列寧主義」；「也幫助了中國的先進份子，用無產階級的宇宙觀作爲觀察國家命運的工具，重新考慮

自己的問題」〔註1〕。另据胡秋原的意見：「由五四到九一八的十二年間，是中國思想界由西化到俄化轉向和俄化派在中國社會上生根的年代」〔註2〕。至於第三國際企圖要在中國立足生根，中國社會既有的社會主義勢力，乃成爲發展勢力的最佳溫床。因此，活躍於五四時期前後的無政府主義團體或個人，乃成爲其聯繫或合作的最佳對象。因而有「社會主義者同盟」的出現，及無政府主義派與馬克思主義派的合作關係。雖然無政府主義與馬克思主義的理論、目標存有部份相容性或重疊性，此乃成爲支持兩派合作的基礎；但是在部份理論及方法上卻也存有強烈的相對性或排斥性。再加上現實環境裡的利益爭奪、個人恩怨等因素，最後導致二派由攜手合作而正式決裂，甚至產生激烈對抗。

馬克思主義於中國很早即有人報導介紹，但是一個以信仰馬克思主義的「馬克思主義者」，卻是很晚纔於中國出現。以郭沫若爲例，其於一九二一年八月出版詩集《女神》中，公然宣稱：「我是個無產階級者」、「我願意成個共產主義者」，但根据郭氏日後的回憶，云：「那衹是文字上的遊戲，實際上連無產階級和共產主義的概念都還沒有認識明白。」〔註3〕由此可知郭沫若猶如是，遑論其一般大眾了。

根据資料顯示，早在一八九九年的《萬國公報》裡即出現提及馬克思的文章。〔註4〕朱執信則是最早介紹馬克思思想的人，其於一九○六在《民報》上發表〈德意志社會革命家小傳〉，文中介紹「共產黨宣言」，也提到《資本論》書名。一九一二年於上海出版的《新世界》第二期，刊載〈社會主義大家馬爾克之學說〉，首次對《資本論》作了簡介。但是直到一九二○年四月陳望道根据日文版，才第一次全文翻譯「共產黨宣言」。同年十月，上海《國民》月刊，於二卷三號上刊登井覺天譯〈《資本論》自敘〉，譯介《資本論》部份內容，爲是書最早的中譯本。〔註5〕由上述資料顯示馬克思主義的訊息，很早已流入中國。孫中山曾稱譽《資本論》爲「發闡眞理，不遺餘力，而無條理之學說，遂成爲有系統之學理。研究社會主義者咸知所本，不復專迎一般粗淺之言論矣」〔註6〕。但一般人多僅視其爲眾多西方思想中之一支，並無付以

〔註1〕毛澤東，《毛澤東選集》，（北京：人民出版社，1967年），頁1360。

〔註2〕胡秋原，《一百三十年來中國思想大綱》，（台北：學術出版社，民國63年），頁33。

〔註3〕轉引自茅盾，《我走過的道路》，（香港：三聯書店，1981年），頁170。

〔註4〕參考本篇論文第二章。

〔註5〕景克寧、趙瞻園，《景梅九評傳》。（太原：山西人民出版社，1990年），頁24。

〔註6〕孫中山，〈社會主義之派別及方法〉，民國6年10月11日至13日講，第二冊，

太深刻地關注。直至五四事件爆發，中國面臨嚴酷現實的衝擊，中國的前途
與生存乃成爲時代關心的核心。可是當時流行的杜威、羅素、尼采、柏格森
或倭鏗之學說，以及繼之流行的新實在論、批評的實在論等，都無法滿足時
人的期盼。「而唯物辯証法、唯物史觀之類，在經過俄人應用以後，似乎能答
覆，且已有答案了」〔註7〕另外就思想層面而言，馬克思主義的歷史觀，也正
符合激進理想主義者的口味。一方面，它全面否定現存秩序及過去的史觀，
使得知識份子否定現狀的想法，具有理論的支持；另一方面，馬克思主義既
能滿足人們烏托邦的理想，又能紓解國家民族情懷理想秩序。還有馬克思主
義那套以群眾行動方式，來完成目標的革命理論，令知識分子具有參與世界
潮流的使命感與滿足感。〔註8〕因此，早在一九二○年初即有人深信「在亞洲
只有中國爲有布（爾布維克）主義盛行之可能」〔註9〕。

　　至於最早出現的第一代馬克思主義者，大致產生於五四之際。由於當時
無政府主義思潮儼然爲社會主義之主流，因此，早期的馬克思主義者沉浸在
此環境下，遂與無政府主義者產生錯綜複雜的關係。有不少的第一代馬克思
主義者在皈依馬克思主義前，曾經或多或少地受過無政府主義的影響，甚至
從無政府主義處得到啓蒙，而後才認識了社會主義的。根据毛澤東親口對斯
諾（E. Snow）的描述，於一九一九年在北京期間「我的政治興趣繼續增長，
我的思想也變得越來越激進了」。「我正在尋找出路。我讀了一些關於無政府
主義的小冊子，並且受了很大影響。」〔註10〕毛澤東直到一九二○年多才開始
接受馬克思主義。〔註11〕周恩來也曾說：「我小時候也迷信過菩薩，後來還相
信無政府主義。」〔註12〕惲代英於一九一九年還自稱：「我相信安那其主義已
經七年了。」〔註13〕瞿秋白亦說過：「（一九一八年）我與鄭振鐸、瞿世英、
耿濟之幾個朋友組織《新社會》雜誌的時候，我是一個近于托爾斯泰派的無

　　　　頁 283。
〔註 7〕同註2，頁 53。
〔註 8〕張灝，〈再論中國共產主義思想的起源〉收入余英時等，《中國歷史轉型時期
　　　　的知識份子》，（台北：聯經圖書公司，民國 81 年），頁 56～57。
〔註 9〕孝獄，《民心週報》，十二期，民國 9 年 2 月 21 日，頁 260。
〔註 10〕斯諾（E, Snow），陳雲譯，《西行漫記》，頁 147。
〔註 11〕李維漢，〈回憶新民學會〉，《文史資料選輯》，第 59 輯，（北京：人民出版社，
　　　　1988 年），頁 13。
〔註 12〕《周恩來選集》，（北京：北京人民出版社，1985 年），頁 356。
〔註 13〕《惲代英文集》，上冊，（北京：北京人民出版社，1986 年），頁 109。

政府主義者。」〔註 14〕尚未赴法留學前的陳延年，更是無政府主義陣營裡的
活躍份子，他曾參與《巴枯寧全集》的翻譯工作，也曾積極整合無政府主義
團體，成立「進化社」，主編《進化》月刊，更曾於《進化》月刊上撰文批評
其父陳獨秀的主張。〔註 15〕至於李大釗，早在一九一七年五月於《新青年》
五卷五號上發表〈布爾失維克主義的勝利〉，並於一九一八年五月《新青年》
六卷五號發表〈我的馬克思主義觀〉等文，內容表現出強烈的馬克思主義傾
向。但是根据李大釗於同年七月發表于《每週評論》上的〈階級競爭與互助〉
一文，文中極力推崇克魯泡特金的《互助論》，明言：「人類應該相信互助，
可能依互助而生存，而進化，不可依戰爭而生存，不能依戰爭而進化」〔註 16〕，
顯示他對於無政府主義，仍然具有濃厚的興趣。其他還有：施存統、李漢俊、
李達、沈雁冰（茅盾）、沈定一、高君宇、何孟雄、鄧中夏、澎湃、施洋、夏
衍、蔣光赤等人，都曾經不同程度地受過無政府主義的影響。〔註 17〕

　　至於這些馬克思主義者何以會拋棄無政府主義而轉向馬克思主義，甚至
對無政府主義發動激烈的攻擊，成為五四時期非常醒目的一幕。其原因大致
可從數方面進行探討。其一是這些馬克思主義者大多是二十歲左右的青年，
本身的主體思想尚未成形。受到民國以來現實環境的刺激及五四運動的激
盪，「一般愛國青年，無不以革新思想為將來革新事業之預備。國內各界，輿
論一致，同倡各種新出版物，為熱心青年所舉辦者，紛紛應時而出。」〔註 18〕
當時固然呈現「揚葩吐艷，各極其致」之態勢，但也意味著思想龐雜分歧而
無系統。當時這些第一代的馬克思主義者，由於主客觀環境使然，而不同程
度地接受無政府主義思想，但是他們往往僅是把無政府主義視為社會主義思
潮的一部份，或是片面思想的喜好，而非全面有系統的接受，因為同一時刻，

〔註 14〕瞿秋白，〈多餘的話〉，收入何乃生編，《瞿秋白隨想錄》，（廣州：花城出版社，
　　　　1992 年）頁 155。

〔註 15〕鄭佩剛，〈鄭佩剛的回憶〉，收入高軍編，〈無政府主義在中國〉，（長沙：湖南
　　　　人民出版社，1984 年）頁 512～523。

〔註 16〕守常（李大釗），〈階級競爭與互助〉，原載《每週評論》，29 號，1919 年 7 月
　　　　6 日，收入蔡尚思主編，《中國現代思想史資料簡編》，第一冊，（浙江人民出
　　　　版社，1982 年），頁 186～188。

〔註 17〕湯庭芬，〈五四時期無政府主義的派別及其分化〉，收入劉其發主編，《近代中
　　　　國空想社會史論》，（北京：華夏出版社，1986 年）頁 251。

〔註 18〕孫中山，〈致海外國民黨同志書〉，收入黃季陸主編，《總理全集》，下冊，〈函
　　　　札〉。

他們經常還接受其他主義的部份主張，有些甚至還是相互對立的論點。根据鄧穎超所描述五四初期的「覺悟社」，「男女社員們談論著社會主義——馬克思、無政府主義、基爾特社會主義等等，大家都還沒有一定的信仰，也不懂共產主義，只聽說最理想的社會是各盡所能，各取所需」〔註 19〕，由「覺悟社」的例子，可說明在未正式確立馬克思主義信仰以前，「覺悟社」社員雖然具有濃郁的無政府主義傾向，但是在他們腦海裡卻含混地充斥著各式各樣的社會主義理念，無政府主義與其他主張的愛好，衹是相對程度的高低，並非結構性的差異。因此，思想若僅是建立在片面主觀的喜好，自然不會產生堅定的信仰。隨著時空環境轉變，思想也就會隨著思潮而轉移。

其次，這些馬克思主義者在接受無政府主義時，並非全盤接受無政府主義理論體系，主要是受到無政府主義所高懸的終極目標——無政府主義社會——所吸引。至於此終極目標是否就是歐美無政府主義所揭示的理想，亦頗值得商榷。因為清末民初的人們，面對新舊思想，「皆按自立之標準。其採用一家之言非以其為古聖先聖之說，而以其適於現代國家之用，權衡在我，取捨從心。」〔註 20〕由於他們大多是受了無政府主義所描繪的未來世界所吸引，因此，若有更好的方法可達到此目標，那麼轉而採用新主義，也就毫無困難了。一個無強權、無壓迫、各盡所能、各取所需的理想世界，是縈繞在飽經欺壓的國人腦海裡的夢想。此一夢想可謂無政府主義與馬克思主義共同的終極目標。兩者間衹是在追尋此一理想的方法、手段不同。瞿秋白曾描述其由無政府主義轉向馬克思主義的心境，他說：「記得當時懂得了馬克思主義的共產社會同樣是無階級、無政府、無國家的最自由的社會，我心上就很安慰，因為這同我當初無政府主義、和平博愛世界的幻想沒有衝突了，所不同的是手段。」〔註 21〕但是隨著理論認知逐步的深闊，現實考量角度的不同，加上俄國共產革命的實踐經驗及第三國際蓄意的鼓吹支援等因素下，部份人們的信念乃由無政府主義轉向馬克思主義。一九二〇年十二月毛澤東在一封致友人的信中已明確地表明對無政府主義的懷疑，他說：「我的理由卻不僅在無強權無組織的社會狀態之不可能，我只慮一到這種社會狀態實現了之難

〔註19〕 張允侯等編，《五四時期的社團》，第二冊，（北京：三聯書店，1979 年）頁352。

〔註20〕 蕭公權，《跡園文存》，（台北：大西洋圖書公司，民國 59 年），頁 102。

〔註21〕 瞿秋白，〈多餘的話〉，同註 14。

終其局。」「所以我對于絕對的自由主義、無政府的主義及德模克拉希主義，依我現在的看法，我只認爲于理論上說得好聽，事實上是做不到的」〔註22〕。沈雁冰也認爲克魯泡特金「所創造的這個世界，少了一扇大門，我們沒有法子進去。」〔註23〕因此，當這些被無政府主義所高懸的理想之終極目標所吸引的年青人，隨著主、客觀環境的變動，逐漸體認無政府主義追求理想的方法是過於不切實際，易於淪爲空想。一個具有實証經驗而又可滿足烏托邦理想的實現，並且又可對代表西方強權的主流思想的馬克思列寧主義，頗符合當代知識分子一方面反西方強權，內在又渴盼從西方取得新知的矛盾心理，因而會深深地吸引人們的目光。〔註24〕

第二節　兩派的合與分

由於無政府主義描繪出一幅完美的未來，對於期盼掙脫現實困境的國人，尤其具有吸引力。因此，於五四運動爆發前後，宣揚無政府主義的團體、書刊接續湧現。以北京大學爲例，直到一九二〇年，於北大學生中，信仰無政府主義的人乃遠比信仰馬克思主義的人還要多些。〔註25〕

至於馬克思主義，在俄國十月革命後，亦逐漸引起國人注意。以李大釗爲例，從一九一八年以後陸續發表〈法俄革命之比較觀〉、〈庶民的勝利〉和〈布爾什維主義的勝利〉等文章，介紹俄國十月革命及馬克思主義。一九一八年冬李大釗等於北大成立「馬爾格斯學說研究會」，一九二〇年三月在北大組織「馬克思學說研究會」，又指導學會設立學習和研究馬克思主義的小型圖書館，取名「亢慕義齋」（英文 Communism 之譯音）。〔註26〕從此共產主義開始在中國逐步擴展其勢力。由於第三國際爲求在中國發展共產主義，乃希望借助無政府主義在中國的既有勢力，生根立足進而發展，乃主動積極地尋找機會與無政府主義派聯絡。至於當時的中國無政府主義者似乎也還不知道於

〔註22〕　〈新民學會通信集〉，第三集，收入《新民學會資料》，（北京：人民出版社，1980 年），頁 152。
〔註23〕　同註 3，頁 215。
〔註24〕　杜維明，〈論中國傳統文化〉，轉引自李林，〈新文化運動與非一理性主義思潮〉，收入湯一介編，《論傳統與反傳統》，（台北：聯經圖書公司，民國 78 年），頁 61。
〔註25〕　張國燾，《我的回憶》，上冊，（香港：明報月刊出版社，1971 年）頁 105。
〔註26〕　羅章龍，《椿園載記》，（北京：東方出版社，1989 年），頁 170。

俄國正發生共產黨政權壓迫無政府主義者的情形，故對俄國革命一直表示同情，也常發表希望與馬克思主義者合作組成中國共產黨的論調，〔註27〕職此之故，在此背景下遂展開五四時期無政府主義派與馬克思主義派短暫合作的一幕。

首先於一九二○年一位俄人布魯威（Broway）從天津用世界語寫給鄭佩剛一封信，鄭佩剛接獲後乃轉請黃凌霜赴津與布魯威洽談。黃凌霜與布魯威會談數次後，並約集陳獨秀、李大釗等人開會，議決成立社會主義者同盟，推舉陳獨秀爲領導。〔註28〕不久陳獨秀到上海活動，鄭佩剛也返回上海，并介紹張墨池、費哲民、趙石龍、黃碧魂等無政府主義者與陳獨秀見面，共同參與上海地區社會主義者同盟的活動。一九二○年夏陳獨秀決定成立共產黨，并計劃在各地成立共產黨小組，待小組建立後，乃計劃進行：一、翻譯和介紹共產主義理論和實踐的書刊，以使中國共產黨成爲眞正的馬克思主義的共產黨。二、組織各業工會以便在工人中宣傳共產主義。三、組織青年。四、鼓勵覺醒了的知識婦女採取行動，推動婦運。〔註29〕另一方面，第三國際仍積極地與無政府陣營聯絡。因爲同年夏季，共產國際派另一俄人斯脫米斯基（Stromisky）及一位原籍山東的華人楊明齋來到上海楊明齋擔任翻譯。曾有一晚於漁陽里一號陳獨秀家裡召開上海地區社會主義者同盟會議，出席者有斯脫米斯基、陳獨秀、楊明齋、李漢俊、尉克水、袁振英、俞秀松、金九、鄭佩剛及一位印度人士。討論議案很多，其中一項是計劃籌辦一間印刷所。斯脫米斯基後來經人轉交二千元予鄭佩剛，由鄭佩剛負責，鄭佩剛遂利用早年印刷《民聲》的機器，成立又新印刷所。第一本《共產黨宣言》中譯本，即由該所印製〔註30〕當時廣州也成立一個社會主義者同盟，參加者有梁冰弦、劉石心、陳公博、區聲白等人。〔註31〕同時於上海、北京、廣州、長沙、武昌等地也紛紛成立社會主義青年團組織，該組織成員非常複雜，有馬克思主義者、無政府主義者、基爾特社會主義者等。成員的含混複雜，適足以說明

〔註27〕同註25。

〔註28〕鄭佩剛，〈鄭佩剛的回憶〉，收入高軍等編，《無政府主義在中國》，（長沙：湖南人民出版社，1984年）頁957。

〔註29〕Algernon Lee, *Essentials of Marx*, New york: Round School Press, 1946, P.41～42，轉引自郭成棠，《陳獨秀與中國共產黨運動》，（台北：聯經圖書公司，民國81年）頁140。

〔註30〕同註25，頁958。

〔註31〕同上，頁936。

當時中國思想界的啓蒙特質。但是此一現象不久即開始發生轉變，因爲於社會主義青年團中能與共產黨對抗衡者，祇有部份信仰無政府主義的青年。但是後者散漫無力，不若前者之有組織也。〔註32〕

　　隨著情勢的改變，兩派於「社會主義青年團」逐漸由合作變成競爭，而其中以廣州地區的衝突最爲激烈。此次衝突除了理論因素外，與陳獨秀的意識型態與領導方式也有密切關係。根据一九二一年於北京召開的互助團會議，來自廣東代表區聲白、趙司農報告於廣州兩派衝突的原因，區聲白稱爲求社會主義團體合作，曾與陳獨秀磋商，但「陳獨秀野心專橫，謂吾輩聯合須聽其指揮，悉依青年團之集權主義進行，如吾黨被其降服立約之加入者。」〔註33〕區聲白認爲今日陳獨秀之所以如此氣焰囂張，因爲其一由於五四運動假群眾之功，而得聲浪于海外，故今受俄勞農之利用，以與資助之便。其二藉民黨勢力號招利祿之輩，而欺矇外界之事實。〔註34〕至於無政府主義派，以北京地區爲例，「缺乏經濟之輔，勢力非常薄弱，人數亦在二十餘名。雖比較爲最激烈之黨，亦無所施其能爲。」〔註35〕因而從一九二一年開始，中國社會主義運動的主導權逐漸落入馬克思主義派的掌握，此一結果乃引起無政府主義派的極度不滿。另外根據張國燾分析，兩派的主張不同，也是造成決裂原因。張國燾認爲雙方爭執焦點有二：其一是組織問題，無政府主義者根據自由聯合的觀點，反對成立全國或地方性組織以及職務、名銜和紀律，對實際工作造成許多困擾；其二是無政府主義者反對無產階級專政的主張，但是共產主義者認爲無產階級專政乃是馬克思主義的精義，絕不可放棄。〔註36〕迨一九二〇年底，於部份地區的社會主義者同盟裡，兩派人馬已漸形同水火。一九二一年初陳獨秀與區聲白之間爆發激烈的論戰，正式引爆兩派間久蘊的衝突與不滿。由於無政府主義派對於陳獨秀的言行不滿久矣，因此論戰開始，「同人聞之，不勝憤懣，議遂中止」〔註37〕雙方的合作關係。

〔註32〕張軍，〈山西學生會國民黨左右派之爭潮〉，《醒獅》，96 號，民國 15 年 8 月 4 日，第五版。

〔註33〕〈1921 年内務部密探關謙的報告〉，收入第二歷史檔案館編，《中國無政府主義與中國社會黨》，（南京：江蘇人民出版社，1981 年），頁 85。

〔註34〕同上。

〔註35〕〈國務院爲青年學生宣傳激主義而製訂取締專條與内務部等往來函件〉，1922 年 11 月～12 月，收入第二歷史檔案館編，《中華民國史檔案資料匯編》，第三輯，民眾運動，頁 573～574。

〔註36〕張國燾，《我的回憶》，上冊，頁 107。

〔註37〕同註 35。

廣州地區的區聲白等首先退出廣州共產主義小組，并在《廣州晨報》、《廣州群報》、《民聲》（復刊本）等刊物上發表文章，攻擊馬克思主義派的主張。其後各地區共產主義小組、社會主義青年團、社會主義者同盟等組織裡的無政府主義者紛紛退出。〔註38〕根据北洋政府密探關謙在一九二一年十二日的報告稱「（北京地區）共產主義青年團一方面主張共產，主張階級專政，已與無政（府）黨分立，各不相助。」〔註39〕根據資料，在一九二一年暮春，無政府主義派與馬克思主義派已正式決裂，結束年餘來的合作關係。〔註40〕分裂後的馬克思主義派，內有嚴密組織的優勢，外有第三國際人力、物力的奧援，不久遂蔚為一股巨流，衝擊中國社會。据張鐵君回憶，五四時期「那幾年上海與武漢各大都市的書店內，馬列主義的書籍滿坑滿谷。」〔註41〕北洋政府也認為此時的無政府主義已不足懼。至於馬克思主義派，「仿行勞農專政，預備創設勞農政府」；「專鼓動工人罷工及利用群眾，以掀起大風潮為手段，其近來進行甚為速順。其號為中國共產黨中央執行部，設於上海，以陳獨秀為首領。由俄國政府匯款及陳炯明捐助為活動上之財源。」〔註42〕

　　至於無政府主義派，於一九二二年春俄國無政府主義者狄克博〔註43〕經上海抵廣州，與梁冰弦、劉石心、黃凌霜、李德軒、黃尊生等人取得聯絡，為重組無政府主義陣營，主張成立「無政府主義者同盟」，代號為 A・F，該組織秉持無政府主義精神，不設章程、分部、幹事。同年夏天上海地區在黃凌霜指導下亦成立類似的組織。另外於廣東新會發行《民鐘》，由黎健民主編。上海地區發行《互助》，於廣州發刊《春雷》，後改在上海發行，以為宣揚主義的喉舌。迨一九二三年夏，各國無政府主義者預備在巴黎召開大會，日本無政府主義者大杉榮赴會途經上海，與鄭佩剛、鄧夢仙、思翁等會晤數

〔註38〕湯庭芬，〈五四時期無政府主義的派別及其分化〉，收入劉其發主編，〈近代中國空想社會史論〉，（北京：華夏出版社，1986年），頁250。

〔註39〕〈關謙關于北京無政府主義和中國社會黨〉，（南京：江蘇人民出版社，1981年）頁79。

〔註40〕梁冰弦於《解放別錄》描述，兩派於1922年底分裂。但是依據鄭佩剛的說法，應於1921年暮春，再據其他史料佐証，梁冰弦很可能把1921年底誤記為1922年底。故鄭佩剛的說法乃為正確的。參見鄭佩剛，〈鄭佩剛的回憶〉，同註28，頁958。海隅孤客，《解放別錄》，（台北：文海出版社，民國58），頁76。

〔註41〕張鐵君，《遽然夢覺錄》，（台北：阿波羅出版社，民國60年），頁121。

〔註42〕同註35。

〔註43〕狄克博的原名為何？目前所見資料均無記錄，故有待再查証。

次，商議出席大會及中日兩國革命問題，後來決定由留法學生章警秋代表出
席。〔註44〕可是無政府主義運動發展到此時，在馬克思主義派極速擴張下，
產生嚴重的排擠效應，因而呈現明顯的衰退之勢。一位無政府主義者見此
頹勢，不禁慨然嘆曰：「安那其主義傳入中國，很有許多年頭了。同志們也
不少熱心者，而且也不能不說是收了一些效果。但是，近年卻漸漸沈寂下
去了。」〔註45〕另一位無政府主義者也認爲：「今日談主義的人，見著同志
們奄奄一息，幾無生氣，未有不聯想於斯時之盛也。」〔註46〕當時也有位
國民黨黨員以旁觀者立場，提出他的觀察，曰：「在近幾年信無政府主義的
人，亦自己覺得鵠的雖然懸得很高遠，究竟自己沒有可以實現這鵠的把握
了。」〔註47〕

第三節　無政府主義派與馬克思主義派的論戰

　　早期的無政府主義者在面對馬克思主義時，由於受到主觀認知及客觀環
境的影響，於理論的認知上往往呈現含混不清的情形。以景梅九爲例，民初
他在介紹社會主義時，常把普魯東與馬克思并列介紹，對於剩餘價值說也評
價甚高。〔註48〕至於劉師復對馬克思主義則持批判的態度，雖然師復并未專
文批評馬克思主義，但在他的文章裡曾數次提及馬克思主張，並進行一定程
度的批判。師復批評馬克思主義大致可分爲下列幾項。其一認爲馬克思主義
是集產主義，「生產機關歸公，而生產之物乃屬私有，是僅得財產有之半面，
即不啻不完全之社會主義」〔註49〕。其二關於分配問題，師復認爲「集產者
者主張按各人勞動之多寡而異其酬給，是則強有力者將享受最高之幸福，能
力薄弱者將至不足以贍其生。」〔註50〕其三反對馬克思的國家主張及無產階
級專政的理論。認爲這是國家社會主義理念，師復主張「社會主義當向社會

〔註44〕同註28。

〔註45〕劍波，〈怎麼去宣傳主義？〉，《學匯》，194期，1923年5月13日，收入高軍
　　　　等編，《無政府主義在中國》，頁465～468。

〔註46〕曉星，〈怎樣宣傳安那其主義〉，《互助》，1卷1期，1923年3月15日，頁40。

〔註47〕但一，〈論三民主義〉，《新建設》，1卷1期，1923年11月20日，頁10。

〔註48〕景梅九，《罪案》，（北京：國風日報社，民國14年），頁313。

〔註49〕師復，〈駁江亢虎〉，《民聲》，15號，1914年6月20日，頁3～8。

〔註50〕師復，〈孫逸仙江亢虎之社會主義〉，《民聲》，6號，1914年4月18日，頁1
　　　　～6。

謀解決，不當向政治謀解決，以社會問題而乞靈于政治，是自失其社會主義之價值。」〔註51〕根据師復的批評，大致已刻劃出無政府主義與馬克思主義兩者間的關鍵性差異之所在。由於當時馬克思主義在中國尚未普及，因此師復的批評並未引任何回應。可是因爲師復居於民國時期無政府主義主流的地位，因此日後隨著馬克思主義的逐漸普及，甚至威脅到無政府主義的發展時，無政府主義者遂以師復的理念爲基礎，對馬克思主義發動攻擊。

當俄國十月革命的消息傳入中國之初，由於國人對革命詳情並不十分清楚，因此無政府主義派對此的反應，如同國人亦十分混亂。首先他們肯定十月革命，認爲「俄人做的係世界的革命，社會的改革，國家思想簡直半點也沒有」〔註52〕。「這世界上的人，現在除了俄國人剛要享著了這兩句話（男女同一，貧富一班）的福之外，其餘各國的人，所行所爲，沒有不是違背了這物理人情的。」〔註53〕雖然無政府主義者高度肯定俄國十月革命，但仍不免存有部份疑慮；因爲「同主改革社會，而有政府的社會主義與無政府的社會主義，毫釐千里。自巴枯寧、馬格斯以來，兩派攸分，初年可得而混作一談者。況俄事已入實行時代，尤非僅爲理論上之辨爭，夫是以不可不潛心窺察。」無政府主義者最後爲俄國新政府的性格作一推論，認爲列寧實由社會民主黨分出，而偏近於無政府共產黨者。〔註54〕由於無政府主義派把俄國十月革命界定爲接近無政府主義的革命，因此對於俄國革命乃暫時沒有太激烈的反應。

但是隨著俄國革命的內情逐漸傳回中國，引起了無政府主義者日益強烈的疑竇與不安。當一九一九年一月羅家倫於《新潮》一卷一期發表〈今日之世界新潮〉一文，強調俄國十月共產革命已是未來世界革命的主流。此文論點馬上激發無政府主義者久蟄的疑懼，黃凌霜隨即於次月發行的《進化》第二期上發表〈評《新潮》雜誌所謂今日世界之新潮〉一文。黃凌霜首先承襲師復的論述方式，先區別社會主義與社會政策的內容、範疇之差異，然後再申論之。黃凌霜首先將社會主義區分爲：共產社會主義及集產社會主義，認定馬克思爲集產社會主義創始人，「集產社會主義主張生產機關屬公有，他的生產物由國家或社會分配」「共產主義主張生產機關及生產的物屬諸社會，人

〔註51〕同註49。
〔註52〕一純，〈俄國過激派施行之政略〉，《勞動》，1卷2號，1918年4月20日，頁9。
〔註53〕持平，〈李寧事略〉，《勞動》，1卷2號，1918年4月20日，頁25。
〔註54〕勞人，〈李寧之解剖〉，《勞動》，1卷3號，1918年5月20日，頁15。

人各盡所賦，各取所需。」〔註 55〕黃氏根据日人布施勝治《露國革命記》一書，明白告知人們，「馬克思的集產主義現已不爲多數社會黨所信仰，近來萬國社會黨所取決的實爲共產主義。」〔註 56〕至於馬克思的經濟學理論，黃凌霜認爲可歸類於「玄想的經濟學」（Met aphysical Economics），無政府主義者是絕對反對的。另外黃凌霜根据克魯泡特金的《現代科學與無政府主義》（*Modern Science and Anarchism*）一書理念，批評〈共產黨宣言〉（Communist Manifesto）的主張，認爲該宣言在學理及經濟主張部份，皆抄襲 Considerant 的 "*Principles of Socialism: Manifesto of the XIX th Century Democracy*" 一文而來；至於施行方法部份，則擇取 Bebeuf 和 Buonarroti 的秘密共產黨的理念，而非其所獨創。至於馬克思主義的集產主張，會造成天生強弱不同，以致形成後天貧富不均的強權社會，故黃凌霜大力疾呼：「大家不要奉集產主義爲瑰寶，爲家珍。」〔註 57〕當時遠在日本的易家鉞也修書與之相呼應，明白宣示曰：「現在中國唯一的要務，在防止俄國式的革命。」「俄國式革命非不好！若行之中國則不妙。」〔註 58〕

　　黃凌霜的攻擊並未能阻擋馬克思主義在中國蔓延的潮流，一九一九年四月六日出版的《每週評論》第十六號，刊登〈共產黨宣言〉的部份譯文；爲紀念馬克思誕辰一○一年（一九一九年五月五日），《新青年》出版《馬克思研究》號；同時《晨報》也開闢〈馬克思研究〉專欄，介紹馬克思主義。面對日益壯闊的馬克思主義風潮，黃凌霜在《新青年》六卷五號上發表〈馬克思學說的批評〉一文，文中黃凌霜極度貶抑馬克思主義，認爲馬克思主義的基本核心理論爲唯物史觀與剩餘價值說，但是此二主張，於以往的社會黨和社會學者都早已論及，可謂毫無創意可言。黃氏舉一例以証明其論點，「即如強奪說，令人信以爲創自馬氏，其實蒲魯東在他所著的《什麼是產業？》第一章已言：『財產是贓物，財產所有主是盜賊』。」〔註 59〕黃凌霜另外批評馬克思的經濟論，他認爲該理論「最缺點的地方，還在他的記載有不盡正

〔註 55〕張允侯等編，《五四時期的社團》，第二冊，（北京：三聯書店，1979 年），頁 83。

〔註 56〕同上。

〔註 57〕同上，頁 86。

〔註 58〕〈通信〉，〈易君左來信〉，《新潮》，1 卷 4 期，1919 年 4 月 1 日，收入上書，頁 79。

〔註 59〕葛懋春等編，《無政府主義思想資料選》，（北京：北京大學出版部，1984 年）頁 557。

確的地方。他所根据來做演繹的統計，有許多沒有証明他所要証明的東西。」
〔註 60〕黃凌霜還批評辯証法，他認爲該方法「最後的斷案，卻是一個預存
的觀點」，以致「空想會弄壞了科學，馬氏恐怕不能自辭其咎罷。」〔註 61〕
至於馬克思的無產階級專政之主張，則是黃凌霜批判的重點，黃氏認爲實行
無產階級專政會產生三種弊病，其一是無產階級專政的國家較資產階級的政
府還要利害，因爲國家掌握了土地、礦山、鐵道、銀行等經濟命脈；其二是
無產階級專政的結果，其領袖會變成拿破崙、袁世凱；其三是會造成壓制個
人自由。〔註 62〕最後關於分配問題上，黃凌霜斷言馬克思主義的集產主義
主張，即意味著主張保留私有財產，而有財產制度，則必生強凌弱的欺壓，
因此祇有無政府主義才是眞正符合「各盡所能，各取所需」的理想。綜合上
述諸項論點，呈現黃凌霜企圖全面否定馬克思主義的理論體系。由於當時馬
克思主義在中國並未普遍流傳，一般人對於馬克思主義的認識也尙屬幼稚，
因此黃凌霜對馬克思主義嚴酷的批判，卻未引發回應或反駁。

　　從一九一九年下半年到一九二〇年前半年間，國內客觀環境因爲五四運動
的爆發而益發激進；第三國際爲突破西方世界的封鎖而積極謀求立足中國的
企圖，也改變了當時的主客觀條件。在此在主客觀因素的交錯影響下，馬克
思主義得以在中國迅速的發展。一九二〇年一月朱謙之完成《現代思潮批評》
一書，文中雖然評論當時所流行的各種思潮，但是其中以評論馬克思主義部
份，佔最多篇幅。朱謙之引用克魯泡特金的論點，抨擊馬克思主義是廣義派
主義，是變形的國家主義，是「過去之化石」、「保守之尤者」〔註 63〕。同時
期易家鉞、郭夢良等主編的《奮鬥》旬刊上分別於第二期發表易家鉞（AD）
的〈我們反對「布爾札維克」〉一文及於第八、九期合刊上發表名 af 的〈爲什
麼反對布爾雪維克？〉二篇文章，主要針對布爾什維克的國家論、施行手段
的抹煞個人，最後會導致濫用強權，而形成「獨裁專制」。因此，作者認爲在
布爾什維克黨統治下，人類決不可能發生自由思想，沒有自思想，人類祇有
退步，不能進步。〔註 64〕

〔註 60〕同上。

〔註 61〕同上。

〔註 62〕同上。

〔註 63〕朱謙之，《自傳兩種》，（台北：龍文出版社，民國 78 年），頁 52。

〔註 64〕易君左，〈我們反對「布爾什維克」〉，《奮鬥》，2 期，1920 年 2 月 41 日。A.F.
〈爲什麼反對布爾什維克〉，《奮鬥》，8.9 期合刊，1920 年 4 月 30 日，收入張

　　由於黃凌霜、朱謙之、易家鉞等人於一九二○年上半年裡，陸續對馬克思主義及俄國共產革命提出嚴厲的批判，導致同年九月陳獨秀的反擊。至於陳獨秀的行動爲何延遲至九月，其原因可能有二，其一是一九二○年上半年正是第三國際積極拉攏中國的無政府主義派，企圖藉無政府主義派的既有資源，以利共產主義的立足；其次是一九二○年五月中國共產黨臨時中央成立，並於北京、廣州、武漢成立支部，因而意味著馬克思主義派在中國已立穩根基。故昔日必須借其力的無政府主義派之合作價值頓失，理論對立及利害衝突遂成爲首要關注之事，因此無政府主義派與馬克思主義派的衝突遂表面化而日趨激烈。

　　一九二○年九月一日，陳獨秀在《新青年》八卷一號上發表〈談政治〉一文，正式揭開馬克思主義派的反擊。文中陳獨秀首先表明人類是無法脫離政治，因此無政府主義主張棄絕一切政治組織，就消極角度而言，固有部份價值，但從積極現實角度論之，則非常有問題。因爲國家、政治的形成確有部份如同無政府主義者所言，但是無政府主義者所反對的是過去社會結構所形成的政府；未來的國家與政治是建立帶勞動階級之上，故往昔政治、國家之弊病皆可去除。因此陳獨秀就理論提出兩點看法：一、世界上之本來沒有「底」，又從可「徹」起？因此不應該有徹底、不徹底的觀念。二、強權之所以可惡是因爲有人運用強權欺壓，若把強權倒過成排除強者無道，強權就不可惡了。〔註65〕根据陳獨秀〈談政治〉一文，不僅代表陳獨秀個人意見，也代表當時馬克思主義派的基本主張。

　　陳獨秀的〈談政治〉一文發表後，隨即引起一位無政府主義者鄭賢宗的回應，並撰文進行辯駁。鄭賢宗認爲無政府主義者之所以反對國家，是有二個理由，其一是雖然國家是人類在社會進化過程中之所生成的一種必要形式，但是隨著時空的改變，其存在價值亦失。若不隨同時代變遷而去，勢必成爲進化的障礙。其二是無政府主義主張眾生平等互愛，若有國界的出現，必會衍生以國界爲範疇的爭奪。〔註66〕根據上述兩理由，鄭賢宗認爲無政府主義主要反對現在及未來的國家形式，及伴隨國家體制而生的政治與法

　　　　允侯等編，《五四時期的社團》，第 4 冊，頁 194～203。

〔註65〕陳獨秀，〈說政治〉，《新青年》，8 卷 1 號，1920 年 9 月 1 日，頁 3～4。

〔註66〕鄭賢宗，〈鄭賢宗致陳秀信〉，《新青年》，8 卷 3 號，1920 年 11 月 1 日，〈通信〉，頁 1～2。

律。〔註67〕

關於馬克思主義者所堅持的「無產階級專政」之主張，鄭氏認為若來日無政府革命成功，則資產共有共享，私有財產不復存在，大家皆為無產階級，故何需專政。若是將此主張用來作為革命手段，難確保革命者不會因此產生異化而成為另一強權，轉而變成新的壓迫者。〔註68〕

陳獨秀對鄭賢宗的論點隨即提出強烈地反駁，再辯駁前陳獨秀首先確立三個理論基柱，其一是社會進化，物質自然趨向的力量很大，因此欲改造社會之人，必須重視此客觀趨向，而萬不可以主觀的冥想，來自由隨興地捏塑。其二、世間並無永恆不變事物，終極目標為何，若過度關注，則易流於不切實際。若懸念終極目標而忽略現實，陳獨秀認為這種人只是個「候補改造者」，並非現實世界之所需。其三、改造社會是一點一滴、循序漸進完成，並無一蹴可即的萬靈丹。〔註69〕根據上述三項信念，陳獨秀認為首先建設一個以勞動階級為主的國家，為現代社會的第一需要。其次一切仇視、侵奪、相殘的產生，皆因資產階級借國家名目而為，並非國家本身的罪惡。其四、政治、法律存在，固然有人拿它來為惡；但法律、政治運用得當，也能用來防制惡人，故無政府主義主張廢棄法律、政治的想法，陳獨秀認為是「因噎廢食」。其五、關於「無產階級專政」的主張，陳獨秀分析社會革命從發起到完成，須歷經漫長時光，在此長久的歲月裡，資產階級隨時會藉機陰謀復辟，惟有無產階級專政，才可有效地確保改革成果之不墜。〔註70〕比較陳獨秀與鄭賢宗二人的文章內容，主要因為雙方的基本信念、觀點、方法、目標都不同，自然在論述過程及內容也就迥然有異，因此，論戰內容交集不多，也不可能相互妥協，論戰的文字也祇能留存下，以供後人了解或印証那個時代。

於一九二○年後半期無政府主義派與馬克思主義派的論戰，除了陳獨秀與鄭賢宗二人外。年底陳獨秀受陳炯明之邀抵廣州後，不久乃與廣州地區的無政府主義者們也爆發激烈的論戰。這場論戰的引爆點為一九二一年一月十九日陳獨秀應廣州公立法政學校之邀發表有關於社會主義的演說，內容為三

〔註67〕同上。

〔註68〕同上。

〔註69〕〈陳獨秀致鄭賢宗信〉，〈通信〉，《新青年》，8卷3號，1920年11月1日，頁3～4。

〔註70〕同上。

個主題，即：爲什麼要講社會主義？爲什麼能講社會主義？應講何種社會主義？這篇講稿，後來以〈社會主義批評〉的名稱，發表于《新青年》九卷三號。文章內容以批評資本主義、無政府主義、行會社會主義爲主，認爲只有馬克思主義才是符合科學的社會主義，其他都是假社會主義，陳獨秀並且積極聯絡陳公博、譚植棠、譚平山等人，商議籌組共產黨一事，因爲陳獨秀認爲個人及小團體是無法有力地開展群眾運動，祇有建立一個組織嚴密的黨，才可有效地達到此目的。〔註71〕陳獨秀對無政府主義的敵對態度及活躍發展組織的舉動，引發廣州地區的無政府主義者極度不滿，一位無政府主義者無法按捺憤怒地表示：「陳獨秀君從上海到廣東，不知在無政府主義者頭上敲了幾十百次，我們終於守著托爾斯泰的無抵抗主義嗎？」〔註72〕

陳獨秀的〈社會主義批評〉文章公佈後，隨即引起一位活躍於廣州的無政府主義者區聲白的反駁。其後，陳、區兩人信件往反多次，相互辯駁，前後共有六封信件，這六封討論無政府主義的書信，爲無政府主義派與馬克思主義派大分裂前的理論政見大辯論，也爲兩派的合作關係畫下句點。

區聲白的〈致陳獨秀書〉及〈答陳獨秀書〉，原刊載於《廣東群報》，後來與〈再答陳獨秀書〉一文合併刊載於《民聲》第三十號之增刊。陳獨秀的〈答區聲白的信〉，原載一月二十七日《廣東群報》。八月一日，陳獨秀在《新青年》九卷四號將區聲白致陳獨秀三信和他的〈答區聲白的信〉、〈再答區聲白書〉、〈答區聲白書〉合併刊載，標題爲〈討論無政府主義〉；總結這次論戰固然是雙方理念的在闡釋，並也意味著無政府主義派與馬克思主義派從此徹底地分道揚鑣。此次論戰，區、陳雙方所陳述的主張，代表著當時兩派的基本核心主張及兩派理論的關鍵相對處。故這次論戰也就普遍地受到兩派人士的關注，而且影響頗爲深遠且富意義。〔註73〕

根据區聲白與陳獨秀的六封辯論信的內容觀察，觸及部份頗廣，但依其內容主要部分大致在「自由與聯合」及「契約與法律」兩個範疇上。就「自由與聯合」而言，陳獨秀反對無政府主義者一面要絕對自由，又一面要聯合。因爲「要絕對自由就不能聯合，要聯合就不能絕對自由」。區聲白則認爲「自

〔註71〕王光祈，《陳獨秀年譜》，（重慶：重慶出版社，1987年），頁85～100。

〔註72〕〈無政府主義者對於同類異派的眞正態度〉，《民聲》，30號，1921年4月5日，頁1～3。

〔註73〕Robert A. Scalapino and George T. Yu, *The Chinese Anarchist Movement*, Berkeley: University of California Press, 1961. P.55

由與聯合」是可行的。但區氏特別澄清此處的「自由」並非絕對的自由，而是以契約的自由爲依歸。至於法律，區氏認爲法律出自於強權所爲，故以法律爲基礎的自由，則失去其自由之眞精神，因此，唯有秉持眞自由的契約爲基礎的聯合，才能完全符合無政府主義的精神。至於陳獨秀則從實際可行性提出質疑，如：無政府主義強調絕對自由，但團體中若有一人反對亦不可行，豈不無事可成？苦欲廢除法律，那麼現存社會諸惡如何遏止？無政府主義強調不贊同多數壓服少數，但少數若堅持己見，又能如何？對於不顧社會福利的個人或少數，無政府主義應如何處置？無政府主張干涉惡人，可見也不是主張絕對廢除人爲干涉，那麼是否會異化產生強權？區聲白的理論是建立在人性本善之上，故以善爲基礎邁向進化，則社會可日益完美，在終極目標實現以前，若有惡人爲亂，則可透過感化、教育等方式以激發其天賦本性之善，若有少數人爲惡，大多數人亦可用此方法感動之，故人類社會必可生生不息向前進化。若不從根本肯定，則使用以現有惡體制爲基礎所衍生的方法，最後必會本質異化所產生的惡效果。〔註74〕檢討陳獨秀、區聲白兩人的論點，由於雙方立足的理論基礎、分析角度不同，故這場爭辯，難有交集，但卻可透過這場論戰的內容及過程，也可淋漓盡致地顯示無政府主義與馬克思主義兩派的思考方式、理論基礎、意識型態及現實的可行性。事後一位無政府主義者對於此次論戰，提出一個頗具參考價值的看法，他認爲陳獨秀「以現世的頭腦去考慮進化的無政府社會，以現世的眼光去觀察無政府社會。他所預防的弊病——不可能的証据，完全是被現世的景象駭昏了所致。」〔註75〕這位無政府主義者固然在批評陳獨秀因受到現實世界的驚駭而導致理論推裡的誤判；但換一角度而言，不也流露出無政府主義最大的弱點——過於理想浪漫而不切實際的弱點。

　　另一場論戰發生於一九二一年底的法國。此次論點背景緣於歐戰爆發，法國士兵傷亡日多，壯丁欠缺，乃有委託惠民公司代招華工赴歐之舉。一九一五年夏，旅居法國的李煜瀛發起勤工儉學會（The Diligent-Work-Thriff-Study Society）。李煜瀛一方面在國內設立預備學校；一方面與法人共組華法教育會。經吳敬恆、華林等大力鼓吹，留法勤工儉學於一九一九、一九二〇年形成一股風潮。根據張鐵君的描述，當時的「學生青年皆以天下爲己任，學術思

〔註74〕同註72。
〔註75〕依仁，〈來信〉，《民聲》，30號之增刊，頁19。

想都已有新的途徑。尤其感興趣的是當時法國的勤工儉學會」，「以赴法國爲目的。」〔註 76〕在這波熱潮下，近二千人赴法，當時留法勤工儉學運動成員的政治趨向，可謂國內政治情勢的持續發展。以新民學會爲例，該會留法成員蔡和森、向警予、陳紹休、蕭子暲、張昆弟、羅學瓚、蔡暢、李維漢、熊光楚、熊季光、熊叔彬、歐陽澤、蕭子昇等十三人，於一九二〇年七月六日至十日在法國蒙達尼召開會議，商議未來的目標，會中意見分歧。其一是蔡和森主張激烈的革命路線，主張組織共產黨，實行無產階級專政，仿效俄國十月革命的推動。另一爲蕭子昇所提出的，主張溫和的革命路線——即無政府主義的蒲魯東的方法，〔註 77〕形成馬克思主義與無政府主義路線之爭。其後隨著無政府主義者陸續赴法留學，而馬克思主義派也利用機會於留法學界大力活動，勢力也日益茁壯，兩派之間的矛盾與衝突乃逐漸浮上台面，而於一九二一年底雙方衝突正式展開。

　　一九二〇年底張申府受李大釗、陳獨秀之託，於巴黎成立共產黨小組，以組織型態於留歐學生界宣揚共產主義。相對於馬克思主義派積極的活動，無政府主義派也由華林、李卓、李合林（鶴齡）、羅喜聞（魯汶）、畢修勺（碧波）等於法國發起「工餘社」，旅歐的無政府主義者大多加入該組織。於里昂中法大學的區聲白、劉石心、劉無爲、劉抱蜀等人，雖未列名「工餘社」，但與此組織也維持著密切的關係。

　　「工餘社」與國內北京、上海、成都、廈門、長沙、太原等地的無政府組織、個人及國際無政府主義者均有往來。後來又經由北京《國風日報》館、留美的黃凌霜及加拿大華人工會的松石等或機構，將其機關報《工餘》，運銷至國內外散布，一時之間影響頗廣。當時國內的《學匯》、《互助》等刊物，也都曾刊載《工餘》的文章。因此「工餘社」可謂一九二一年至一九二二年間中國無政府主義運動的另一重心。當馬克思主義派在法國的留學生界聲勢日壯，兩派間的衝突乃不可避免地正式爆發。這場論戰馬克思主義派以《少年》月刊爲據點；無政府主義派則以《工餘》爲基地。兩派辯駁的重點集中在三方面，即：俄國革命成功抑或失敗？應不應該行無產階級專政？共產主義信仰是否爲宗教迷信？

　　首先無政府主義派認俄國自共產革命爆發以來，經濟上瀕臨困境，因爲

〔註76〕張鐵君，《蓬然夢覺錄》，頁 60。
〔註77〕李維漢，〈回憶新民學會〉，《文史資料選輯》，59 輯，頁 19。

「一場大戰及革命把所有一切生產機關及交通機關多半毀壞了，工廠則停止工作，鐵路則沒有車輛，舊的也沒人修理，燃料、木料，都統統沒有了。」〔註 78〕另外就是因為採用「猛烈之軍國主義，把人民一切的自由權定全剝奪淨盡。」〔註 79〕因此，俄國共產革命可謂是完全失敗了。探究其失敗的原因，大致可歸納成四項，即：中央集權、產業國有、各國封鎖、飢荒。作者認為祇有打破中央集權制度、廢除政黨的組織而成為階級的組織，生產機關應由生產的工人共同使用。〔註 80〕但是馬克思主義派卻認為俄國的共產革命是成功的，尤其「大產業、銀行、鐵路等收歸國有，土地交給能自種的農人耕種，廢除遺產制度和土地占有權，消滅有產階級留下的惡制」。「凡此種種，全是過去五年中俄羅斯無產階級以革命的活動換來的」〔註81〕。

其次應否實行無產階專政？無政府主義反對任何強權和國家，主張絕對自由。因此認為無產階級專政完全不符合正義、公理，祇會成為另一種形式的強權，故堅決反對之。〔註 82〕馬克思主義派則認為俄國「從前是少數壓服多數的，現在是多數壓服少數的。一句話，俄國現在是勞農的國家，不是有產階級的國家了！這種統治方式，是無產階級完成其歷史使命的必須的。為了防止舊勢力反撲，階級鬥爭在這時並未停止，無產階級為使他的革命完成，勢必要施行他的專政，為施行專政，勢必要成立國家。」〔註 83〕無政府主義者又從經濟生產角度論析無產階級專政不可行，無政府主義者認為在無產階級專政下，採用統一的計劃和政治統治進行經濟推動，這是不可能達到經濟發展的。以俄國為例，工人自己之生活不能夠由自己支配，工人不樂意作工，與昔日處於資本制度下無異，結果是「其產業必日漸衰落」〔註84〕，因此，唯有工人自由合作，一切由生產者自由支配，乃可發揮最大效率的生產。他們認為，人們「飢則耕而食，寒則織而衣，勞則築而居，何待統治來指揮？」〔註85〕這時已轉向信仰馬克斯主義的伍豪（周恩來）則辯稱：「產

〔註78〕三泊，〈俄國共產主義失敗之原因及其補救的方法〉，《工餘》，1922 年 9 月號，收入葛懋春等編，《無政府主義思想資料選》，下冊，頁 597。
〔註79〕同上。
〔註80〕同上。
〔註81〕伍豪，《俄國革命失敗了麼？質工餘社三泊君》，《少年》，6 號。頁 15。
〔註82〕同註 31。
〔註83〕〈壹個無政府黨和壹個共產黨的談話〉，《少年》，7 號，頁 10。
〔註84〕同註 31。
〔註85〕同上。

業國是有生產集中的必然現象」，俄國近年來的經濟恐慌「正因爲他生產運輸機關的集中還未做到十分好處，不是因爲他不能碎分產業而生出的反動效果。」〔註 86〕周恩來更認爲無政府主義派所抱持的自由合作生產理論，純屬空想，因爲若「飢則耕而食，寒則織而衣」的生產方式是要人們恢復到上古部落生活方式，從歷史進化角度觀察，是不可行也不可能的不切實際的主張。〔註 87〕

　　其三，共產主義的信仰是否屬於宗教迷信？此項論爭起於一九二二年八月，區聲白、劉無爲、劉抱蜀等編印《無所謂宗教》一書，於旅歐勤工儉學學生和華工間散發，該書認爲共產主義的信仰具有濃郁的宗教本質及精神，因此無政府主義者確認宗教對人性所生成之戕害及惡質的副作用，於共產主義者身上亦可見。區聲白於〈答陳獨秀君的疑問〉更明言馬克思主義者「把《資本論》、〈共產黨宣言〉當作聖經」「把首領當作牧師，一昧盲從，不講理性。」〔註 88〕周恩來則駁斥無政府主義者的批評，周氏認爲馬克思主義乃本諸於科學精神創建的，「革命精神多出之熱烈的情感，理愈明，信愈眞，感愈切，無關宗教迷信。」更何況「共產黨在組織上是既講民主又講集中，既講自由又講紀律」，因此「共產黨人一方服從領袖的指揮，一方實時時監督其行動。」〔註 89〕故共產黨人的信仰與組織，根本上有別於宗教組織及信仰，自然也就不會具備宗教所造成的流弊。

　　經過這場論戰的經驗後，中國共產黨旅歐支部和旅歐共青團確立兩條面對無政府主義的基本原則，其一、是在學理上，願意與無政府主義者辯駁討論，若遇「嬉笑謾罵」的言語，則不作針鋒相對的回應；其二、針對無政府主義者只知高唱自由，發些空論以迷惑群眾，「我們共產主義者的行動，就是要隨時隨地能把問題與事實打落到實際上面。」〔註 90〕也就是說，馬克思主義派決定將批判無政府主義的重心，置於實際問題上發揮。此一策略隨著人們面臨現實挫折或是無政府主義付諸於行後的現實無力感，往往會因而吸引部份無政府主義者飽經挫折後的轉向，譬如陳獨秀之子的陳延年和陳喬年兩兄弟，原本擔任《工餘》編輯，但歷經留法學界風波及馬克思主義者的游說，

〔註 86〕同註 34。

〔註 87〕同上。

〔註 88〕區聲白，〈答陳獨秀君的疑問〉，《民聲》，30 號之增刊，頁 5～13。

〔註 89〕伍豪，〈宗教精神與共產主義〉，《少年》，2 號，頁 5。

〔註 90〕伍豪，〈旅法的中國青年應該覺醒了—投機改良與革命〉，《少年》，7 號，頁 5。

態度幡然轉變，拋棄無政府主義信仰，轉而成為旅歐中國共產主義青年團團員。陳延年在一封信中曾描述其思想的轉變，他於信中明言此時的他深感無政府主義的學說，不是「力求理解社會生活的實際關係」，而是採用不可能實現的虛幻目標來迷惑人，因此陳延年認為要採用無政府主義改革社會是沒有希望的。〔註91〕另一位「工餘社」的核心人物李合林，他於勤工儉學學生在一九二二年三月二十日晚進行佔領里昂中法大學行動中，由於過於激動而拿手槍射擊中國駐法公使陳籙，被法警方逮捕遭致驅逐出境後，思想從此轉向馬克思主義。其他還有劉伯莊等人，立場亦紛紛轉向。於一九二三年底加入共產主義者更多，無政府主義在旅歐華人界，特別是勤工儉學學生中，影響力日益衰退，不久「工餘社」因分裂而解散，《工餘》雜誌也於一九二四年停刊。再加上歐美地區無政府主義運動的大環境也發生變化，於 1920 年代以後亦漸趨沒落，因此意味著無政府主義派在歐洲地區的活動徹底失敗，而轉由馬克思主義派取得主導，當旅歐留學生紛紛回國之後，對於國內勃興的共產主義勢力，乃添加了一股強大的力量。

〔註91〕 〈同志凌霜的一封來信〉，《工餘》，16 號，1923 年 4 月，收入葛懋春等編，〈無政府主義思想資料選〉，頁 605～610。

第七章　烏托邦的幻滅——無政府主義的沒落（1924～1931）

　　根據統計資料顯示，從一九一二年至一九三一年間，無政府主義社團共成立一百二十七個，出版刊物二百二十六冊。其中以一九二三年社團成立、刊物發行各四十二爲最高，這也意味著一九二三年前後，可謂中國無政府運動發展的最高峰。可是從一九二四年以後，無論社團成立或刊物發行數量，均急速銳減，昔日盛況不復再現。〔註1〕

　　無政府主義運動瞬間從絢爛歸於平淡，探究其原因，大致可歸納爲下列諸因：本身理論的局限性、中國現實環境、馬克思主義派的崛起及北伐後的社會變動等。在上述諸因素的交錯影響下，無政府主義的內在理念及外在行動亦隨之應變因應。

第一節　理論的浪漫與發展的局限——無政府主義運動的由盛而衰（1924～1927）

　　近代無政府主義運動產生是有其特殊的背景，亦即西方社會自工業革命後，資本主義勃興及資本主義社會所衍生的弊病，諸如貧富不均、人與人之間的剝削與壓迫等，導致深具人道主義的知識分子企盼爲苦難的現世尋覓出路。但是導致近代無政府主義的產生，除了上述現實因素外，其實更蘊藏著長久存在人類腦海中「烏托邦」式的夢想，無時無刻不激發著人們渴盼建立

〔註1〕參見附錄一。

一個自由、平等、各盡所能、各取所需的極樂世界的追尋，此一夢想的存在，無論中外皆然。譬如中國的老莊、華胥國及西方的「共和國」（Republican）及「烏托邦」（Utopia），但是它們終究僅是思想層上的浪漫夢幻，欲於現實世界中覓尋，這是幾乎不可能的。這種理論的浪漫與局限，也就是導致無政府主義逐步走向沒落的關鍵原因。因此，探究無政府主義的本質，可明確得知無政府主義并不是一種指導人們有效實踐的革命理論，很大程度上是人們尋求精神安慰和心理失落時所塑造的幻境，故批評無政府主義理念的人常愛用「鏡中花」、「水中月」、「望梅止渴」等語來形容它。這種思想蘊涵著浪漫的理想與激情，對於啓蒙時期思想含混、激進、浪漫的年青人，是非常具有吸引力的。當時的情形誠如瞿秋白所描述：「社會主義的討論，常常引起我們無限的興味。然而究竟如俄國十九世紀四十年代的青年思想似的，模糊影響，隔著紗窗看曉霧，社會主義流派，社會主義意義，都是紛亂，不十分清晰的。正如久雍的水閘，一旦開放，旁流雜出，雖是噴沫鳴濺，究不曾自定出流的方向。」〔註2〕張鐵君亦回憶道：「當日正初次進入改造社會新思想的前門，而且認識不深，各派思想文字，我見到的幾全是一鱗半爪，缺乏系統的了解，因而增加我不少的苦悶。」〔註3〕當遭逢喪父，經濟壓迫、愛情幻滅等困阨，張氏乃歸咎痛苦之生是肇因於「金錢的罪惡，種族的歧視，家庭組織的不合理，性愛不自由。」〔註4〕因此，當他讀罷《極樂地》等無政府主義書籍後，完全與其當時苦悶的心情相契合，因而認爲這才是人類社會根本解決之道。因此，當時一般青年也激情浪漫地認爲「三民主義革命，越不過國界和政權的線，只算是初級革命；共產社會主義革命，越過了國界，但還有政權存在，故亦只算中級革命；只有無政府主義革命，越過了國界，也沒了政府，才算是最高級終極革命。」〔註5〕故一時之間，無政府主義勢力驟然崛起，並對當時的思想及政治產生一定程度的影響，日後即使是馬克思主義派的史家也承認此點。〔註6〕

〔註2〕瞿秋白，〈餓鄉紀程〉，收《瞿秋白隨想錄》，（廣州：花城出版社，1992年），頁25。

〔註3〕張鐵君，《蓬然夢覺錄》，（台北：阿波羅出版，民國66年），頁101～102。

〔註4〕同上。

〔註5〕王新命，《新聞圈裡四十年》，上冊，（台北：海天出版社，民國46年），頁162。

〔註6〕高軍，胡慶雲，〈無政府主義在中國〉，收入高軍編，《無政府主義在中國》，（長沙：湖南人民出版社，1984年），頁14。

　　但是大部份的中國無政府主義者，既不是直接行動革命實踐家，也不是職業宣傳者或組織者。他們沒有嚴密的組織及固定經濟來源，因而常常一面奔波以謀生計，一面宣傳無政府主義。因此無論宣傳文字或組織行動，常呈現斷斷續續、支離破碎的態勢。再加上無政府主義理念強調絕對自由，反對有形組織，因而更加深運動推展時的鬆散及隨性之特質，這對主義的推展是極其不利的。巴金就認為：「無政府主義使我滿意的地方是它重視個人自由，而又沒有一種正式的、嚴密的組織。一個人可以隨時打出無政府主義的招牌，他并不承擔任何義務。」〔註7〕由於無政府主義具有這種隨性鬆散的特質，因而它可以迅速地滿足對現狀極度不滿的知識份子之心理，也能透過激越的文字及理念，舒發內心久久困鬱的憤怒，但是又不致於影響既有的生活方式。〔註8〕所以一位早期信仰無政府主義的人回憶當時：「一個人能成為無政府主義者，能反抗舊社會，反抗統治階級的黑暗，是最光榮的。」〔註9〕由於無政府主義扮演的角色以心理的滿足及憤怒的噴發為主，因而往往會呈現一種現象就是文字宣傳與實際行動間的相對矛盾。譬如無政府主義的宣傳文字裡充斥著「破壞」、「暗殺」、「手槍」、「爆裂彈」等激烈的詞彙，但是盱衡民初時期無政府主義運動推動中，僅見一九二四年黃素英等人曾秉持無政府主義，進行暗殺星加坡總督以行動實踐理念，〔註10〕此外不復見任何付諸於行的事例。至於軍事起事，也僅有一九二二年滇軍團長李正方以無政府主義為號召，發起軍事行動。〔註11〕

　　自從師復以來，無政府主義者即視工團主義是推展主義實踐的最好方法之一。張繼很早也體認到無政府主義者若要推動革命，必須要「脫卸長衣，或入工場，或為農人，或往服兵。」〔註12〕也唯有走入群眾，與群眾相結合，才可能有效地喚醒人們響應革命。但是大多數無政府主義者撰文時，夸夸而談，鼓吹勞動，但是私底下卻難放下知識分子的虛憍身段，而諷刺地成為一位坐在書房裡的口頭勞動家。就以鼓吹工團主義最力的梁冰弦為例，梁氏於

〔註7〕　葛懋春編，《無政府主義思想資料選》，（北京：北京大學出版社，1984年），頁1008。
〔註8〕　劉師復的身體力行，可視為中國無政府主義運動裡的最佳典範。
〔註9〕　許杰，〈坎坷道路上的足跡〉，《新文學史料》，第三期，1983年，頁25。
〔註10〕歐西，〈南洋無政府主義運動之概況〉，《民鐘》，2卷1期，1927年1月25日。
〔註11〕〈同志消息〉，《互助》，第一期，1923年3月15日，頁55～56。
〔註12〕張繼，〈張繼來函〉，《衡報》，4號，1908年月28日，收入《無政主義思想資料選》，頁152。

一九一九年受陳炯明之邀，赴漳州宣揚社會革命及勞工運動，但是梁冰弦本人卻是「衣著非常講究」〔註 13〕，這種言行不一的現象，在無政府主義陣營裡，梁冰弦並非特例。

　　由於理論的浪漫、激越，導致無政府主義思想成為五四時期極為耀目的一股思潮，但是隨著現實環境的變遷及理論付諸於行的檢驗，無政府主義的浪漫不切實際，令部份人深信，欲解決今日中國之困境，走無政府主義之途是不可行的，當時有位無政府主義者曾檢討無政府主義之所以不振的原因：其一是一般人稱無政府理想極好，但大地茫茫，人心不良，此主義欲實行不知何年何月，所以還是做些實際工作較有益。其二是中國人大概都有不專一的通病。其三是同志困於生計，無力全力投入。限於經費，文宣無法推展。其四少數同志把無政府主義當作信仰，視為飾物，本身卻是個享樂主義者，而以主義作為出風頭之物。其五是主張無政府主義者常常急於成功，結果欲速則不達，希望愈大，失望愈大，往往因此而灰心喪志，甚而變節。另外再加上政府壓迫、同志間無良好的組織及互相諒解的心理、無系統的工作方式、群眾方面知識不足等等。〔註 14〕在這些原因的影響下，無政府主義運動大勢於極短暫的時間裡，由盛而衰。以五四時期無政府主義頗為流行的四川為例，一九二三年盧劍波回到四川時，對當時四川的無政府主義運動現狀，有一描述：「回顧在川吾黨，則均奄奄氣息，有一蹶不振之勢。溯自去夏成都全川大會閉幕以還，所有決議諸條件視同具文，從未進行，而各地團體，亦幾全擁虛名。……我等敢謂吾川同志中，有大部分皆信心不堅，不負責任，稍一挫敗，便意冷心灰，或則假冒招牌，借繃時髦。」〔註 15〕

　　面對逐漸衰微的趨勢，一位無政府主義者也不禁有感而言：「你我雖未曾在中國做過什麼轟轟烈烈驚風駭浪的事業，也略有所為，為何不能喚醒麻木者，而寒彼惡魔的膽？」〔註 16〕另一位活躍的無政府主義者盧劍波也無奈地說：「安那其主義傳入中國，很有許多年頭了。同志們也不少熱心者，而且也不能不說是收了一些效果。但是，近年來卻漸漸沉寂下去了。」〔註 17〕

〔註 13〕劉石心，〈關於無政府主義活動的點滴回憶〉，收入上書，頁 928。
〔註 14〕震天，〈從紀念師復談到無政府主義〉，《民鐘》，2 卷 2 期，1927 年 3 月 25 日，頁 197。
〔註 15〕劍波、履謙，〈敬告四川同志〉，《學匯》，172 期，1923 年 4 月 19 日，收入《無政府主義思想資料選》，頁 666～667。
〔註 16〕〈W 致星社及其他諸同志書〉，《學匯》，387 期，1923 年 12 月 31 日，同上書。
〔註 17〕同註 15。

　　無政府主義運動的步入沒落，明顯地表現在無政府主義團體的活動及書刊的發行上。於一九二三年底只有「民鋒社」、「工餘社」、「民鐘社」、廣州的無政府主義者同盟（A.F）及其成員王思翁、鄭眞桓、薛覺先等在廣州成立「眞社」，尚有活動，並且持續發行《民鋒》、《工餘》、《民鐘》、《春雷》等刊物以宣揚理念外，其他團體大多停止活動，書刊亦停止出版。

　　「民鋒社」爲盧劍波、胡邁等人於一九二三年成立於南京，以《民鋒》爲喉舌。於年底被查禁後，易名《黑瀾》，但僅出版一期。〔註18〕五卅慘案後，盧劍波爲逃避南京地區軍閥的拘捕，而轉赴上海，於上海期間與鄭佩剛、沈仲九、吳克剛、匡互生等往來。一九二六年和妻子鄧天矞、張履謙等三人努力下，《民鋒》雜誌於上海復刊，每期印五百至一千冊，由上海法租界啓智印刷所承印，啓華書局、泰東書局代售。最初以「民鋒社」名義出版，一九二七年改以「民鋒社」聯盟名義出版，後又改以中國少年無政府共產主義同盟的名義出版。但是根據盧劍波的回憶，祇不過出版名義變更，實際編輯一直是原來的三人。〔註19〕主要撰稿人有：毛一波（筆名尹若）、陳黃興、屈懷白（即屈均畝）、時間（又名時有恒）。盧劍波等與國際無政府主義者也有往來，如美國的高德曼（E. Goldman）、法國的格拉佛（J. Grave）、邵克侶（Jack Reclus）、日本的山鹿泰治、岩佐作太郎等。上海時期的《民鋒》，其言論內容除了宣揚無政府主義理念外，也發表數篇文章針對國民革命及國共合作等現實問題的討論，藉此以表明無政府主義的立場。盧劍波與「民鋒社」的成員也曾成立一個工團主義研究會的組織，但卻並未見到曾經有過實際參與工人運動的記錄。一九二七年，《民鋒》被國民黨查封後，盧劍波又與姜種因、胡谷音等發起《土撥鼠》雜誌，但僅出刊一期。〔註20〕同時盧劍波陸續譯著《無政府主義共產黨宣言》、《失敗了的俄國革命》、《安那其主義的要求》、《薩樊事件》、《自由的女性》、《世界女革命家》、《新婦女的解放》、《婦女的解放與性愛》、《自由的基礎》等書，雖然也曾引起部份回響，但是並不普遍。〔註21〕

〔註18〕蔣俊，〈盧劍波先生早年的無政府主義宣傳活動紀實〉，收入《無政府主義思想資料選》，頁1015。

〔註19〕同上。

〔註20〕同上，頁1019。

〔註21〕鄭學稼早年於上海時期曾與盧劍波有交往，對其致力宣揚、譯介無政府主義印象深刻。參見鄭學稼，〈劉師復和他的思想〉，收入《劉師復文集》，頁67。

　　一九二二年「民鐘社」成立於廣東新會，該社於一九二七年七月解散，
活動時間持續達五年之久。由於活動期間頗長，故影響較大。於一九二三年
以後，成爲無政府主義運動的重要據點之一。「民鐘社」出版《民鐘》，由李
太一、黎健民等編輯，在廣東新會創刊。最初是油印出版，後受江門藝興印
刷所陳友餘之助，乃以刊物型態出版，不久，即流行於全國各地。《民鐘》後
來遷至廣州出版，由李少陵、范天均等先後負責編輯，由鄭冥鳩負責發行。
後來由於李少陵、鄭冥鳩的陸續離開，乃由范天均一人負責。一九二七年四
月十二日國民黨發動「清黨」後，無政府主義及共產主義同遭壓制，後乃遷
至上海發行。〔註 22〕不久內部又因爲應以何種立場態度面對國民黨等問題，
而引起《民鐘》作者間的歧異與爭論，最後導致《民鐘》停刊。〔註 23〕

　　關於「無政府主義者同盟（AF）」的這個組織之記載，目前並不多見，僅
能依據部份當事者的回憶，得知其一二。比較著名的一次活動是在一九二六
年的五一勞動節，該同盟成員購買三萬多個麵包，上附傳單，於廣州市散發，
宣傳人人有食麵包的生存權，號召被壓迫者奮起爭取權利。一九二六年十月
十五日是世界語創始人柴門博士六十七歲生日，廣州的無政府主義者也曾藉
慶生之名，舉行一場大遊行。〔註 24〕

　　在工人運動方面，廣州地區爲無政府主義派工人運動的活動重心。一九二
四年前後，廣州工人運動大致分成三股勢力。其一是共產黨領導的廣東工人代
表會，一是國民黨的廣東總工會，另一是無政府主義的廣州機器工會。〔註 25〕
早年由於機器工會是職業工會，故有段時間未能登記註冊。由於機器工會成
立很久，成員最多時曾達三萬人，後因劉石心擔任廣東政府農工廳秘書，機
器工會纔獲許註冊取得合法地位。〔註 26〕三股勢力中機器工會與廣東總工會
聯合，對抗共產黨領導的廣東工人代表會。〔註 27〕一九二七年國共分裂後，
無政府主義者以機器工會爲基礎，成立革命工人聯合會，結合國民黨的工會
組織，積極打壓共產主義派的工會團體，但效果不佳。據統計當時廣州地區

〔註 22〕陳登才，〈訪問范天均先生的紀錄〉，收入《無政府主義思想資料選》，頁 525。
　　　　李少陵，《駢廬雜憶》，頁 135。
〔註 23〕〈震天與君毅的通信〉，《民鐘》，2 卷 4、5 期合刊，1927 年 5 月。
〔註 24〕同註 22，頁 1039。
〔註 25〕鄧中夏，《中國職工運動簡史》，（北京：人民出版社，1949 年），頁 154。
〔註 26〕同註 13。
〔註 27〕李少陵，《駢廬雜憶》，頁 134～135。

支持反對共產主義的工會，以機器工會爲首，一共有三十九個；支持共產黨勢力所掌控的廣東工人代表會工會，也有一百三十九個，〔註 28〕由此可見，共產黨勢力於工人運動中，已佔有絕對的優勢地位。不久劉石心離開農工廳職位，機器工會在李德軒、朱敬領導下，與國民黨的反共勢力合流。〔註 29〕因此，於一九二七年以後，於廣東地區不復再見以鮮明的無政府主義立場所推動的工人運動。

　　從一九二四年至一九二七年間，無政府主義者於南洋地區的活動主要是以五四時期所打下的根基爲基礎，持續進行活動推展。譬如早在一九二三年蔣愛眞即抵檳榔嶼鍾靈中學任教，創辦勞工夜學，組織東方無政府主義者同盟。同年十二月底，在英國殖民政府壓迫下，蔣愛眞的教員資格被取消，於檳榔嶼處境日益困難。於此艱困環境下，一九二四年二月六日至七日無政府主義者於檳榔嶼皇后街機關部召開一個馬來半島無政府主義者大會，與會者來自馬來半島各地，共計十三人。議決於怡寶、金寶、吉隆坡、亞魯士打、新加坡、檳榔嶼、宋卡等地組織機關，成立勞工夜學，以鼓吹主義。但大會結束後，蔣愛眞即轉赴曼谷，任職《暹羅日報》，鼓吹世界語及無政府主義，馬來地區的活動，也未見全面展開。至於曼谷的《暹羅日報》，不久亦被查封，因此東南亞地區無政府主義者唯一的活動場所，也從此消失不復再現。

　　馬來半島無政府主義者在大會召開後，馬上引起當地殖民政府的注意，致使當地區的無政府主義活動倍受壓迫。無政府主義者於痛惡之餘，決定暗殺當時的新加坡總督，以爲報復。此次暗殺行動由女黨人黃素英及徐伯鴻、卓明等任之，計劃於一九二五年一月三日利用新加坡總督出巡七州時進行。但因總督護衛嚴密，無法進行，乃轉而謀炸吉隆坡華民政務司，於一月二十三日付之於行。政務司長官於此暗殺行動中并未被炸死，黃素英卻因此被捕，判刑十年，不久於獄中自縊而亡。黃素英案爆發後，許多無政府主義者和工人被迫離境，徐伯鴻、卓明等人也被迫返國，南洋地區無政府主義運動爲之一蹶不振。〔註 30〕

　　國內無政府主義運動，至一九二七年，無論團體活動或書刊出版都逐步衰微。於南洋地區，也因當地政府或殖民當局的壓迫，工作一直無法推展，

〔註 28〕陸克華，《廣州工會狀況》，1927 年 9 月，第二歷史檔案館藏，編號一〇二四/170。

〔註 29〕同註 13。

〔註 30〕同註 10。

整體運動明顯地走向沒落。一位無政府主義者見此光景，不禁哀怨地高呼：
「《民鐘》的鐘啊！他已漸變其嘹亮的腔；《民鋒》的鋒啊！他也頓斂其犀利
的芒。」〔註31〕故自一九二七年以後，作為投身於實際政治運動的無政府主
義，對中國政局的影響，已是微乎其微了！〔註32〕

第二節　無政府主義與國民革命

　　一九二三年十一月國民黨發布改組宣言，正式進行第三次改組。次年一
月二十日於廣州國立高等師範召開第一次全國代表大會。出席代表共一百六
十五人，會期十天。改組目的誠如孫中山在開幕致詞所云：「第一件是改組國
民黨，要把國民黨組織成一個有力有具體的政黨；第二件便是用政黨的力量
去改造國家。」〔註33〕為求擺脫往昔組織散漫，主義信念不堅，致使革命運
動不張。因此，孫中山期盼大會訂一個完整辦法，劃一同志的步驟，并議定
黨中的紀律，成為一個信仰堅定，組織嚴密的政黨。另外為求擴大革命基礎，
確立了聯俄容共政策，以求完成革命目標。如張繼所言，改組後的國民黨「猶
如乙巳年之同盟會，乃合當時各種份子而成。」〔註34〕

　　改組後的中國國民黨，於第一次全國代表大會中通過中央委員、中央執
行委員、監察委員等人事案。李煜瀛、吳敬恆二人皆受聘擔任監察委員。由
於吳、李二人夙持無政府主義理念，此次正式加入國民黨組織，乃潛伏下無
政府主義信仰者應如何面對中國國民黨及國民革命的路線之爭。

　　此次論爭的導火線起于一九二四年四月，胡漢民為平息黨內反對聯俄容
共政策的聲浪，發表《中國國民黨批評之批評》一文，文中曾提及吳敬恆、
李煜瀛與國民黨及國民革命的關係，云：「同盟會的時代同志李石曾、吳稚
暉、褚民誼等幾位先生曾在巴黎入過無政府主義黨嗎？在他人說或者疑惑這
幾位先生已經不做同盟會的黨員，不和我們一起進行革命；誰知到了辛亥革

〔註31〕《平等》，創刊號，1927年7月。轉引自陳思和，《人格的發展——巴金傳》，
　　　　（台北：業強出版社，1991年），頁112。
〔註32〕同上，頁113。
〔註33〕孫中山於民國13年1月20日在廣州中國國民黨第一次全國代表大會開會詞，
　　　　收入《國父全集》，第2冊，頁614。
〔註34〕張繼，〈中國國民黨黨史概要〉，收入《張溥泉先生全集》補編，（台北：中央
　　　　文物供應社，民國41年），頁163。

命實現的時候，這幾位先生同我們一樣盡力，而且至今還承認和我們是同志。」
〔註 35〕由於胡漢民這段話，引發部份原本就對吳敬恆、李煜瀛二人立場不滿
的無政府主義者之質疑。華林首先發難，發表一封致張繼的信。〔註 36〕信中
嚴厲地批評胡漢民，認爲胡氏不應該以李煜瀛、吳敬恆二人的加入國民黨之
個人行爲，視爲無政府主義派與國民黨存有合作的關係，并促胡氏以後應審
慎發言。因爲華林認爲從無政府角度而言，「李、吳兩先生與（國民黨）發
生關係之時，即不啻與無政府黨宣佈脫離關係？」因爲「各人信仰自由，未
能相強，然必欲作此論調，將不相容之主義而強和之，豈非宣佈李吳人格破
產乎？」〔註 37〕吳敬恆對於華林的批評，也提出強烈的辯駁。其中首先觸
及的問題，就是無政府主義派應該如何界定國民黨的政黨性質。吳敬恆認爲
每一個社會的政治結構必可分成三派，即一是舊黨，反革命；二是中和派，
求調和的；三是急進派，愛革命的。無政府主義派在舊黨、中和派眼中，都
是群搗亂者，故排斥之。但是「所有無政府黨沒有一個不是革命黨轉變而成。」
因此「沒有一個無政府黨，不樂意幫忙革命黨。」〔註 38〕吳敬恆認爲國民
黨當屬革命的急進派，因此吳敬恆乃明言：「把我吳稚暉燒成了灰也是一個
國民黨黨員；我同時又是一個相信無政府主義者。」〔註 39〕其所持的理由
即爲如此。也因此吳敬恆解釋其加入國民黨，乃是以主義爲動因，其目的在
於無政府主義之實現，并要求所有無政府主義者都應加入國民黨，先完成國
民革命，然後再進行無政府革命。吳敬恆又另列舉三理由，其一是條件說。
因爲欲實現無政府主義，必須要有足夠的物質條件、發達的工業、進步的教
育。這些條件在今日帝國主義橫行的中國是不可能做到，祇有經由國民革
命，國家強大，纔可能完成。當這些條件皆具備，也就是實現無政府主義革
命的時機到來，故應該支持國民黨及國民革命。其二是共同敵人說。這一說
法認爲無政府主義者雖然主張與國民黨不同，但就目前而言，卻有共同之

〔註 35〕 胡漢民，〈中國國民黨批評之批評〉，原文刊于《中國國民黨週刊》，17 期，民
　　　　國 13 年 4 月 20 日，收入《胡漢民先生文集》，第 2 冊，（台北：國民黨中央
　　　　黨史會，民國 67 年），頁 156。
〔註 36〕 原信刊于《時事新報》，後來吳敬恆發表〈吳稚暉至華林信〉，於民國 13 年 5
　　　　月 16 日的《民國日報》，文中將華林的信，全文照錄。
〔註 37〕 同上。
〔註 38〕 同上。
〔註 39〕 同上。

處，因為他們的共同敵人，即是國內的北洋軍閥。因此，幫助國民黨打倒北
洋軍閥，也未始不可。故今日應聯合所有勢力打倒主要的共同敵人，等到主
要的共同敵人被打倒後，再各自努力為自己的理想去奮鬥。若大敵當前，各
勢力卻不能攜手合作，則敵人反可得「鷸蚌相爭，漁翁得利」的結果。其三
是革命階段說。這一說法認為革命必須有步驟，無政府主義雖然很好，但並
非一蹴可及。現今國內狀況，軍閥橫行，土匪蜂起，根本不具備施行無政府
主義的條件。因此，要實行無政府主義，必先要使國內政治比較完善，所以
因此要應先實行國民革命。因為國民黨無論如何皆比北洋軍閥好，待國民革
命成功，再來推行無政府主義，自然較易實現。故今日幫助國民黨實現國民
革命，實為到達無政府主義所必經的階級。〔註 40〕

　　吳敬恆的此一說法一經發表，馬上引起無政府主義內部的一場論戰。可
分為贊成國民革命派與反對國民革命派二派。反對國民革命派的文章先後在
《民眾》、《民鋒》、《前進》和《自由人》等刊物上發表。他們首先針對吳敬
恆所提的條件說進行反駁，他們認為依吳敬恆的說法先建立強國然後才可施
行無政府主義，於理論上是矛盾的。因為假若中國如同列強有一樣的實力，
那麼壓迫無政府黨的手段一定更為嚴酷。他們也反對吳敬恆所持的革命階段
說，認為革命為人們主觀的要求，并沒有劃分階段的必要。因為「任何革命
只要它不違背人性，它的能否實現，完全在乎人間是否需要它。人間如果需
要它，它就不難實現。革命是可以人力創造的。」〔註 41〕更何況無政府革命
與國民革命的目標不同，所以一位無政府主義者不禁要質疑地說：「我們為什
麼做到後者必須經過前者呢？」〔註 42〕至於共同敵人說的說法，反對國民革
命者更是不贊同此種論調。因為今日國民黨的敵人是北洋軍閥，但是無政府
黨的敵人是一切作總統的，一切掌軍權的。因此無論何人掌政權或軍權，無
政府黨一概反對之。另外無政府主義派反對資本家、資本制度，但是國民黨
對資本制度是主張加以維持，故國民革命與無政府主義派擁有共同敵人的說
法，是不能成立的。〔註 43〕

〔註 40〕同上。信愛（沈仲九），〈無政府主義可以加入國民黨嗎？〉，《自由人》。第 5
　　　　期，1924 年 7 月 12 日，收入葛懋春等編，《無政府主義思想資料選》，（北京：
　　　　北京大學出版社，1984 年），頁 773。
〔註 41〕同上，頁 785～786。
〔註 42〕同上。
〔註 43〕同上，頁 776。

　　反對國民革命的無政府主義者對於孫中山的思想及國民黨的主張，也提出質疑與批判。關於民族主義方面，一位無政府主義者沈仲九就認爲：「民族主義的內容，都是包含在民權民生兩主義中，它的自身沒有什麼東西，就不能成爲一種獨立的主張了。」〔註44〕它祇不過是官僚、政客奪權的手段。至於國民黨宣言中說民族主義的目的，在於反對帝國主義。但追究形成帝國主義的原因，在於資本主義的生產制，但是國民黨的政策卻是保持一定程度的資本主義。關於民權主義，孫中山提出直接民權、五權憲法、革命程序等主張。沈仲九則反對一切的民主制度，其所持的理由是無論間接民權、直接民權、五權分立等都是民主政治的產物。凡是民主政治，皆是有利於資產階級的政治，因此國民黨的民權主義是有利於資產階級的主義，故反對之。〔註45〕對於孫中山的民生主義中所提出耕者有其田、節制資本的主張，無政府主義也貶之爲此政策只不過是一種緩和社會革命的社會政策或是因陋就簡的改良主義。〔註46〕因此，孫中山的三民主義主張在無政府主義者的心目中，僅是一個帶有濃厚妥協色彩的主張，由於它的妥協性，故無論是近程或遠程目標，皆是背離無政府主義的理想。

　　至於國民黨的政黨性格，沈仲九認爲具有五大罪狀，其一是與反革命者妥協；其二是黨員消極，腐敗隔閡，故黨員愈多，勢力愈微。其三是黨員無主義，多是政客投機分子；其四是和平民隔閡，只知爭兵力，在政局裡胡混；其五是行拉夫賣公產的惡政。〔註47〕另一位無政府主義者則批評改組後的國民黨，他以廣州爲例，聲稱在國民黨統治下，可謂是「民不聊生，民困財困，民生塗炭」。教員不能上課，學生不能讀書。在學校裡成團結社，使得學生成爲政治工具。包辦工會，將工人固有組織破壞殆盡。農民運動的結果是「田不能耕，室不能住，征捐搶劫、備受其禍」。對商人行奪產主義，甚至搶占商店開煙賭等。〔註48〕因此，無政府主義者認爲無論改組前或改組後的國民黨，都不是一個眞正的革命政黨，而僅是一個「戴著三民主義的假面具」的「禍國殃民的政黨」。〔註49〕

〔註44〕沈仲九，〈我的國民黨觀〉，《自由人》，6、7 期合刊，1924 年 7 月。

〔註45〕同上。

〔註46〕同上。

〔註47〕同上。

〔註48〕三木，〈從事實上批評國民黨〉，《自由人》，5 期，1924 年 6 月。

〔註49〕同上。

　　職此之故，無論從國民黨的性格、結構而言，或是從國民革命的內容、本質、目標而言，國民黨、國民革命與無政府主義的主張可謂是完全相背離的。因此，無政府主義者應堅持反對國民黨及國民革命的立場，此乃成為一部份無政府主義者所堅持的理念。

　　除了投身國民革命陣營及堅決反對國民革命的兩派外，另外有一批人的立場則較持中，其中以巴金、衛惠林、吳克剛等人為代表。他們肯定國民革命具有一定程度的進步意義，因為「中國現在的革命運動，並不單純是國民黨的運動，而是民眾的革命運動了」〔註50〕。但是要不要參與這個運動，於他們之間也產生明顯的分歧。衛惠林認為中國現在的問題，現在的運動，是中國人的解放運動，決不是單由國民黨的政治方法、武裝行動可以得其完全的解決。縱使外國資本主義勢力從中國退出，但是一定會有國內的資本主義勢力取而代之。因此對於今日的國民革命，不可認為漠不相關，亦不可幼稚冒然地主張參與。無政府主義者是必須要參加這場革命，但是「要求一種更遠的更深切的進步。我們應把革命色彩更濃厚化起來，更猛烈化起來，我們不只要打倒國外帝國主義，我們還要制止國內資本主義之發達，我們應引導他們到真正經濟解放的路上。」〔註51〕

　　巴金的主張則較衛惠林緩和，巴金認為一個半殖民地的國家謀脫離列強而獨立的戰爭，雖然不是無政府主義的目的，但無政府主義者應同情而不應反對。因此，在未消滅資本主義以前的打倒帝國主義運動，無政府主義者亦不應反對。故巴金說：「我恨蘇俄，但我更恨列強；我恨國民黨，但我更恨北洋軍閥。因為蘇俄不比列強壞，國民黨和北洋軍閥并不是一丘之貉。我們現在能給一個更好的東西給民眾自然更好，否則，袖手旁觀的空言反對，在資產階級的學者可以做到，但在一個革命家，這便是一個罪惡。」〔註52〕故巴金贊同投身國民革命，因為雖然不能立刻實現無政府主義主張，但是卻可使民眾更接近無政府主義理想一點。至於是否加入國民黨，巴金則持反對的立場。〔註53〕

　　吳克剛則主張：「無政府黨對于一切平民運動，對于一切革命運動，都該

〔註50〕惠林、芾甘、君毅，〈無政府主義與實際問題〉，1927年，收入《無政府主義思想資料選》，頁829。

〔註51〕同上。

〔註52〕同上，頁833～834。

〔註53〕同上，頁838。

參加，使了解相信我們的理想的人，漸漸多起來，使我們的理想，對于社會全體的影響漸漸大起來。」〔註54〕吳克剛認爲任何革命在初起的時刻，決不會是純粹的無政府主義革命，要等到純粹無政府主義革命來臨時再參與革命，那祇是空談而已。因此他主張無政府主義者應採取消極及積極兩種態度，「消極方面：在現在革命時期，無政府黨應該用全力反對舊黨，對于國民黨，暫時認爲是友黨，予以同情，不加攻擊。積極方面：在國民黨外（如果事實上可能，則在國民黨內）積極參加這次革命運動，使這次運動漸漸地平民化，無政府主義化。」〔註55〕

　　由於一九二四年以後，國民革命已逐漸成爲時代的主流，至於漸趨沒落的無政府主義派對於國民革命所持的立場，無論是贊同、反對或調和，似乎祇能反射無政府主義者面對時局變遷的自我認知及取向抉擇，對於整體時局的演變，似乎并不具有多大的影響力。

第三節　無政府主義運動的尾聲（1928～1931）

　　於一九二○年代中期無政府主義運動已呈現四分五裂的局面，以畢修勻爲例，當一九二五年他從法歸國，一度曾計劃從事無政府主義的宣揚，但環視現實環境後而作罷，因爲他深感在國內「此調不彈久矣！」〔註56〕吳敬恆也說：「中國的無政府黨，都好像害了肺癆病一樣。」〔註57〕雖然如此但是仍有少數無政府主義者希望爲逐步走入頹勢的無政府主義尋覓出路，因此抱樸、畢修勻等人積極檢討無政府主義的宣傳問題。另有人檢討組織問題，譬如衛惠林、巴金、吳克剛聯名發表《無政府主義與實際問題》一書，即是討論無政府主義的組織推展問題。還有人針對運動進行的方法深入討論，可以梁冰弦發表於《民鐘》一卷七期的〈革命的工團〉爲代表。但是由於主、客觀環境的變動，無政府主義似乎再也難以恢復五四時期的盛況。一九二七年無政府主義者在紀念師復逝世十二週年時，畢修勻不禁慨然嘆曰：「師復離我們而去已有十二年了，回顧這十二年」，「無政府主義雖未盡葬於支那的黃土」，「但

〔註54〕同上，頁848。

〔註55〕同上。

〔註56〕畢修勻，〈我信仰無政府主義的前前後後〉，收入葛懋春等編，《無政府主義思想資料選》，（北京：北京大學出版社，1984年），頁1028。

〔註57〕吳敬恆〈紀念師復先生〉，《民鐘》，2卷3號，1927年3月25日，頁150。

那種半生不活的狀態，實在無異於消滅。」〔註58〕

　　一九二七年四月十二日國民黨宣佈清黨，其後繼續北伐，一九二八年十二月二十九日東北易幟，中國於形式上完成統一。無政府主義者面對著巨變後的新局，內部分化的更為激烈。其中一派採取與國民黨合作的路線；另一派則走相反路線，採取與國民黨保持疏離的態度。主張與國民黨合作者乃提出「安國合作」（安指安那其主義，國指國民黨）及後來的「分治合作」主張。所謂安國合作就是無政府主義者為因應國民黨清黨及北伐後的新情勢而提出的主張，鼓吹無政府主義派與國民黨攜手合作以主導政局。鼓吹安國合作的核心人物即是與國民黨具有深遠關係的吳敬恆、李煜瀛二人。

　　吳敬恆早在一九二四年間，即因倡議參加國民革命，導致與華林爆發一場爭論。一九二七年四月國民黨清黨後，吳、李等人更積極活動，一方面打擊共產主義派勢力，另一方面亦可藉此擴大無政府主義派的影響力。當清黨未久，吳、李等人隨即在上海辣斐德路停雲里召開會議，會上決議出版一刊物，另開辦一所學校以宣揚理念。同年五月，《革命》週報出版，九月，設在江灣的勞動大學開幕。《革命》週報的經費來源根據吳敬恆的說法：

> 十六年四月反共以後，蔣總司令因我與李石曾不就何職，無錢使用，借給我們各兩千元，使慢慢零用。李先生即將這四千元給幾個人辦報去了。〔註59〕

　　《革命》週報為三十二開的刊物，最初是由沈仲九擔任主編，第六期後改為畢修勺，直到停刊。該刊物的首要目的就是鼓吹「安國合作、共同反共」。為了鼓吹安國合作主張，首先必須確立無政府主義與三民主義在理念上的相容性，吳敬恆為此曾撰文詳釋之，云：

> 孫中山說民生主義便是共產主義，乃為敷衍了馬克斯幾句…而在民族主義第四講忽扳起了面孔評道：「俄國所行的，其實不是純粹共產主義，是馬克斯主義。馬克斯主義不是真共產主義，蒲魯東、巴枯寧所主張的才是真共產主義。…那末民生主義的便是共產主義，自然定是共產主義，決不是那馬克斯的偽共產主義，自然即就是蒲魯東、巴枯寧相同的主義，就是無政府主義。」〔註60〕

〔註58〕震天，〈從紀念師復談到無政府主義〉，同上，頁196。

〔註59〕吳敬恆，《吳稚暉先生全集》，卷8，（台北：國民黨中央黨史會，民國64年），頁54。

〔註60〕吳敬恆，〈共產黨扳了一個從犯起來了——無政府主義者〉，《革命》週報，61

畢修勺也提出「無政府主義與三民主義同一說」，主張「民生主義就是社會主義，又名共產主義，即是大同主義。」〔註61〕而且無政府主義與三民主義都是建立在民生問題的基礎上，而且理想相同，故二派主張并無不能合作之理。李煜瀛於《革命》週報上發表《政治哲學中之黨派觀》一文，把古今中外的黨派依其性質可分為法、儒、道三派。「法家——霸道是也。其為術也，有政治無道德；亦可曰強權。」、「儒家——王道是也。其為術也，兼政治與道德；亦可曰仁政。」、「道家——人道是也。其為術也，無政治而有道德，可曰無治。」〔註62〕法家特點為奪取政權，為古之秦始皇、古羅馬，今之法西斯及共產黨。儒家特點是「賴政權施行仁義」，如古之堯舜，今之三民主義。道家特點是永不求取政權，如古之老莊、佛學、法國蒲魯東等。由法、儒皆著重取政權，故不可能合作。至於儒、道二派，理想一致，現實又無衝突，故理當合作。將此理論返視現實，也就是國民黨（儒）應與無政府主義派（道）合作，以對抗共產黨（法）。〔註63〕吳敬恆、李煜瀛、畢修勺等人根據上述申論演繹而建立的理論，以作為因應國共分裂後新情勢的理論基礎。由於北伐尚在進行，國內情勢未定，故無政府主義派乃可秉此理念進行活動。一九二七年九月勞動大學在江灣開學，沈仲九、郭須靜分別擔任勞動大學所屬勞工、勞農學院院長，許多無政府主義者紛至聚集。〔註64〕同時於廣州，共產黨領導的廣州工人代表會被封閉，劉石心、李德軒等人組廣州工人聯合會，以奪取廣州工會主導權。同年十二月，廣州工人聯合會、廣東機器工會等無政主義工會配合李福林的第五軍，鎮壓由共產黨所發動的廣州暴動。〔註65〕因此，於一九二七年底大部份無政府主義派已與國民黨合流。

　　一九二八年六月十二日國民政府發表「對內宣言」，意味著中國國民黨已大致能掌控整個中國的政局，國內主客觀情勢也隨之產生結構性的變化。同年十月三日中國國民黨第二屆中央委員會第一七二次常務會議通過〈訓政綱領〉，確立孫中山的三民主義、五權憲法、建國方略、建國大綱、地方自

　　　　期，1928 年 9 月 10 日，頁 12～13。

〔註61〕畢波，〈我們是誰？〉，《革命》週報，16 至 18 期，1927 年 8 月 14 日至 28 日，收入《無政府主義思想資料選》，頁 813。

〔註62〕李石曾，〈政治哲學中之黨派觀〉，《革命》週報，24 期，1927 年 10 月 9 日，收入上書，頁 816～817。

〔註63〕同上。

〔註64〕同註 1，頁 1022～1038。

〔註65〕李少陵，《蓬然夢覺錄》，頁 150。

治開始實行法等，為訓政時期最高之根本法。〔註 66〕並要求「全國人民之民族生活與國家生存發展，皆統一於總理遺教之下。」〔註 67〕在思想統一的原則下，非三民主義的主張，如：共產主義、國家主義及無政府主義等全面遭到取締之命運。譬如李少陵當時在軍校擔任政治教官，負責教授三民主義，據其回憶：當時「中央黨部曾下令警告我，以後不得翻譯類似（無政府主義）文學。」〔註 68〕一九二八年五月十日《中央日報》刊出中國國民黨軍事委員會頒布嚴查無政府主義書刊之命令，隨即於五月十二日《革命》週報被查封，六月四日週報主編畢修勺被捕。雖然後來經由吳敬恆、李煜瀛的出面才被釋放，《革命》週報也得以復刊，但是日後出版的書刊及週報，仍不斷地遭受查禁或沒收。〔註 69〕無政府主義者為了在此嚴酷的環境下生存，鑒於往昔「安國合作」的理論今日已失其效用，於是李煜瀛乃提出分治合作的主張。李氏把「分治合作」與「專政集權」相對討論，李氏認為辛亥革命以來，未能收圓滿之局，未能實行分治，實為原因之一。〔註 70〕因為「分治合作」的本質為：分區分工之自由、修明地方之民治、合成群體之互助、致力民生之工作。〔註 71〕而與國民黨所主張的均權，及以分縣自治為方法的意義相同。李煜瀛「分治合作」的主張於《革命》週報上被再三討論與宣揚。他們希望透過理論的再轉化，以謀求在國民黨一黨獨大的訓政時期能尋覓出另一發展的空間。

但是李煜瀛等人的努力卻無法抗拒整個時代的變動，隨著國民政府力量的逐步穩固，秉持〈訓政綱領〉思想統一的主張更是牢不可破，以致無政府主義運動再次陷入絕境。一九二九年九月國民政府透過吳敬恆、李煜瀛二人轉達要求《革命》週報停刊意向，在此不可抗拒的壓力下，不久，《革命》週報遂宣佈停刊。於廣州的無政府主義者也從一九二八年起各奔東西，停止活動。〔註 72〕

〔註 66〕〈中國國民黨歷次全國代表大會重要決議案彙編〉，上冊，（台北：國民黨中央黨史會編，民國 67 年），頁 77。

〔註 67〕同上，頁 80。

〔註 68〕同註 10，頁 167。

〔註 69〕同註 1。

〔註 70〕李煜瀛，〈分治合作問題〉，民國 16 年 11 月 13 日《民生報》，收入《李石曾先生文集》，上冊，（台北：國民黨中央黨史會，民國 69 年），頁 252。

〔註 71〕李煜瀛，〈分治合作「專政集權」二者之分析比交較〉，同上，頁 253。

〔註 72〕黃藝博，〈無政府主義者在廣州搞工會活動的回憶〉，《廣州文史資料》，第 5 輯，頁 34。

　　無政府主義陣營中，另有一批人是持反對與國民黨合作的立場。他們以上海發行的《民鋒》及美國舊金山出版的《平等》為中心，他們對於清黨後的國民黨提出嚴厲的批判。如盧劍波在《民鋒》二卷三期上發表〈時事摭評：國共交惡〉，盧氏認為清黨固然打倒了共產黨，但是國民黨當權派卻「歡迎了土豪劣紳、貪官污吏、昏庸老朽」，「庇護了十足的工賊」；「固然驅走了軍閥恐怖的李寶章、畢庶澄，然而卻放出了更狡譎、更殘酷、更貪婪的楊虎、陳群、潘宜之、周鳳岐」〔註73〕。因此，他們認為國民黨的清黨，衹不過是以暴易暴，本質未變。對於安國合的主張，盧劍波等認為鼓吹此理論者是完全曲解了三民主義及無政府主義主張，他們並公開號召要把「吳稚暉、李石曾及其徒輩，認為無政府主義的叛徒，從我們組織之內滌除出去。」〔註74〕雖然《民鋒》上的文字激越地吶喊呼籲，但是已無法激起太大的回響。一九二八年底，《民峰》被查封，主要編輯人盧劍波被明令通緝，盧氏衹好逃離上海。《民峰》派活動乃宣告終止。

　　《平等》於一九二七年七月在美國舊金山創刊，編輯為鐘時，主要撰稿人有巴金、吳克剛。巴金曾持有限度的支持無政府主義者加入國民革命的立場，但是在國民黨清黨及國共分裂後的鬥爭不斷，令巴金對國民黨及與國民黨合作的無政府主義者產生強烈的不滿。他於《平等》二期上發表〈空前絕後的妙文〉嚴厲地批評李煜瀛等人，云：

　　　擁護國民黨的政權殺了些假共產黨人，便是「大同革命」，便是「社
　　　會革命」，這樣的社會革命真是別開生面，我做夢也不曾想到在上海
　　　已經發生了社會革命大同革命了。李先生的大文我不僅驚為罕見，
　　　而且覺得真是見所未見，聞所未聞，空前的絕妙文。〔註75〕

巴金亦曾檢討一九二七年以來無政府主義運動為何會日趨沒落，他認為主要因為派別太多，行動不統一，而且往往衹是偏重口頭宣傳，缺乏身體力行。巴金自己也坦承：「我自己也是出身資產階級，就是現在也不太能把資產階級的習慣完全除掉。」〔註76〕巴金認為革命道路有二，其一是總同盟罷工；另

〔註73〕康突，〈時事摭論〉，《民峰》，2卷4、5合刊，1927年9月2日，收入上書，頁812。

〔註74〕〈中國少年無政府主義者聯盟聲明書〉，《民鋒》，2卷6期，1927年12月2日，收入上書，頁812。

〔註75〕巴金，〈空前絕後的妙文〉，《平等》，2期，1927年8月。

〔註76〕巴金，〈一封公開的信〉，《平等》，8期，1928年1月。

一則是效法一七八九年的法國革命和一八四八年的歐洲各國革命。但在二〇年代末期的中國，這些理論與主張，最後往往流於空談。由於巴金本身具備強烈的文學背景，當無政府主義運動陷入低迷困境，巴金乃將其思想信念，轉向文藝發展。

　　隨著《民鋒》、《平等》的陸續停刊，以及無政府主義者紛紛轉向，整個民初的無政府主義運動似乎已宣告進入尾聲。雖然三十年代曾一度出現《驚蟄》、《破曉》、《進化》等刊物，持續宣揚無政府主義，但是明顯地已難以引起時代的回響。

第八章　結　論

　　鴉片戰爭之後，中國面臨前所未有的變局，接二連三的衝擊，使得傳統中國的政治、經濟、社會、文化等面向，呈現結構性的改變。因此「亡國」的陰影常縈繞在有志之士的心頭，從而衍生出「救亡圖存」的理念。在「救亡圖存」的激勵下，西方新知有若潮水般湧入中國。國人在學習、模仿的過程中，歷經器物、制度層次的挫敗，西方的思想學說乃成為二十世紀前後，國人關注及期盼的焦點。因此，一時之間中國的思想界成了歐美各種主義、學說雜陳的局面。〔註1〕尤其是盛行於歐美的社會主義思想，對於國人更是具有無比的誘惑力。梁啓超曾說過：「社會主義其必磅礡於二十世紀也明矣！」〔註2〕無政府主義思想為近代西方社會主義巨潮中之一支，其訊息也隨著社會主義潮流涓滴進入中國。

　　滿清末葉由於清廷無力應付接踵而來的內、外挑戰，導致國權淪喪，民生日窘。加以清廷內部保守力量作梗，致使改革運動也遭致挫敗，從此政治活動重心乃從「保皇維新」轉向「革命倒滿」。在革命倒滿理念的激勵下，盛揚一時的俄國無政府主義及虛無黨的活動事蹟，經由國人刻意地鼓吹宣揚，再配合這股激進的時代思潮，他們的主張及行徑遂成為人們接納和效法的對象。同時二十世紀初葉，大批學生湧往歐美、日本，求取新知。留學生身處西方世界，浸染在不同的文化氛圍裡，認知感受截然不同於往昔傳統的知識份子，思想體系可謂與世界思潮同流。尤其是留學界的革命氣氛日熾，傾心

〔註1〕 王德昭〈同盟會時期孫中山先生革命思想的分析研究〉，收入吳相湘編，《中國現代史料叢刊》，第一冊，（台北：正中書局，民國49年），頁182～183。
〔註2〕 飲冰子，〈飲冰室自由書〉，《新民叢報》，第十七號，光緒38年9月1日。

革命者乃紛紛於西學的方法與理論中搜尋可以適用於中國者。當時適值無政府主義運動擅揚於歐美、日本，再加上無政府主義的內在精神與方法策略又能與清季盛行的激進主義思潮相契合，在此諸多因素下，一群旅居法、日兩地的留學生，深受無政府主義思想的影響，乃起而倡導，並且分別籌組社團、發行刊物鼓吹之。從此，無政府主義運動乃有系統地、有組織地於中國展開。

　　雖然當時有人嘗試從傳統文化中尋找無政府主義思想的來源，但是流行於近代的無政府主義運動卻與其並不存有直接的關聯，誠如蕭公權所言，清季維新或革命思想家，採用舊說，皆按自立之標準，完全著眼現實，思想學說本意並非其所重。〔註3〕因此檢討清季無政府主義運動在中國得以流行，主要原因無他，就是爲了革命倒滿。因此當辛亥革命爆發，民國建立，由於現實時空環境的轉換，意味著無政府主義運動的本質與外貌亦會隨之而變。若比較辛亥革命前後的無政府主義運動，革命之前大多僅停留在對自由、平等、博愛、大同之類的空洞教條宣揚之上，祇希望透過理論的鼓吹，以達到革命倒滿目標的實現。民國時期的無政府主義者有別於前者而最顯著的特點，就是進一步制定了比較有系統的行動綱領，而且有一套更具體的主張。〔註4〕

　　雖然無政府主義派與民族主義革命派的倒滿革命目標一致，但是革命倒滿背後的理由卻因信念不同而有別。因此當革命發生之後，南北對立局面形成之際，無政府主義者乃主張應盡速達成和議的主張，對於當時政局的動向及日後之發展，產生了關鍵性的影響。

　　民國初建，社會主義更爲興盛，此可以辛亥年成立的中國社會黨爲例，該黨於極短暫時間內，組織成立、分佈及黨員人數皆暴增，得以証之。於此熱潮中，部份受到無政府主義思想啓發之人，如：沙淦、太虛等人，在無政府主義理念的堅持下，不滿中國社會黨所採取的妥協路線，乃分裂出另成立社會黨，以實現無政府主義。由於這是無政府主義首次於國內以組織形態出現，故理論主張自然會呈現生澀駁雜的現象。因爲社會黨的主張具有強烈的無政府傾向，對現實政權具有強烈的挑戰意味，故成立未久即遭袁世凱政府查禁。至於辛亥革命時期的無政府主義者，如：吳敬恆、李煜瀛等人，於倒滿的政治目標完成後，乃將其關懷重心轉向無政府主義範疇中的道德與教育

〔註3〕蕭公權，《跡園文存》，（台北：大西洋圖書公司，民國59年），頁102。
〔註4〕楊才玉，〈民國初年的無政府主義思潮〉，《學術月刊》，1983年，第二期，頁77～78。

之提倡，因為他們深信唯有透過道德與教育，纔能提昇社會及人民的品質，如此才能真正地邁向進化的境域。因此乃有「進德會」的發起及勤工儉學運動的鼓吹。但是這些努力，皆因袁世凱的擅權，最後全部宣告失敗。當時時局及社會氛圍之低迷不振，黃遠庸曾有深刻的描述：

> 今以革命既成，立憲政體亦既確立，而種種敗象，莫不與往日所祈
> 向者相左。於是全國之人，喪心失圖，皇皇然不知所歸，猶以盒筏
> 孤舟駕於絕潢斷流之中，糧婿俱絕，風雨四至，惟日待大命之至。

〔註5〕

在此沉悶之際，劉師復起而號召，組「晦鳴學舍」，發行《晦鳴錄》（後易名《民聲》），身體力行，鼓吹無政府主義。師復除行動鼓吹外，於理論體系上的建構，貢獻尤大，〔註6〕而成為日後無政府主義運動的理論依據，得以擺脫辛亥革命時期的無政府主義者之囿，而向更寬闊的無政府主義理論範疇進行探索。劉師復的理論主要是巴枯寧與克魯泡特金思想的混合，即無政府工團主義與無政府共產主義的相結合，並融入己之心得，故師復可以清晰地描繪出他所期盼的未來新世界之輪廓及如何達到的方法。

雖然部份具有敏銳觀察力的人如黃遠庸等可以深刻地感受到民初時局的困窘，但是一般人卻是體會不深，以國學大師錢玄同為例，當時的他必須到一九一六年「洪憲紀元，始如一個響霹靂震醒迷夢」〔註7〕。因而當師復等人大力宣揚無政府主義之際，得到的回響卻不太大。其後中國社會陸續受到俄國共產革命、歐戰結束巴黎和會受挫的刺激，中國的思想界乃逐趨活潑激越，在此時代氣氛之下，「不少青年非常容易就染上了主義的流行病」，「他們熱烈地討論主義和理想，但卻不曾仔細地作過研究。一般來說，他們概念都很粗淺而混亂」〔註8〕。胡適有見於此時代思潮之弊，也曾語重心長地提出「多研究問題，少談些主義」〔註9〕的主張，但是卻難以扭轉整體時代的趨勢。

統御在此時代氣氛下，充滿浪漫激越色彩的無政府主義，驟然之間成為

〔註5〕 黃遠庸，〈論人心之枯窘〉，《遠生遺書》，上冊，（台北：文星書店，民國 57
　　　　年重印），頁 75。

〔註6〕 Arif Dirlik, *Anarchism in the Chinese Revolution.*（Berkeley; University of California
　　　　Press, 1919），P.65～75.

〔註7〕 錢玄同，〈答陳大齊〉，《新青年》，第五卷，第六號，1917 年 2 月。

〔註8〕 周策縱，《五四運動史》，（台北：龍田出版社，民國 70 年），頁 359。

〔註9〕 胡適，〈問題與主義〉，《胡適文存》，（台北：遠東圖書公司，1953 年）一集卷
　　　　一一，頁 342。

思想界的寵兒。宣揚無政府主義的書刊與社團如雨後春筍般地湧現，成為民國初期極為醒目的一幕。無政府主義之所以吸引人們的目光，在於理論具有濃郁的理想與浪漫色彩，但是思想唯有能付之於確實可行，這種思想、主張纔有存在的意義。無政府主義於理論上存在的最大的矛盾，誠如郭成棠所言，無政府主義「不相信政治力量而積極的去搞政治」〔註10〕，故「不過紙上談兵，在社會上未曾發生實際影響。」〔註11〕同一時刻，馬克思主義經由俄國共產革命成功經驗的宣揚及第三國際刻意地推動，馬克思主義乃得以逐步在中國立足生根。

由於馬克思主義與無政府主義同屬社會主義潮流裡的一支，二者間又具有終極目標的一致性，再加上俄國於共產革命的過程中發生壓制無政府主義的消息尚未傳入中國，及西方社會主義運動史上馬克思與巴枯寧的理論衝突及鬥爭也未為國人所知，因此，當第三國際在積極推展共產主運動時，首先就刻意籌劃利用在中國已具發展基礎的無政府主義勢力，乃造成一九二○年初的無政府主義派與馬克思主義派的結盟。雖然當時有少數無政府主義者對俄國共產革命提出批判，但是並未產生很大的影響。〔註12〕

其後，馬克思主義派在中國的勢力日益擴大，無政府主義相對遭受擠壓。再加上於兩派所組成的社會主義者同盟的組織裡，也因理論、路線的分歧而爆發激烈的衝突，最後導致無政府主義派與馬克思主義派的決裂，進而形成激烈的衝突。

至於一九二三年後的無政府主義運動所呈現的特徵是急速的沒落。許多無政府主義者也曾提出檢討，但是探究其原因，如毛澤東所言：無政府主義「理論上說得好聽，事實上是做不到的。」〔註13〕楊幼炯亦評無政府主義「思想偏重於靈性與情感方面，而忽略人類實際競爭之救濟方法。」〔註15〕由於無政府主義的浪漫色彩，曾吸引眾多人們的目光，但是當它面臨現實實踐的

〔註10〕郭成棠，《陳獨秀與中國共產黨運動》，（台北：聯經圖書公司，民81），頁135。
〔註11〕胡秋原，《一百三十年來中國思想史綱》，（台北：學術出版社，民國62年）頁42。
〔註12〕AD〈我們反對布爾札維克〉，《奮鬥》，第二號，1920年2月24日。
〔註13〕如：文定，〈我們的紀念師復先生〉，《民鐘》，二卷三期，1927年3月15日，頁197～199。
註14：1920年12月毛澤東給留法諸友信，收入〈新民學會通信集〉，第三集，《新民學會資料》，（北京：人民出版社，1980年），頁150。
〔註15〕楊幼炯《中國政治思想史》，（台北：台灣商務印書館，民國69年），頁363。

考驗時，遂顯露出理論無力的困境，因此許多無政府主義者在失望之餘乃紛紛轉向。如：陳喬年、陳延年、惲代英、毛澤東等轉向認同馬克思主義；另外以楊定宇（志道）爲代表者，轉向支持國家主義。〔註16〕還有很多人則加入國民黨陣營，無政府主義在各方勢力瓜分下，更是一蹶不振。

其後國民黨北伐完成，國民政府頒布〈訓政綱領〉，在政治上確立思想統一的最高原則，從此五四時期思想界百家齊鳴的盛況不再。一九二八年陳啓天曾檢討在訓政時期思想統一理念下的教育，可間接說明當時思想界所處的困境，他說：

> 十五年（一九二六）後，國民黨的勢力擴張到長江流域，黨化教育遂由理論的問題變成事實的問題，不容公開討論，同時黨化教育的呼聲大作，遂成了一種潮流。〔註17〕

除了教育如此，其他各種政治思想及政黨活動的管制更是嚴厲，根据一九三一年九月國民黨長沙市黨務理委員會所編《工作報告書》，當時曾沒收二百二十八冊禁書，其中鼓吹共產主義者一五四冊、宣揚無政府主義者二冊、主張陰陽曆併用者二冊、關於第三黨者（如青年黨、國家主義派）十冊，另外六十冊被冠以反動名義（包括改組派）。〔註18〕由此可見一九三〇年代前後，國民黨對思想界管制之嚴厲。

無政府主義派面臨如此嚴酷的困境，最後分爲兩條途徑因應，其一以李煜瀛、吳敬恆爲主，他們秉持過去與國民黨長久友好的背景，乃採取與國民黨合作的路線。李煜瀛、吳敬恆均曾企圖透過理論的詮釋與重建，調和無政府主義與三民主義之間的歧異與緊張，因而遂有「安國合作」、「分權分治」等主張的提出。這些一廂情願主張，終因不容於當時的政治環境，宣告失敗。另一以巴金等人爲代表，他們仍然堅守無政府主義信念，但因大環境的變遷，已不具備發展無政府主義的主、客觀條件，其後雖然仍有零星活動，但已難以引起社會的反響。

迨一九三一年「九一八事變」爆發，中日問題驟然間成爲時代關懷的重

〔註16〕楊定宇，〈一個新信仰國家主義者的宣言〉，《醒獅》，第七十八號，民國15年4月10日，第三版。

〔註17〕陳啓天，〈最近三十年中國教育史〉，（台北：文星書店，民國51年重印），頁200～201。

〔註18〕張靜盧，《中國現代出版史料》乙編，（北京：中華書局，1955年）頁173～189。

心。充滿浪漫的無政府主義相對於現實世界的急迫性，益發顯現不切實際，從此一度聲光交輝的無政府主義運動，遂逐漸於民國舞台上隱退。

觀察清末以來的無政府主義運動，固然與傳統文化中的烏托邦、大同思想具有一定程度的關聯，但是主要原因仍是近代中國面對西力衝擊下，人們渴盼掙脫困境之情所致。由於傳統中國文化體系已呈現全面性潰敗之勢，知識分子急欲尋找內在心理的解脫或外在世界重構的方向，因而轉向西方世界。但是這種擷取和學習，往往只是建立在中國現實需要的基礎上，而忽略西方思想學說其背後的複雜性。〔註 19〕因此民主共和、君主立憲等均有人鼓吹倡議，但卻不考慮其是否可行。由於忽略西方文化及中國現狀的時空差異，以致任何外來的理論或事物，為中國帶來不是正面的助益，反而是極大的負作用。以民國以來的實際政治情況而言，革命後的共和，情勢混亂到令人痛心。知識分子內心遂激起對現實結構最強烈的抗議，從根本上否定一切現存體制，渴盼經由全盤否定的過程，萌發再生之源，因而乃有無政府主義運動產生。

無政府主義思想盛行於二十世紀前後的東、西方社會，當時可謂整個世界均處在一個新舊結構交替下的混亂與真空，祇不過中國還要加上中西文化接觸後的衝擊與挫折，故此種混亂與空虛感，於中國更甚於西方。處在此情況下，大致會產生兩種取向，一為消極地退縮到虛擬的美好過去；另一則是將其目光投置於未來。二者雖然態度不一，但皆是對現狀的否定。因此，當十九世紀末葉無政府主義在西方社會聲勢日益，於東方隨即也起而相呼應。

民國時期的無政府主義運動隨著世界潮流而生，再配合時局及思想的變動，於五四運動前後發展至頂點。至於無政府主義思想能為人所信仰，主要建構在理念的完美及確信其可行之上。以往巴枯寧與馬克思的衝突，完全僅在論理層面，但是當俄國共產革命成功後，確立馬克思主義的現實可行性。另外馬克思主義所描繪的理想主義，也因為俄國革命的成功而吸引住人們的目光。〔註 20〕再加上馬列主義同樣來自西方，但又對西方主流帝國主義思想進行批判，這也頗能符合當時知識分子崇拜外來事物但又敵視西方帝國主義

〔註 19〕 Benjamin Schwartz, *In Search of Wealth and Power : Yen Fu and the West*, （Cambridge; Balknap Press, 1964）, P.141.

〔註 20〕 林敏生，〈「問題與主義」論辯的歷史意義〉，收入余英時等，《中國歷史轉型期的知識分子》，（台北：聯經圖書公司，民國 81 年），頁 61。

文化的心理。〔註 21〕基於上述諸項特質，於五四運動之後，馬列主義已可完
全滿足當時人們浪漫理想的期望與解決急迫現實問題的雙重壓力。從此，馬
列主義乃取代其他各種思想，成為時代思潮及現實政治運作的主導，對日後
中國的變遷，產生巨大的影響。至於無政府主義由萌芽、興盛至沒落，可謂
近代中國知識分子面對變局之際，於思想層次及政治實務上的典型之反應，
故對民國時期無政府主義運動進行研究，不僅可以澄清民國以來政治結構的
變動外，另外也可透過此一運動的過程，更深入地觸及知識分子內在心靈的
取向與變動。

〔註21〕杜維明，〈論中國傳統文化〉，轉引自李林〈新文化運動與非理性主義思潮〉，
　　　收入湯一介編，《論傳統與反傳統》，（台北：聯經圖書公司，民國 78 年），頁
　　　61。

徵引書目

一、中文部份

（1）報　刊

1. 《人道週報》，1913 年，上海。
2. 《工餘》，1922～1923 年，法國巴黎。
3. 《互助》，1923 年，北京。
4. 《天義報》，1907～1910 年，日本東京。
5. 《天鐸報》，1911～1912 年，上海。
6. 《民立報》，1910～，上海。
7. 《民國日報》，1917～1927 年，上海。
8. 《民國日報》，1923～1926 年，廣州。
9. 《民鋒》，1926～1928 年，上海。
10. 《民鐘》，1922～1927 年，上海。
11. 《自由人》，1923～1924 年，上海。
12. 《社會世界》，1912 年，上海。
13. 《社會黨月刊》，1911 年，上海。
14. 《良心》，1913 年，上海。
15. 《東方雜誌》，1911～1931 年，上海。
16. 《革命週報》，1927 年，北京。
17. 《進化》，1919 年，北京。
18. 《勞動》，1918 年，上海。

19. 《新世紀》，1912 年，上海。

20. 《新世紀》，1907～1910 年，法國巴黎。

21. 《新青年》，1917～1923 年，北京，上海。

22. 《新潮》，1919～1922 年，北京。

23. 《醒獅》，1925 年，上海。

24. 《嚮導》，1924 年，廣州。

（2）專 書

1. 丁文江編，《梁任公先生年譜長編初稿》，台北，世界書局，民國 48 年。

2. 丁守和等，《從五四啓蒙運動到馬克思主義的傳播》，北京，人民出版社，1979。

3. 戈公振，《中國報學史》，台北，學生書局，民國 70 年。

4. 方漢奇，《中國近代報刊史》，山西，人民出版社，1981 年。

5. 王健民，《中國共產黨史稿》，自印本，1974 年。

6. 王新命，《新聞圈裡四十年》，台北，海天出版社，民國 46 年。

7. 中央研究院新代史研究所編，《辛亥革命研討會論文集》，台北，民國 72 年。

8. 中央研究院近代史研究所編，《中華民國初期歷史研究會論文集（1912～1927)》，台北，民國 74 年。

9. 《中華民國建國史討論集》，4 冊，台北，國民黨中央黨史委員會，民國 73 年。

10. 《中國新文學運動史料》，帕米爾書店影印，民國 69 年。

11. 中國第二歷史檔案館編，《中華民國史檔案資料匯編》，江蘇古籍出版社，1991 年。

12. 中國第二歷史檔案館編，《中國無政府主義與中國社會黨》，江蘇人民出版社，1981 年。

13. 中共中央文獻研究室編，《周恩來年譜》，北京，人民出版社，1989 年。

14. 中國國民黨中央黨史委員會編，《國父年譜》，台北，國民黨中央黨史委員會，民國 54 年。

15. 中國國民黨中央黨史委員會編，《李石曾先生文集》，台北，中央文物供應社，民國 69 年。

16. 中國國民黨黨史會編，《革命文獻》，台北，民國 67 年。

17. 中國國民黨黨史會編，《國父全集》，台北，民國 67 年。

18. 中國國民黨黨史會編，《革命先烈先進傳》，台北，民國 46 年。

19. 中國國民黨黨史會編,《吳稚暉先生全集》,台北,民國 54 年。

20. 中國國民黨黨史會編,《革命人物誌》,台北,民國 58～60 年。

21. 中國國民黨黨史會編,《張靜江先生文集》,台北,民國 71 年。

22. 《中華民國開國五十年文獻》,第一、二編,民國 51 年至 54 年。

23. 巴金,《回憶》,台北,龍文出版社,民國 78 年。

24. 巴克譯,《麵包與自由》,台北,帕米爾書店,民國 64 年。

25. 王爾敏,《中國近代思想史論》,台北,華世出版社,民國 64 年。

26. 毛思誠,《民國十五年以前的蔣介石先生》,香港,龍門書店,1965 年。

27. 司特普尼克,巴金譯,《俄國黨虛無主義運動史話》,上海,文化生活出版社,民國 25 年。

28. 司馬長風,《中國近代史輯要》,香港,創作書社,1970 年。

29. 左舜生,《萬竹樓隨筆》,台北,文海出版社,民國 57 年。

30. 《朱執信集》,建設社編,上下冊,上海,民國 17 年。

31. 《朱執信文集》,台北,國民黨中央黨史委員會,民國 74 年。

32. 汪榮祖編,《五四研究論文集》,台北,聯經圖書公司,民國 68 年。

33. 李又寧、張玉法編,《近代中國女權運動史料(1842～1911)》,台北,傳記文學出版社,民國 64 年。

34. 李少陵,《屏廬雜憶》,台北,自印,民國 52 年。

35. 李璜,《學鈍室回憶錄》,台北,傳記文學出版社,民國 62 年。

36. 余英時,《史學與傳統》,台北,時報文化公司,民國 71 年。

37. 余英時等,《中國歷史轉型時期的知識分子》,台北,聯經,民國 81 年。

38. 沈亦雲,《亦雲回憶》,台北,傳記文學出版社,民國 57 年。

39. 朱謙之,《自傳兩種》,台北,龍文出版社,民國 78 年。

40. 沈雲龍,《中國共產黨之來源》,台北,文海出版社,民國 65 年。

41. 沈雲龍,《現代政治人物述評》,台北,傳記文學出版社,民國 69 年。

42. 宋教仁,《宋教仁先生文集》,台北,國民黨中央黨史會,民國 71 年。

43. 李澤厚,《中國近代思想史論》,台北,谷風出版社,民國 77 年。

44. 呂芳上,《革命之再起》,台北,中央研究院近代史研究所,民國 78 年。

45. 呂芳上,《朱執信與中國革命》,台北,東吳大學,中國學術著作獎助會,民國 67 年。

46. 呂芳上,《中國歷代思想家——吳敬恆》,台北,台灣商務印書館,民國 67 年。

47. 呂邦著,革命實踐研究院譯,《革命心理》,台北,民國 47 年。

48. 林毓生，《思想與人物》，台北，聯經出版社，民國 72 年。

49. 林毓生，《政治秩序與多元社會》，台北，聯經圖書公司，民國 78 年。

50. 同作人，《知堂回想錄》，台北，龍文出版社，民國 78 年。

51. 周昌龍，《新思潮與傳統》，台北，時報文化出版社，1995 年。

52. 同策縱等，《五四與中國》，台北，時報文化出版社，民國 67 年。

53. 易君左，《火燒趙家樓》，台北，三民書局，民國 58 年。

54. 易君左，羅敦偉合編，《中國家庭問題》，民國 55 年，台北影印本。

55. 吳相湘，《民國百人傳》，全 4 冊，台北，傳記文學出版社，民國 68 年。

56. 吳相湘，《孫逸仙先生傳》，台北，遠東圖書公司，民國 71 年。

57. 吳相湘，《中國現代史叢刊》，共 6 冊，台北，正中書店，民國 49 年。

58. 吳相湘，《民國人和事》，台北，三民書局，民國 60 年。

59. 《吳稚暉先生全集》，台北，國民黨中央黨史會，民國 60 年。

60. 吳鐵城，《吳鐵城回憶錄》，台北，三民書局，民國 60 年。

61. 周玉山編，《五四論集》，台北，成文出版社，民國 69 年。

62. 周康燮，《粵軍回師紀略》，香港，崇文書局，1973 年。

63. 居正，《居覺生先生全集》，中央文物供應社，民國 63 年。

64. 郅玉汝，《陳獨秀年譜》，香港，龍門，1974 年。

65. 胡秋原，《一百三十年來中國思想史綱》，台北，學術出版社，民國 69 年。

66. 胡頌平編，《胡適之先生年譜長編初稿》，台北，聯經圖書公司，民國 73 年。

67. 《胡適文存》，台北，遠東圖書公司，民國 42 年。

68. 《胡漢民先生文集》，4 冊，台北，國民黨中央黨史會，民國 67 年。

69. 《赴法勤工儉學會史料》，北京出版社，1980 年。

70. 桂崇基，《中國國民黨與中國共產黨》，台北，中華書局，民國 67 年。

71. 孫中山，《國父全集》，台北，國民黨中央黨史會，民國 62 年。

72. 《孫中山三次在廣州建立政權》，北京，中國文史出版社，1986 年。

73. 孫德中編，《蔡元培先生遺文類鈔》，台北，復興書局，民國 50 年。

74. 孫常煒編，《蔡元培先生全集》，台北，台灣商務印書館，民國 56 年。

75. 梁冰弦（海隅孤客），《解放別錄》，台北，文海出版社，民國 57 年。

76. 徐復觀等。《知識分子與中國》，台北，時報出版社，民國 69 年。

77. 馬超俊主編，《中國勞工運動史》，台北，民國 46 年。

78. 徐開壘，《巴金傳》，上海，文藝出版社，1992 年。

79. 秦英君等，《大浪淘沙——中央一大人物傳》，北京，紅旗出版社，1991

年。

80. 郭華倫，《中共史論》，台北，政治大學國際關係中心，民國 68 年。

81. 郭廷以，《近代中國史綱》，香港中文大學，1979 年。

82. 郭湛波，《近五十年中國思想史》，香港，龍門書店，1973 年。

83. 郭正昭、林瑞明，《王光祈的一生與少年中學會》，台北，百傑出版社，民國 67 年。

84. 張允侯、殷敘彝編，《五四時期的社團》，共四冊，北京，三聯書局，1979 年。

85. 張玉法，《民國初年的政黨》，中央研究院近代史研究所，民國 74 年。

86. 張其昀，《黨史概要》，台北，中央文物供應社，民國 74 年。

87. 張明園，《梁啓超與民國政治》，台北，食貨出版社，民國 67 年。

88. 張國燾，《我的回憶》，香港，明報月刊社，1971 年。

89. 張君勱，《社會主義思想運動概觀》，台北，民國 67 年。

90. 許介麟，《日本政治論》，台北，聯經圖書公司，民國 66 年。

91. 莊福齡，《中國馬克思主義哲學傳播史》，北京，新華書店，1988 年。

92. 王繼平，《中國社會主義思想發展史綱》，廣西人民出版社，1991 年。

93. 陶英惠，《蔡元培年譜》，上冊，中研究院近史所，民國 65 年。

94. 陸丹林，《革命史譚》，南京，獨立出版社，民國 36 年。

95. 《陳公博周佛海回憶錄合編》，香港，春秋出版社，1967 年。

96. 馮友蘭，《三松堂自序》，台北，谷風出版社，民國 77 年。

97. 陳演生編，黃居素增訂，《陳競存先生年譜》，香港，龍門書店，1980 年。

98. 陳國祥，《新青年與現代中國》，台北，四季出版社，民國 68 年。

99. 陳萬雄，《新文化運動前的陳獨秀（1879～1915）》，香港中文大學，1979 年。

100. 陳獨秀，《獨秀文存》，上海，亞東書局，民國 26 年。

101. 《程天放早年回憶錄》，台北，傳記文學出版社，民國 57 年。

102. 黃季陸，《劃時代的民國初年》，台北，中華民國史料研究中心，民國 59 年。

103. 黃遠庸，《遠生遺書》，台北，文星書店，民國 51 年。

104. 曹聚仁，《文壇五十年》，台北，新文化出版社，1973 年。

105. 郭成棠，《陳獨秀與中國共產黨運動》，台北，聯經圖書公司，民國 81 年。

106. 湯一介編，《論傳統與反傳統——五四週年紀念文選》，台北，聯經出版社，民國 78 年。

107. 馮自由，《社會主義與中國》，香港社會主義研究會，民國 9 年。

108. 馮自由，《革命逸史》，5 集，台北，台灣商務印書館，民國 54 年。

109. 賀麟，《當代中國哲學》，台北，宗青出版社，民國 67。

110. 梁漱溟，《自述五種》，台北，龍文出版社，民國 78 年。

111. 葛懋春等編，《無政府主義思想資料選》，北京大學出版社，1984 年。

112. 鄧中夏，《中國職工運動簡史》，北京，人民出版社，1949 年。

113. 楊愷齡，《民國李石曾先生煜瀛年譜》，台北，台灣商務印書館，民國 69 年。

114. 雷嘯岑，《我的生活史》，台北，龍文出版社，民國 78 年。

115. 高軍等編，《無政府主義在中國》，湖南人民出版社，1984 年。

116. 鄒魯，《中國國民黨史稿》，台北，台灣商務印書館，民 54 年。

117. 鄒魯，《回顧錄》，台北，三民書局，民國 55 年。

118. 《鄒魯全集》，台北，三民書局，民國 65 年。

119. 鄭俊樞、甘友蘭，《社會主義運動史》，台北，黎明書局，民國 67 年。

120. 鄭學稼，《中共興亡史》，台北，中華雜誌社，民國 67 年。

121. 鄭學稼，《社會史論戰簡史》，台北，黎明書局，民國 67 年。

122. 蔣永敬，《鮑羅廷與武漢政權》，中國學術著作獎助會，民國 52 年。

123. 蔣永敬，《胡漢民先生年譜》，台北，國民黨中央黨史會，民國 67 年。

124. 蔣夢麟，《西潮》，台北，世界書局，民國 61 年。

125. 蔡尚思主編，《中國現代思想史資料簡編》，浙江人民出版社，1982 年。

126. 《蔡和森文集》，北京，人民出版社，1980 年。

127. 蔡國裕，《1920 年代初期中國社會主義論戰》，台北，台灣商務印書館，民國 77 年。

128. 戴季陶，《戴天仇文集》，台北，文星書店，民國 51 年。

129. 謝彬，《民國政黨史》，台北，文星書店，民國 51 年。

130. 羅敦偉，《五十年回憶錄》，台北，中國文化出版社，民國 41 年。

131. 劉其發主編，《近代中國空想社會史論》，北京，華夏出版社，1992 年。

132. 蕭公權等，《近代中國思想人物論──社會主義》，台北，時報出版社，民國 69 年。

133. 蔣俊，李興芝，《中國近代的無政府主義思潮》，山東人民出版社，1986 年。

（3）論文、專件

1. 王聿均、〈蔣中正先生訪俄及其觀感〉，《蔣中正先生與現代中國學術討論

集》，民國 76 年。

2. 王覺源，〈第三國際政策演變及其對中國之影響〉，《中國近代史叢刊》，
   第 1 輯，第四冊。

3. 方慶秋，〈五四運動前後的中國無政府主義派〉，《歷史檔案》，1981 年，
   第 2 號。

4. 田夫，〈陳獨秀同無政府主義的鬥爭〉，《史學月刊》，1983 年 3 期。

5. 王思義，〈評中國早期無政府主義的特點及其思想影響〉，《瀋陽師範學
   報》，1986 年 2 期。

6. 江勇振，〈張君勱思想述評〉，師大歷史研究所碩士論文，民國 64 年。

7. 李稚甫，〈1921 年前廣東無政府主義者的活動〉，《理論與實踐》，3 期，
   1958 年。

8. 李多文，〈試論巴金的世界觀和早期作品〉，《文學評論》，1979 年 1 期。

9. 李振亞，〈中國無政府主義者的今昔〉，《南開學報》，1980 年 1 期。

10. 周子東，〈無政府主義在中國〉，上海《社會科學》，1982 年 2 期。

11. 呂芳上，〈中國國民黨改組前後的宣傳刊物〉，《師大歷史學報》，第 2 期。
    民國 63 年。

12. 周玉山，〈五四與中共〉，《匪情月報》，22 卷 2 期，民國 68 年。

13. 吳相湘，〈陳炯明與俄共中共關係初探〉，《中國現代史叢刊》，第二冊，
    台北，正中書局，民國 49 年。

14. 吳相湘，〈江亢虎與中國社會黨〉，同上書。

15. 高越天，〈沈定一先生的一生〉，《浙江月刊》，4 卷 3 期，民國 64 年 3 月。

16. 張玉法，〈民國初年的中國社會黨〉，收入《辛亥革命史論》，台北，三民
    書局，民 82 年。

17. 俞忠烈，〈民國初年的無政府主義運動——劉師復與民聲〉，政大歷史研
    究所碩士論文，民國 75 年。

18. 曾業英，〈民國前後的江亢虎和中國社會黨〉，《歷史研究》，1980 年 6 期。

19. 湯庭芬，〈試論無政府主義在中國的破產〉，《華中師院學報》，1983 年 4
    期。

20. 湯庭芬，〈關於新世紀派的社會革命手段問題〉，《江漢論壇》，1985 年 2
    期。

21. 湯庭芬，〈五四運動前後工讀互助主義的興起及其原因〉，《政治學研究資
    料》，1987 年 5 期。

22. 萬麗娟，〈辛亥革命時期的社會主義思潮一八九五～一九一三〉，政大歷
    史研究所碩士論文，民國 76 年。

23. 蔣俊，〈民國初年的無政府主義思潮〉，《中國哲學論叢》，1986 年。

24. 戴茂林，〈無政府主義者參加北京共產主義小組的原因〉，《黨史研究》，
1986 年 3 期。

二、日文部份

1. 丸山松幸，《中國近代の革命思想》，東京，研文出版，1982 年。

2. 小山弘健，《日本社會運動史研究史論──文獻目錄とその解説一八九九
～一九五六》，東京，新泉社，1979 年。

3. 小野川秀美，《晚清政治思想研究》，東京，1969 年。

4. 小野川秀美，島田虔次合編，《辛亥革命の研究》，東京，筑摩書店，1978
年。

5. 波多野乾一，《中國國民黨通史》，東京，大東，1943 年。

6. 中村英雄，《最近の社會運動》，東京協調會，1930 年。

7. 吉野造作編，《明治文化全集》，東京，日本評論社，1929 年。

8. 町田辰次郎，《日本社會變動史觀》，東京，東京堂書店，1924 年。

9. 菊池貴晴，《現代中國革命の起源》，東京，1970 年。

10. 野沢豐，《中國國民革命史の研究》，東京，青木書店，1974 年。

11. 景梅九著，大高巖、波多野太郎譯，《留日回顧──中國アナキストの半
生》，東京，平凡社，1965 年。

三、西文部份

1. Bernal, Martin, *Chinese Socialism to 1907*, Cornell Univerity Press, 1976.

2. Bianco, Lacien, *Origins of the Chinese Reuolntion, 1915～1949*, Translated
By Marie Bell, Standford University Press, 1971.

3. Boorman, Howard L. and Richard C. Howard, *Biographical Dictionary of
Republican China*, N. Y. and London, Columbia University Press, 1967～71.

4. Carter, April, *The Political Theory of Anarchism*. London, Routledgl and
Kegan Paul Press, 1971.

5. Chan, Fook-lan, Gibert. "*A Chinese Revolutionary: The Career of Liao
Chung-kai 1878～1925*", Dissertation of History, Columbia Univtrsity, 1975.

6. Chow, Tse-tsung, *The May Fourth Movement: Intellectual Revolution in
Modern China*, Cambridge, Mass. 1960.

7. Dirlik, Arif, *Anarchism in the Chinese Revolution*, Berkeley, University of
California Press, 1991.

8. Dirlik, Arif and Edward Krebs, "Socialism and Anarchism in early
Republican China" *in Modern China*, vol. 7, No. 2, 1981.

9. Furth, Charolotte (ed.), *The Limits of Change: Essays on Conservative Alteratives in Republican China*, Harvard University Press, 1970.

10. Gasster, Michael, *Chinese Intellectuals and the Revolution of 1911*, University of Washington Press, 1969.

11. Gray, Jack (ed.), *Modern China's Search for a political* Form, Oxford University Press. 1969.

12. Hsiao, Kung-Chuan, *A Modern China and a New World Kang Yu-wei, Reformer And Utopia*, 1858～1927，University of Washington Press, 1975.

13. Hsiao, Kung-Chuan, "Anarchism in Chinese Thought" in *Tien Hsia Monthly*, Vol 3, No. 3, 1936.

14. Johnson, Chambers (ed.), *Ideaology and Politics in Contemporary China.* University of Washington Press. 1973.

15. Jordan, Donald A., *The Northern Expedition: China's National Revolution of 1926～1928*, The University of Hawaii Press, 1976.

16. Krebs, Edward S., "Liu Ssu-fu and Chinese Anarchism, 1905～1915", Ph. D. Dissertation, University of Washington, 1977.

17. Kwok, D. W. Y., *Scientism in Chinese Thought, 1900～1950*, New Haven and London, 1965.

18. Kwok, D. W. Y., "Anarchism and Traditionalism: Liu Shih-pei",香港中文大學,《中國文化研究所學報》,第 4 卷,第 2 期。

19. Levenson, Joseph R., *Confucian China and its Modern Fate*, Berkeley, University of California Press, 1968.

20. Li Yu-ning, *The Introduction of Socialism into China*, Columbia University Press, 1971.

21. Lin, Yu-seng, *The Crisis of Chinese Consciousness: Radical Anti Traditionalism in the May Furth Eva*, Madison, The University of Wisconsin Press, 1979.

22. Most, Herman, III: "An Intellectual Biography of Tai Chi-tao from 1891 to 1928", Ph. D. Dissertation, Illinois, 1970.

23. Meisner, Maurice, *Li Ta-chao and the origins of Chinese Marxism*, Atheneum, N. Y. 1970.

24. Pennock, J. Roland and John W. Chapman. *Anarchism*, New York University Press, 1978.

25. Salvadori, Massimo (ed.), *Modern Socialison*, New York, Harper Torch Book, 1968.

26. Scalapino, Robert A. and George T. Yu, *The Chinese Anarchist Movement*, University of California Press. 1961.

27. Schwartz, Banjamin I, (ed.), *Reflections en the May Fourth Movement: A symposium*, Harvard University Press, 1972.

28. Seligman, Edwin R. A. (ed.), *Encyclopeadia of the Social Sciences*, New York, The Mac Millam Company, 1967.

29. Tan, Chester C., *Chinese Political Thouhgt in the Twentieth Century*, N. Y., Doubleday and Company Inc., 1971.

30. Wang, The-chao, "The Impact of the May Fourth Movement on the Revolutionary Thought of Dr. Sun Yat-sen,"（香港中文大學學報）5 卷 1 期，1979.

31. Wilbur, C. Martin, *The Nationalist Revolution in China, 1923～1928*, Cambridge University Press, 1984.

32. Wang Y. C., *Chinese Intellectuals and the West, 1872～1949*, University of North Carolina Press, 1966.

33. Yu, George T., *Party Politic in Republican China: The Kuomintang*, 1912～1924, Berkeley, University of California Press, 1966.

附錄一 中國無政府主義社團表
（1912～1931） 〔註1〕

名　　稱	發 起 人	成立時間	成立地點	備　　註
晦鳴學社	劉師復	1912 年	廣州	
大同社	袁挃英、杜彬慶等	約於 1912 至 1913 間	香港	
社會黨	沙淦、太虛等	1912 年	上海	從中國社會黨分裂出
心社	劉師復、鄭彼岸等	1912 年	廣州	
世界語夜學	許論博	1912 年	上海	
廣州世界語學會	劉師復等	1912 年	廣州	
民聲社	劉師復	1914 年	上海	
無政府共產主義同志社	劉石心	1914 年	廣州	
無政府主義傳播社	蔣愛眞	1914 年	江蘇常熟	社會黨常熟分部的改組
無政府主義討論會	無吾等	1914 年	南京	其前身是社會黨南京支部
世界語講習所	蘇愛南等	1914 年	上海	
無政府共產主義同志社	劉師復	1914 年	上海	
群社	楊志道	1916 年	南京	

〔註 1〕 克勞，〈吾人二十年來之傳播品〉及〈五四時期無政府主義報刊一覽表〉，刊于《五四時期的社團》（四），（北京：三聯書局，1979 年），325～351 頁。

加拿大華人工會		1916 年	加拿大	
實社	黃凌霜、趙太侔等	1917 年	北京	
互助社	惲代英	1917 年	武昌	
平社	尉克水、劍平	1918 年	山西	
常熟教育會	蔣愛眞	1918 年	江蘇常熟	
綠幟社	蔣愛眞	1918 年	江蘇常熟	
南洋華僑工團		1918 年	檳榔嶼	〔註2〕
加拿大木瓦亞華工聯合會		1919 年	加拿大	
進化社		1919 年	北京	由北京的實社、上海的民聲社、南京的群社、山西的平社合併而成〔註3〕
眞社	姜般若等	1919 年	天津	
社會主義同志會	鄭仲勛	1919 年	廣州	
閩星社		1919 年	福建漳州	
眞社		1919 年	南洋	
互勞俱樂部	梁一精等	1919 年	廣州	〔註4〕
奮鬥社	易家鉞、朱謙之等	1920 年	北京大學	
安那其同志社		1920 年	上海	
安社	遺恨等	1920 年	南京	
適社	陳小我、李峙青等	1920 年	重慶	
光社	張景等	1920 年	日本東京	
半月社	巴金等	1920 年	成都	
均社	巴金等	1920 年	成都	
安社	蔣光赤等	1920 年	蕪湖	
大同合作社		1920 年	湖南	〔註5〕

〔註2〕 〈記過去現在之南洋華僑工團〉，《勞動》，第一卷，第一期，1918 年 3 月 20 日，21 頁。

〔註3〕 蔣俊、李興芝，《中國近代的無政府主義思潮》，（濟南：山東人民出版社，1991 年），200 頁。

〔註4〕 鄭佩剛，〈鄭佩剛的回憶〉，收入高軍編，《無政府主義在中國》，（長沙：人民出版社，1984 年），516 頁。

〔註5〕 〈湖南郵務長檢出無政府主義討論集及好世界書刊通行查禁有關文書〉，南京，中國第二歷史檔案館，編號-00-（2）\922。

明社	潤波	1920 年	廣東佛山	
保定農民兵丁共產黨同志社		1921 年	河北保定	〔註6〕
廣東機器工會	劉石心、梁冰絃等	1921 年	廣州	〔註7〕
民聲社	區聲白	1921 年	廣州	
覺社	盧劍波	1921 年	四川合川	
明社		1921 年	四川瀘州	
無社		1921 年	四川華陽	
益社	陳小我	1921 年	四川達縣	
大同協社	李少陵等	1921 年	湖南長沙	
工餘社	李卓等	1921 年	法國巴黎	
紅社		1921 年	日本	
人人社		1921 年	日本	
祕密講演會		1921 年	日本	
人道學社		1921 年	上海	〔註8〕
學匯社	景定成	1922 年	北京	
安社		1922 年	廣州	
青年自覺會		1922 年	上海	
無政府主義者同盟	劉石心、梁冰絃	1922 年	廣州	簡稱"AF"〔註9〕
自由社		1922 年	上海	
星光社	李騰等	1922 年	天津	
心言社		1922 年	廣州	
民鐘社		1922 年	廣東新會	
因是社		1922 年	廣東香山	
五一俱樂部		1922 年	廣州	
影響社		1922 年	安慶	
安社	孟薑	1922 年	長沙	
見聞觀摩會		1922 年	太原	

〔註6〕該社信約、宣言、內容爲中國第二歷史檔案館方慶秋先生提供。
〔註7〕同註4，520 頁。
〔註8〕中國第二歷史檔案館編，《中國無政府主義與中國社會黨》，江蘇人民出版社，1981 年，157 頁。表內 1923 年於武漢亦有一「人道學社」，很可能重複或錯誤。
〔註9〕該組織以廣東機器工會爲主。

濟南工友讀書會	張純、德榮	1922 年	濟南	
赤心社		1922 年	不詳	
青年學會		1922 年	不詳	
我們	張鐵君	1922 年	武漢	
世界語學會	陳空三等	1922 年	北京	〔註 10〕
互助社		1923 年	北京	
無政府黨同盟		1923 年	北京	
南洋安那其同志社	盧舟	1923 年	南洋(具體地點不詳)	
中華農村運動社		1923 年	北京	
覺民社		1923 年	北京	
曦社		1923 年	北京	
道社		1923 年	上海	
眞社	王思翁、鄭眞恒、薛覺先	1923 年	廣州	
素社	擎宵	1923 年	廣州	
勞農會	大熊、幻如	1923 年	廣東香山	曾成立「勞農學校」
人聲社		1923 年	四川	
瀘隆明社		1923 年	四川	
同社		1923 年	四川	
無共社		1923 年	四川	
青年互助團		1923 年	四川	
紅社		1923 年	四川	
引社		1923 年	四川	
平平社		1923 年	四川	
成都社	陳小我等	1923 年	成都	出版「成都」
福音社	陳小我等	1923 年	成都	出版「成都」
民鋒社	盧劍波、胡邁	1923 年	南京	
四川自井青年互助會	叔勛、心鑒	1923 年	四川	
安那其研究會	君若、薛冥等	1923 年	四川瀘縣	
覺社		1923 年	皖北天長大通	

〔註 10〕 同註 8，160 頁。

青社	新橋	1923 年	安慶	
大同合作社		1923 年	長沙	
星社	張履謙	1923 年	長沙	
湖南學生聯合會		1923 年	長沙	
明社	范孟蓋	1923 年	武漢	
人道學社		1923 年	武漢	
雞鳴學社	寒光、哀鳴	1923 年	漢口	
安社		1923 年	漢口	
致忠學舍	哀鳴	1923 年	漢口	
微明學社		1923 年	江蘇洞庭山	
前途社		1923 年	江蘇洞庭山	
陶社		1923 年	江蘇奉賢	
印工同盟		1923 年	南洋檳榔嶼	由信仰無政府主義的印刷工人所組成
平社		1923 年	美國舊金山	
愛智學舍	孔襄我、呂一鳴	1923 年	不詳	
東社		1923 年	不詳	
消聲社		1923 年	不詳	
人道社		1923 年	不詳	
七日評論社		1924 年	上海	
自由人	信愛、赤奴	1924 年	上海	出版「自由人」
國際無國家主義世界聯盟	盧劍波、蔣新	1924 年	上海	
平社	賀威聖、王德豐等	1924 年	上海	
上海工團聯合會		1924 年	上海	
A.G.P.T.V	怒石、冷灰	1924 年	北京	全稱爲"La Anarchista Gnpo Cepekina Teknike Vniversita to.
中社	義民、白零、朋來、培心	1924 年	武昌	
一平印刷局		1924 年	江西南昌	〔註 11〕
民眾社	劍波、茁甘、仲九、一波、惠林等	1925 年	上海	

〔註 11〕 米流金，〈日趨緊迫的江西（九江通訊）〉，《嚮導》，142 期，總頁 1297。

民鋒社	盧劍波	1925 年	上海	
星社		1926 年	武昌	出版"A"雜誌
火燄社	陳冷血	1926 年	廣東新會	
中國少年無政府主義者聯盟	毛一波、范天均、盧劍波等	1927 年	上海	
中國民鋒社聯盟		1927 年	上海	〔註 12〕
慧星社		1927 年	武漢	
革命工團主義研究會	盧劍波	1927 年	上海	
平社	金中時	1927 年	美國舊金山	
東方無政府主義者聯盟	希同、樹仁等	1928 年	上海	
時代前	巴金、惠林	1931 年	上海	

〔註 12〕根據范天均説法，該組織應稱爲：少年中國無政府主義者同盟，見范天均，〈范天均的回憶〉，同註 4，529 頁。

附錄二　中國無政府主義書刊表

（1912～1931） 〔註1〕

書刊名稱	出版或創刊時間	出版或創刊地點	譯著或編輯	出版發行	備　註
社會世界（月刊）	1912 年	上海	沙淦編輯	中國社會黨	共出 5 期。
天聲	1912 年	上海	徐安鎭編		
新世界	1912 年	上海			
大江報	1912 年	漢口	何海鳴、詹大悲編		
改造論	1912 年	上海			
新思潮	1912 年	上海	華林著		
善報	1912 年	嘉善	程天放編		
極樂地	1912 年	北京	魯哀鳴著		
新世紀叢書	1912 年	廣州		晦鳴學舍	翻印
無政府主義粹言	1912 年	廣州		晦鳴學舍	選錄自《新世紀》。
無政府主義名著叢刻	1913 年	廣州		晦鳴學舍	選錄自《新世紀》。
軍人之寶筏	1913 年	廣州		晦鳴學舍	選錄自《反對軍備主義》等文而成。
社會階級〔註2〕	1912 年	廣州		晦鳴學舍	選錄自《新世紀》。
人道周報	1913 年 1 月	上海	徐安鎭編	中國社會黨	
良心（月刊）	1913 年 7 月	上海	沙淦、太虛編	社會黨	共出版 2 期

〔註1〕 克勞，〈吾人二十年來之傳播品〉及〈五四時期無政府主義報刊一覽表〉，刊于《五四時期的社團》（四），（北京：三聯書局，1979 年），325～351 頁。

〔註2〕 李益三，〈廣東早期世界語運動概況〉，收入《廣東文史資料》，52 期，（廣州：廣東人民出版社，1987 年），頁 205。

無政府報	1913 年	日本、奉天	留日學生王某編		
晦鳴錄（周刊）	1913 年 8 月	廣州	劉師復編	晦鳴學舍	出 2 期後，遷澳門改名《民聲》
民聲（周刊）	1913 年	澳門	劉師復編		從 5 期起遷往上海出版，1916 年 11 月，出至 29 期因經費不足停刊，1921 年於廣州復刊，出至第 34 期再次停刊。
正聲（旬刊）	1914 年	新加坡	梁冰絃編		共出 6 期
犧牲	1914 年	日本東京	重民、耿夫編		僅出 1 期
無政府淺說	1916 年	上海	劉師復著	民聲社	
人群	1916 年	南京	楊吉道等	群社	〔註 3〕
周年報告	1916 年	南京	楊吉道等	群社	
平民之鐘	1916 年	上海		民聲社	選自《民聲》
無政府主義	1916 年	上海		民聲社	再版
總同盟罷工	1916 年	上海		民聲社	再版
華星	1916 年	上海	盛國城編		共出 12 期
伏虎集	1917 年	上海	鄭佩剛編	民聲社	
民聲叢刻	1917 年	上海	鄭佩剛編	民聲社	
世界風雲	1917 年	新加坡	梁冰絃編	民聲社	
世界工會	1917 年	新加坡	梁冰絃編	民聲社	
工人寶鑑	1917 年	上海	鄭佩剛編	民聲社	收《總同盟罷工》及《兩個工人的談話》。
眞理叢刊	1917 年	上海	鄭佩剛編	民聲社	收《新世紀》有關文章。
安那其主義討論集	1917 年	上海		民聲社	收《無政府淺說》等 24 篇文章。
民聲社紀事錄	1917 年	上海	鄭佩剛編	民聲社	1916 年《民聲》停刊後，編此以互通訊息，僅出 3 期。
人群	1917 年	南京		群社	僅出 1 期。
周年報告	1917 年	南京		群社	
平民	1917 年	菲律賓馬尼拉	華林編		
實社自由錄	1917 年 7 月	上海	太伴、震瀛等編	實社	第一輯
實社自由錄	1918 年 5 月	上海	太伴、震瀛等編	實社	第二輯
太平	1918 年	山西	尉克水編	山西平社	僅出 1 期

〔註 3〕 蔣俊、李興芝，《中國近代的無政府主義思潮》，（濟南：山東人民出版社，1991年），頁 199。

勞動（月刊）	1918 年	上海	梁冰絃、劉石心等	上海大同書局	共出五期。
進化（月刊）	1919 年 1 月 20 日	上海	陳延年編	進化社	共出 3 期。
光明	1919 年	上海	邃然編		
近代科學與無政府主義	1919 年	上海	克魯泡特金著、凌霜譯	進化社	
新生命（月刊）	1919 年	天津	黃凌霜、楊志道等編輯	天津眞社	共出 4 期。
民風（周刊）	1919 年	廣州	梁冰絃編		
兵士須知	1919 年	天津		天津眞社	
小康書	1919 年	上海	梁冰絃		
克魯泡特金的思想		天津		天津眞社	
閩星	1919 年	漳州	梁冰絃主編		
平民日報	1919 年	菲律賓	袁振英編		
蘇門答臘報	1919 年	蘇門答臘	劉石心編		
勞動潮	1919 年	美國	太侔編		共出 4 期。
家庭研究月刊	1920 年	北京	易君左、羅敦偉		〔註 4〕
民覺	1920 年 2 月	廣州	民覺雜誌社		〔註 5〕
奮鬥（旬刊）	1920 年	北京	奮鬥社編	奮鬥社	共出 9 期
社會運動	1920 年	北京	陳德榮編		
北京大學學生週刊	1920 年	北京	黃凌霜編（後由朱謙之編）		共出 17 期。
自由	1920 年	上海	景梅九編		
共產原理	1920 年	上海			
現代思潮批評	1920 年	北京	朱謙之著		
眞理叢刊	1920 年	廣州	鄭佩剛編		
兩個工人談話	1920 年	廣州	鄭佩剛編		〔註 6〕
勞動音	1920 年	北京	黃凌霜編		〔註 7〕
勞動聲	1920 年	廣州	劉石心、梁冰絃等		
嘆五更	1920 年	四川	劍波等編		〔註 8〕

〔註 4〕易君左，《火燒趙家樓》，（臺北：三民書局，民國 59 年），頁 40。

〔註 5〕吳相湘，〈陳炯明與俄共中共關係初探〉，收入吳相湘主編，《中國現代史叢刊（第二冊）》，（臺北：正中書局，民國 49 年），頁 100。

〔註 6〕鄭佩剛，〈鄭佩剛的回憶〉，收入高軍編，《無政府主義在中國》，（長沙：湖南人民出版社，1984 年），頁 516。

〔註 7〕同上，頁 520。

〔註 8〕同上，頁 466。

好世界	1920 年	廣東佛山	潤波編	明社	〔註 9〕
無政府主義討論集	1920 年	廣州	鄭佩剛編		收錄劉師復的文章
革命	1920 年	上海	克水編		
半月	1920 年	成都	芾甘、希宋等編		
新春秋報	1920 年	天津	華林編		
一個兵的談話	1920 年	上海			疑與《兵士須知》、《目兵須知》為同一書。
革命潮	1920 年	山西			
平民鐘	1920 年	山西			
警群	1921 年	成都	芾甘編		
人聲雜誌	1921 年	成都	芾甘編		
新社會	1921 年	日本東京			
平民	1921 年	山西			
新少年	1921 年	天津			
救世音	1921 年	上海		上海人道學社	
適社的意趣和大綱	1921 年	四川		四川適社	
世界軍人	1921 年	上海		上海人道學社	
新學社叢刊	1921 年	上海		上海人道學社	
目兵須知	1921 年	上海			
克魯泡特金紀念號	1921 年	北京	李亞先（無負）編		
革命哲學	1921 年		朱謙之著		
新安徽	1921 年				
民聲（1 至 29 期合刊）	1921 年	廣州	鄭佩剛編		
共產	1921 年	四川		四川適社	
軍人之社會革命	1921 年	四川		四川適社	
紅潮	1921 年	四川		四川適社	
昧爽軒一夕談	1921 年	四川	李崎青著	四川適社	
告少年	1921 年	四川		四川適社	再版
安那其粹言	1921 年	四川		四川適社	再版
極樂地	1921 年	四川		四川適社	再版
平等雜誌	1921 年	美國舊金山	鄭岸父等編		〔註 10〕
明星	1921 年	加拿大溫哥華		加拿大溫哥華水木工會	

〔註 9〕〈湖南郵務長檢出無政府主義討論集及好世界書刊通行查禁有關文書〉，1922年 2 月、10 月，南京，中國第二歷史檔案館，編號：1001（2）/922。

〔註 10〕鄭佩剛，〈《香山旬報》及其創辦人鄭岸父〉，收入《廣州文史資料》，25 輯，（廣州：廣州人民出版社，1982 年），頁 154。

學匯	1922 年 10 月 10 日	北京	景梅九編		作爲北京《國風日報》副刊， 共出 387 期。
綠波	1922 年	上海	星衫編		作爲《時言報》的副張
人	1922 年	上海		上海青年自覺 會	
自由週刊	1922 年 3 月 18 日	上海	宋仙編	上海安社	
平民之潮	1922 年	北京			
綠光	1922 年	上海			以宣傳世界語爲主。
自由月刊	1922 年	上海		上海自由社	
五一月刊	1922 年	廣州		廣州五一俱樂 部	
心言（季刊）	1922 年	廣州		廣州心言社	
光明	1922 年	廣州			
星光（月刊）	1922 年	天津	般若編輯		
因是社月刊	1922 年	廣東	浪鷗編輯	因是社	
平民之聲（週刊）	1922 年	四川成都	苩甘編		出版 10 期後停刊。
民鐘日報	1922 年 6 月 1 日	鼓浪嶼	李碩果編		
民鐘	1922 年	廣東新會	黎建民編	民鐘社	
前進（月刊）	1922 年	蕪湖		蕪湖安社	
影響	1922 年	安慶	宋仙編	安慶影響社	
洞庭波（旬刊）	1922 年	長沙	劉夢葦編	湘西學生聯合 會	
青年文藝	1922 年	長沙	蘇哥、夢葦 編		爲無政府主義的文藝刊物。
23（月刊）	1922 年	江蘇洞庭山	墨池、哀鳴 編		
見聞	1922 年	山西太原		山西見聞觀摩 會	
工餘（月刊）	1922 年 1 月 15 日	法國巴黎	李卓編	工餘社	初由陳延年編。
心聲	1922 年	菲律賓	抱眞編		
新大陸	1922 年	美國	黃凌霜編		
火	1922 年			赤心社	
黑潮	1922 年	漢口	張鐵君等	我們社	
民聲	1922 年	長沙		長沙安社	將《民聲》週刊分類選編重印。
無所謂宗教	1922 年	法國	區聲白、劉 石心編		收集反宗教文章 11 篇。
社會運動半月刊	1922 年	北京		北京安社	〔註 11〕

〔註 11〕〈北大學生等籌開長沙工人黃愛、龐人銓追悼會暨組設安社出版社會運動半
月刊等活動情報〉，南京，中國第二歷史檔案館，編號：1024（2）/50。

互助	1923 年 3 月 15 日	北京	鄧夢仙編	互助社	共出 3 集〔註 12〕
無政府主義方略	1923 年	北京	區聲白譯	互助社	
克魯泡特金社會思想之研究	1923 年	北京	森戶辰男原著	互助社	
農民之友（半月刊）	1923 年	北京		中華農村運動社	
哀鳴	1923 年	北京			
爝火	1923 年 2 月 10 日	北京	曦社編	曦社	
自由女	1923 年	上海		自由女校	
國民（週刊）	1923 年	上海			
民鋒	1923 年	南京	盧劍波等主編	南京民鋒社	1923 年底改名為《黑瀾》
理髮	1923 年	廣州		廣州理髮工會聯合會	
新海晏	1923 年	廣州			
春雷	1923 年 10 月	廣州	李少陵等編	廣州眞社	共出 3 期
好世界	1923 年	廣州			
成都	1923 年	成都			
福音	1923 年	成都			
零星	1923 年	重慶	毛一波編		
人聲	1923 年	重慶	江凝九編		
愛波	1923 年	四川瀘州	毛一波編	四川瀘州川南師範安那其主義研究會	
先鋒	1923 年	廈門	姜袓青編		
秋聲旬刊	1923 年	廈門			
先鋒月刊	1923 年	安徽	姜種因編		
飛鳥（季刊）	1923 年	長沙	劉夢葦編		
平民之鋒	1923 年	長沙			
雞鳴（月刊）	1923 年	漢口			僅出 1 期
前途（半月刊）	1923 年	江蘇			初於上海發行，後遷至江蘇洞庭山發行。
微明（明月刊）	1923 年	江蘇洞庭東山	索非編		約出 4 期。
新村	1923 年	江蘇洞庭東山	六不如編		
綠雲	1923 年	山西太原			
人權	1923 年	馬來亞怡保	李虛舟編		

〔註 12〕同註 6，頁 522。根據該文的說法，本書應於上海發行。

太陽	1923 年	吉隆坡	李盧舟編	
十六個人	1923 年			
益群	1923 年			
自由雜誌	1923 年	南京		南京安社
十二新聞	1923 年	成都		
國民新聞	1923 年	四川		
勞工週刊	1923 年	長沙		
綠幟	1923 年		胡天月編	
仰光日報	1923 年	仰光	付天悶編	
戲劇特刊	1923 年			愛智學舍
長亭會	1923 年		陳小我編	劇本，又名《救世軍》
罪案	1923 年		景梅九著	
布爾什維克之暴政	1923 年		高德曼原著，菁華清翻譯。	
七日評論	1924 年 1 月 1 日	上海		七日評論社
自由人（月刊）	1924 年 3 月 5 日	上海	沈仲九、吳克剛、毛一波等編	上海自由人社	共出 5 期，1925 年與《工餘》合併，仍名《自由人》。
我的國民黨觀	1924 年	上海	信愛著	上海自由人社
敬告中國青年	1924 年	上海	沈仲九著	上海自由人社
平平旬刊	1924 年 4 月 1 日	上海		
A 刊	1924 年	武昌	張鐵軍等編		〔註 13〕
勞動旬刊	1924 年 4 月	上海		上海工人團聯合會
驚蟄	1924 年	廣州		廣州眞社
破壞	1924 年	長沙		長沙星社
不平鳴	1924 年	長沙		長沙星社
紅黨治下之工人革命	1924 年		蘇呢喃編譯		攻擊蘇聯鎮壓無政府主義暴動的小冊子。
枯葉集	1924 年	上海	華林著	上海泰東書局
吳稚暉學術論著	1925 年	上海	梁冰絃編	出版合作社
無政府主義共產黨宣言	1925 年	上海	諾夫米爾斯奇著，盧劍波譯	
失敗了的俄國革命	1925 年	上海	盧劍波譯	出版合作社
二十世紀之母	1925 年	上海	梁冰絃		〔註 14〕
農民之友	1925 年	北京		

〔註 13〕 張鐵君，《遽然夢覺錄》，（臺北：阿波羅出版社，民國 60 年），頁 121。
〔註 14〕 同註 6，頁 524。

安那其主義的要求	1925 年	上海	盧劍波譯		
薩樊事件	1925 年	上海	盧劍波譯	上海泰東書局	
自由的女性	1925 年	上海	高德曼著，盧劍波譯	開明書局	
世界女革命家	1925 年	上海	盧劍波著	上海啓智書局	
新婦女的解放	1925 年	上海	盧劍波、鄧天喬合著	上海泰東書局	
婦女解放與性愛	1925 年	上海	盧劍波、鄧天喬合著	上海泰東書局	
自由的基礎	1925 年	上海	盧劍波譯	上海新文化書社	
俄國革命論叢	1925 年	上海	抱朴著	民鐘社	爲《赤俄叢書》之一
俄國革命之失敗	1925 年	上海	抱朴著	民鐘社	爲《赤俄叢書》之一，曾在1924 年 1～2 月份《時事新報》副刊《學燈》上連載。
克魯泡特金研究				民鐘社	《大杉榮叢書》第一種
科學的無政府主義			阿里茲著，芾甘譯	民鐘社	《民眾叢書》之一
工團主義			惠林著	民鐘社	《民眾叢書》之一
馬克思主義批評			魯智著	民鐘社	《民眾叢書》之一
五一運動史			芾甘著	民鐘社	《民眾叢書》之一
克魯泡特金全集（第 1 卷）			黃凌霜等翻譯	民鐘社	
克魯泡特金全集（第 2 卷）			芾甘譯	民鐘社	
克魯泡特金全集（第 3 卷）			黃凌霜、震天等譯	民鐘社	
無政府主義入門			多乃爾著，震天譯	民鐘社	
時的福音			柏德祿著，震天譯	民鐘社	
無政府主義與實際問題			芾甘、君毅、惠林等著	民鐘社	
國家論			克魯泡特金著徐中蘇譯		
無政府共產主義			克魯泡特金著	民鐘社	
無政府集				民鐘社	收近世無政府主義名著 6 篇。
無政府共產團綱領			苦力著	民鐘社	原載《民鐘》雜誌
民眾	1925 年	上海	上海民眾社編	上海民眾社	
民鋒	1926 年	上海	盧劍波編		共出 3 卷

麵包略取	1926 年		茆甘譯	民鐘社	
敬告中國青年	1927 年		天心著	民鐘社	
我們	1927 年	上海		上海國民大學學藝社	
平等	1927 年	美國舊金山	鐘時編	舊金山平社	
芝加哥慘劇		美國舊金山	舊金山平社編	舊金山平社	
克魯泡特金：他的生平和學說		美國舊金山	舊金山平社編	舊金山平社	
告少年		美國			重印
革命的少數		美國			重印
土撥鼠	1927 年	上海	盧劍波編		
師復文存	1927 年	上海	鄭佩剛編	出版合作社	收錄《民聲》上劉師復的文章。
革命週報	1927 年	上海	沈仲九、畢華勺等先後主編		
文化戰線	1928 年	上海	毛一波等		
民聲日報	1928 年	福建	梁一精		
時代前	1931 年	杭州	衛惠林、巴金主編		

附錄三　歷年無政府主義書刊、社團的發行及成立之統計表

時　間	書　刊	社　團	時　間	書　刊	社　團
1912	11	6	1924	12	8
1913	7	0	1922	29	18
1914	2	6	1923	42	42
1915	0	0	1924	12	8
1916	7	2	1925	15	2
1917	12	2	1926	2	2
1918	3	3	1927	6	5
1919	12	7	1928	2	1
1920	21	10	1929	0	0
1921	23	12	1930	0	0
1922	29	18	1931	1	1
1923	42	42	不詳	19	0
			合計	226	127

附錄四　民初具有無政府主義傾向者的背景資料

姓　名	別　號	籍　貫	生卒年	附　註
巴金	黑浪、芾甘	四川	1904～2005	從事文學創作
王亞樵		安徽	1887～1936	一生從事暗殺
毛澤東		湖南	1893～1976	轉向共產主義
江亢虎		江西	1883～1954	轉向社會民主黨路線
朱謙之		福建	1899～1973	從事學術工作
沈仲九	信愛、天心	浙江	1887～1924	
汪兆銘		廣東	1883～1944	成為國民黨
李大釗	明明	河北	1889～1927	轉向共產主義
李富春		廣東	1900～1975	同上
李少陵	三木	湖南	1898～1970	加入國民黨
沙淦	憤憤、憤俠	江蘇	1885～1913	二次革命時被殺
呂淦森	太虛、樂無	浙江	1890～1946	皈依佛門
吳玉章		四川	1878～1961	轉向共產黨
吳敬恆	稚暉	浙江	1865～1953	傾向國民黨
李富春		廣東	1900～1975	加入共產黨
李熙斌		廣東	1892～1960	後從事教育工作
易家鉞	君左	湖南	1898～1972	加入國民黨
周恩來		浙江	1898～1976	加入共產黨
施洋		湖北	1889～1923	

施存統		浙江	1899～1970	加入共產黨
柳樹人	友竹	韓國人	1905～1980	回韓國
耿濟之		上海市	1898～1947	從事文學工作
梁冰弦	兩極	廣東	?～1960	1949 年後流亡香港。
張人傑	靜江	浙江	1879～1950	加入國民黨
陳延年		安徽	1898～1927	加入共產黨
陳喬年		安徽	1902～1928	同上
黃愛		湖南	1897～1922	轉向共產主義
莫紀彭		廣東	1886～1972	加入國民黨
張繼		河北	1882～1947	同上
黃凌霜	兼生、兼勝	廣東	1898～1988	從事學術工作
張鐵君		湖北	1898～	加入國民黨
彭湃		廣東	1896～1929	加入共產黨
惲代英		江蘇	1895～1931	同上
區聲白		廣東	?～	抗戰期間參加汪政權，戰後不知所終。
畢修勺	碧波、鄭鐵	浙江	1902～	加入國民黨
景定成	老梅	山西	1879～1954	從事新聞工作
劉石心		廣東	1895～	師復的弟弟
鄭佩剛		廣東	1890～1970	師復的妹婿
鄭岸父		廣東	?～1975	從事文化工作
趙畸	太侔	山東	1889～1968	從事教育工作
蔡和森		湖南	1895～1931	加入共產黨
蔡元培		浙江	1868～1940	從事教育工作
蔣愛眞		江蘇	1891～1931	宣揚世界語工作
衛安仁	惠林、非子	山西	1904～	從事學術工作
盧劍波	黑囚、茅突	四川	1904～	從事文化工作
蕭楚女		湖北	1896～1927	轉向共產黨
蕭瑜		湖南	1896～1976	從事教育工作
龐人銓		湖北	1898～1922	傾向共產主義
瞿秋白		江蘇	1899～1935	加入共產黨

附錄五 早期國人對無政府主義的 初步認識

一、緒 論

辛亥革命時期的中國無政府主義運動，可依其理論內涵的發展及組織行動的擴張，而以一九○七年為分水嶺，劃分為前、後兩期。〔註1〕前期的特色是理論思想的認知極為粗糙含混，其資料來源也十分零散瑣碎，並不曾出現任何專屬團體，及有計劃、有組織地鼓吹無政府主義。無政府主義的訊息最初多由在華的傳教士或外商，透過其所創辦的刊物（諸如：《萬國公報》、《北華捷報》 *Narth China Herala* 等），以新聞報導的型態，涓滴傳入。由於居間傳達者的身份背景多為傳教士或外商，思想立場自然較傾向於傳統體制的維護。因而對於充滿革命氣質、反對宗教的無政府主義思想，乃採取強烈的敵視態度。至於經由他們所報導的無政府主義，其正確性也就頗值得商榷。再

〔註1〕 所謂「亥辛革命時期」於現代史研究上，具有狹、廣兩層涵意。狹義者特指一九一一年（宣統三年，辛亥）以武昌革命為爆發點的革命，始於一九一一年十月十日武昌革命爆發，止於一九一二年二月十二日清帝退位。就廣義而言，乃泛指武昌革命前十餘年間革命運動的發展，涵蓋時間是指一八九四年至一九一二年間中國革命運動的過程。參見張玉法，《中國現代史》，（臺北：東華書局，民國66年），上冊，頁35。至於辛亥革命時期無政府主義運動的分期，主要著眼於一九○七年六月於日本的東京及法國巴黎兩地的中國流亡革命家及留學生，分別發行《天義》及《新世紀》二分刊物，並且有計劃地籌組團體進行活動。因此一九○七年就辛亥革命時期的無政府主義而言，實為關鍵性的一年。

加上十九世紀之際，無政府主義運動於歐美地區，亦屬於草創時期，諸多理論尚處於辯論階段。〔註2〕含混不清的理念，最大的流弊在於往往會導致盲從者的誤用。因此，於西方社會裏無政府主義也常引起人們的誤解，論遙處千里之外，夙持偏見的教士及商人。職此之故，早期西方無政府主義的思想及理論，習慣地被人們指責爲「亂黨」、「叛逆」，並且與俄國處無黨人或民粹主義者（Populist）的活動混爲一談〔註3〕。

及至一九○三年左右，大批的中國留學生湧往日本，由於適逢日本社會主義運動的鼎盛期，〔註4〕加以中國留學生革命反滿情緒的高漲，導致激進主義思潮的急驟膨脹，大量關於無政府主義或虛無黨的文字，乃經由留日學生的居間介紹，陸續傳回中國。當時流傳於日本由幸德秋水譯自義大利無政府黨人馬拉疊斯達（Errico Malatesta）的《無政府主義》（*Anarcho, 1890*）一書，被張繼（溥泉）迻譯成中文，並於上海公開發售，是爲第一本專門介紹無政府主義理念的中文專刊，〔註5〕同時也引領中國無政府主義運動步入另一階段。

一九○七年以後，亦即辛亥革命時期無政府主義運動的後期，因爲東西學術思想交流的日益密切，中國留學運動的勃興，使得國人能夠親身體認接觸到近代西方無政府主義思想的原貌。加以革命運動的興盛，革命策略及革命理論的需求甚殷。一九○七年六月，日本及法國兩地的中國留學生與部份流亡海外的革命黨人，同時創辦了兩份鼓吹無政府主義的刊物，即：《天義》與《新世紀》。從此，近代中國無政府主義運動遂進入另一層次的活動型態。

〔註2〕 James D. Forman, *Anarchism*, （New Yerk, 1962）, pp.7～17; April Carter, *The Polittical Theory of Anarchism*, （London, Routledge and Kegan Paul, 1971）, pp.62～63.

〔註3〕 譚彼岸，〈俄國民粹主義對同盟會的影響〉，《歷史研究》，1959年，第一期，頁40～41。

〔註4〕 菊池次郎，《近世日本社會運動史》（資料篇），（東京：白揚社，1934年），頁5～29。赤松克麿，《日本社會運動史》，（東京：岩波書店，1952年），頁10～15。

〔註5〕 廣告「無政府主義出版，定價二角……」，刊於《俄事警聞》，一九○三年十二月二日。至於張繼譯介是書的本衷，並非純然爲了介紹無政府主義思想。根據張繼於是書序言中所云：「中國要行無政府主義，要殺官僚、政客、殺資本家，殺、殺、殺、……四萬萬人要殺去一萬萬人」，由此可見其主要目的是期盼藉是書以宣洩對於清廷的不滿，見張繼，〈在西安勞動營紀念週訓詞〉（民國37年7月20日），收入氏著，《張溥泉先生全集》，（臺北：中央文物供應社，民國40年），頁194。

至於此一成果，基本上仍奠基於前期的摸索與成長。因此，近代西方無政府主義是如何傳入中國？國人面臨此一新思潮的反應過程又爲何？依然是個值得深入檢討的問題。

二、國人對虛無黨的初步認識

　　早期國人一直無法分辨出虛無主義（Nihilism），虛無黨（Nihilist）及無政府主義（Anarchism）之間的異同，〔註6〕常常誤將他們的理念或活動混爲一談。此一含混現象的發生，主要肇因於早期國內報導這方面的消息，大多零星片斷地來自於外商或傳教士在華所創辦的刊物。由於外商或傳教士多屬於社會的中間階層，加以與盛行於歐美的社會主義運動及工人運動全然絕緣，因而心態上趨近保守，對於社會秩序傾向於體制的維護。因此，面對積極求變，否定現狀的無政府主義或虛無主義的理念，自然不會贊同。再加上十九世紀後期，無政府主義理論中的一支，發展成一套理念，主張以個人壯烈獻身的革命行動，以喚起群眾的「行動宣傳」（Propaganda by the Deed）。這項理念所衍生的「暗殺主義」，導致十九世紀末葉以來一批批的無政府黨人義無反顧地投身於暗殺的行列中。至於同時有一批生長於俄國虛無主義思想及政治環境背景下的虛無黨人，亦主張以暗殺君王、官吏爲實現政治理念的手段。導致歐美社會在無政府黨人及虛無黨人一連串的暗殺事件震撼下，驚恍於他們的行爲舉止，因而忽略了他們所秉持的信仰內涵、奮鬥目標、歷史淵源及崛起背景的差異，往往輕率地將無政府主義與虛無黨混爲一談。當時歐美社會猶存如此認知上的混淆，至於遠在千里之外的中國，再經由外商或傳教士們蓄意詆毀的片面之辭，初期無政府主義思想於中國會含混不明，也是必然的。

　　早先國人是無法分辨何謂「虛無黨」？何謂「無政府主義」？甚至有些

〔註6〕虛無主義（Nihilism）是一八六〇年至一八七〇年農奴解放後十年間俄國特有的產物，是哲學和文學的運動。一八六二年"Nihilism"一辭首次出現於屠格涅夫（Ivan Turgenev）《父與子》（*Fathers and Sons*）一書後，「虛無主義」的特有涵義乃被界定。至於「虛無黨」（Nihilist）則是一八七一年以後受到巴黎公社運動的影響，而採取第一國際的理想的社會主義團體。參見鄭樞俊，《社會主義運動》，（臺北：龍田書局，民國70年），第一部，頁75。另外，司特普尼亞（Stepniak），《俄國虛無主義運動史話》，（上海：文化生活出版社，民國25年），巴金譯，頁102～105。

報刊把虛無黨的「利希尼」（Nihilist）誤譯成「希臘」（Hellenic）。〔註7〕根據現存資料顯示，國內最早一篇報導有關俄國虛無黨活動的文章，刊載於一八七九年八月出版的《萬國公報》上。該文中稱呼虛無黨為「尼赫力斯特黨」，顯然是直接由"Nihilist"音譯而來。根據作者採用音譯的作法，可以明確地推斷該作者並不瞭解"Nihilist"一辭中，含有「無」（nothing）之意。由於對名詞的淵源特質均無力掌握，更遑論對於理論的瞭解。至於這篇報導的內容，主要是以新聞的方式敘述一群俄國虛無黨人陰謀暗殺俄國沙皇的經過，並未涉及其他事物或理論的分析。〔註8〕

　　另外根據統計，從一八七九年至一八八三年期間，於《萬國公報》裏曾經出現過十篇報導虛無黨活動的文章。文中對虛無黨的稱謂各有不同，稱謂有：尼希利黨、尼希里黨或力赫力斯赫黨，但是顯然皆是由音譯而來的。至於報導內容皆是描述虛無黨人如何組織進行暗殺俄國沙皇。《萬國公報》的作者對於俄國虛無黨的活動，曾給予極為嚴厲的批判。作者痛斥俄國虛無黨人的行徑為「附和奸民而為亂，則無上帝、無國家、無教化，乃極惡之派」〔註9〕。雖然《萬國公報》對於俄國虛無黨的暴力活動，深惡痛絕，充滿著敵視，但是鑑於俄國虛無黨人前仆後繼的暗殺事件不斷發生，也不禁會自省何以虛無黨運動竟然盛行俄國。經由深入地探究其因後，其結論是俄國虛無黨活動之熾烈，皆肇因於俄國政府的專制暴虐。因此，一位《萬國公報》的編者亦曾語重心長地勸勉國人：「若國政修整未善，恐有後患也」〔註10〕。

　　至於報導虛無黨活動的國人中，梁啟超是較早注意到虛無黨活動者。從一八九六年至一八九七年之間，梁啟超主持的《時務報》上，曾經出現四篇報導虛無黨活動的文章，分列如下：

　　（1）〈歐洲黨人倡變民主〉《時務報》十期，一八九六年十一月五日。

　　（2）〈錄諫俄皇書〉《時務報》十期，一八九六年十一月五日。

　　（3）〈俄皇脫險〉《時務報》十二期，一八九六年十一月二十五日。

〔註7〕 Don C. Price, *Russia and the Roots of the Chinese Revolution 1896～1911*,臺北，虹橋書店翻印本，民國65年，頁242。

〔註8〕 章開沅、林增平編，《辛亥革命史》，（北京：人民出版社，1980年），中冊，頁191。另外參見：〈尼黨逆書〉，刊於《萬國公報》，第十二冊，1879年8月，頁7129。

〔註9〕 《萬國公報》，一六四冊，頁21258。

〔註10〕 〈大俄國〉，《萬國公報》，十四冊，頁1881。

（4）〈政黨論〉《時務報》十七期，一八九七年一月十五日。

觀察上述四篇文章的內容，多屬報導性質。對於虛無黨人的信念及理論內涵，均未曾涉及。〔註11〕

三、早期國人心目中的無政府主義

至於歐美地區無政府黨人活動的訊息，國內早於一八九四年即曾斷斷續續地加以報導。早期國內未曾出現「無政府主義」一辭，因此一般報刊稱呼無政府黨爲「鴨那鷄撕德黨」，顯然是直接譯自西文“An-archie”一辭，同時也顯示作者全然不明白所謂“An-archie”，意指「無──統治」。〔註12〕但是根據譯者所使用文字的層面意義觀察，多少含有污蔑，否定之意。

國內可見到最早一篇關於無政府黨活動的報導文章，亦是刊載於《萬國公報》之上。其內容主要是描述一位義大利無政府黨人卡塞西歐（Savto J. Casecio）暗殺法國總統卡諾（Sadi Carnot）事件。〔註13〕作者對於無政府黨人將其政治理念訴諸於暴力暗殺的作法，極不贊同。認爲此種冒然的行徑，徒擾社會的安寧。因此強烈地批評無政府黨人的行爲，謂其「久已無父無君，顯與人爲讐，與人爲讐者，不足目爲人」〔註14〕，所採批評的態度可謂是極爲嚴厲了。

早期的無政府黨被國人稱爲「鴨那鷄撕德黨」外，另外又被稱爲「無君黨」。之所以被稱爲「無君黨」，主要著眼於「其立黨之意，欲使無君上，人人得以自由」〔註15〕。屆此之際，作者似乎已稍微涉及無政府主義的理論中，尊重個體絕對自由的原則。並且認定君主的存在對於個人自由的運作，存在著無法規避的威脅。因此欲達人人自由，首要之務在除去君主。〔註16〕但是令人遺憾的是該文對於無政主義有關經濟問題、社會制度及宗教文化方面的

〔註11〕　Don C. Price, p.242.
〔註12〕　高畠素之主編，《社會問題辭典》，（東京：新潮社，昭和2年），頁2。George Woodcok, *Anarchism*, （New York, 1962），p.1.
〔註13〕　〈電報新聞〉，《萬國公報》，二十三冊，頁14565～14566。
〔註14〕　同上。
〔註15〕　〈晏納基黨〉，《時務報》，五十一冊，光緒二十四年一月二十日，頁3509。
〔註16〕　當時亦有人秉持反君主制度的立場，闡釋所謂的「君禍」，認爲「君禍有二類，一曰專制君禍，一曰立憲君禍」，痛斥君主體制的存在，徒然增擾一般人民。但是主張以共和政府取而代之，並不贊同引進西方的無政府主義。見：「說君」，載於《國民日日報彙編》，第一集，頁35。

政見，均未曾觸及。同時又由於該文中列舉歷年所發生有關無政府黨員所進行的暗殺事件，因而作者乃轉斥無政府黨人可謂是「明目張膽，所行不法之事甚多」〔註 17〕。顯然該文作者完全從行爲的表相審視無政府主義，因而往往因爲部份激進份子的暴力行爲，而完全忽視了無政府主義的眞相，致使時人心目中的無政府黨人，即是一羣手舞凶刄、拋擲炸彈的瘋狂暴徒。〔註 18〕

及至二十世紀初葉，國內所出版的報刊對於西方無政府主義運動的立場及態度已稍能持平，雖然論述之際，文字間偶或有誤解，或是理論內涵的瞭解尚欠深入、普及。當時的認知層次，可以林樂知（Young J. Allen）「無君黨」一文最具代表性。根據林樂知的說法，所謂的「無君黨」，就是一羣飽受壓迫而且亡了國家的波蘭人，他們之所以會籌組「無君黨」，緣由是：

> 由其先世束縛於君主專制之下，受官長之凌虐，積憤蘊蓄，無所發舒。于是結成死黨，以行其悍然不顧之志。無論爲帝、皇、爲君主、爲民主、爲孤立之政府、爲代表之政府，而一切掀翻之以爲快。其立會甚秘，其結盟甚堅。同黨之人，擬行一事，則投匭拈名，無所畏避。其強忍敢死之氣甚猛鷙……〔註 19〕

雖然林樂知誤認爲無君黨人乃是一羣亡國的波蘭人，顯示他完全不明瞭無政府主義運動的國際性及歷史背景。但是他於文中闡釋無君黨的起源時，多少已能體認到反抗政府、君主的壓制，爭取個人的自由及尊嚴，乃是促成「無君黨」──亦即無政府主義產生的主要原因。至於當時，「無政府主義」一辭，似乎尚未被國人採用。

根據資料顯示，早在光緒二十六年間梁啓超已經使用「無政府」一辭，用來描述當時歐美無政府黨人的活動情形〔註 20〕。至於梁啓超何以會異於前人而譯爲「無政府」。考究其因，主要因爲近代中國的新學說或思想，大多是從日本傳來。〔註 21〕尤其是社會主義思想理念的萌芽，主要也是受到日本的影響。〔註 22〕梁啓超於戊戌政變後，亡命日本期間，苦心研讀日本有關「政

〔註 17〕 同註 15。

〔註 18〕 James D. Forman, p.7.

〔註 19〕 〈論無君黨〉，《萬國公報》，一五七冊，頁 20744～20746。

〔註 20〕 〈無政府黨之凶暴〉，《清議報》，六十六冊，頁 1。

〔註 21〕 馮自由，《社會主義與中國》，（香港：社會主義研究所，民國 9 年），頁 9。

〔註 22〕 Li Yu-ning, *The Introduction of Socialism into China*,（Columbia University Press, 1971），p.19.

治、資生等本原之學」〔註23〕。梁氏事後追憶：

> 自居東以來，廣搜日本書而讀之。若行山陰道上，應接不暇。腦質
> 為之改易，思想言論與前者若出兩人。每日閱日本報紙，於日本政
> 略、學界相習相忘，幾於如己國然。蓋我之於日本，真有所謂密切
> 之關係。〔註24〕

根據上述資料推斷，梁啟超之所以會使用「無政府」一辭，很可能是轉借自當時日本法政書刊中，日人習慣的譯稱。

　　光緒二十六年十一月，梁啟超於《清議報》中報導美國總統麥荊萊（William Mckinley 1843～1901）被刺身亡案時，稱呼兇手為「無政府黨」，可謂是國人首次於中文報刊中使用「無政府」一語。由於當時的《清議報》於國內暢銷無滯，極受知識階層的歡迎，影響層面也極廣。〔註25〕加以日後勃興的留學日本運動，大量的日文法政書籍被留日學生迻譯成中文，轉輸回中國。以致日本習慣譯成的「無政府」一語，逐漸普遍成為中國一個專有的特定詞彙。從此以後，也就不再有人含混地稱呼無政府主義為「鴨那鷄撕德黨」或「無君黨」了。〔註26〕

　　至於無政府主義內涵的闡釋，梁啟超則引用邊沁的說法，認為政府固為有害之物，但是無政府主義的為害尤烈。因為政府的存在尚可避免更大的破壞，若是實行無政府主義，則會流於專事破壞而無建設的悲慘境界。梁氏以其崇拜的義大利建國三傑中的瑪志尼為例，申述己意：

> 瑪志尼不憚破壞，然以為破壞也者為建設而破壞，非為破壞而破壞。
> 使為破壞而破壞，則何取乎？破壞且亦將並破壞之業，而不能就
> 也。……此亦可見我絕代佳人瑪志尼者非可與彼蠻恣橫暴之無政府
> 主義同類而並觀矣。〔註27〕

由於梁氏認為無政府主義的本質為破壞，因此斷然指陳無政府主義「不能立

〔註23〕丁文江編，《梁任公先生年譜長編初稿》，（臺北：世界書局，民國51年），頁86～87。
〔註24〕同上，頁93。
〔註25〕張朋園，《梁啟超與清季革命》，（台北：中央研究院近代史研究所，民國53年），頁284。
〔註26〕日後部份無政府主義信仰者受到來自法國的影響，間或將無政府主義譯為「安那其主義」。但是，這已是民國以後之事了。
〔註27〕中國之新民（梁啟超），〈意大利建國三傑傳〉，載於《新民叢報》，第九號，光緒二十八年五月一日。

足於今日之世界」，即使到了大同之世，政府還是不可廢的。因為「惡法律雖不及善法律，然猶愈于無法律；惡政府雖不及善政府，然猶愈於無政府」〔註28〕。因此梁氏嚴厲地指責無政府主義「不徒非人道，抑亦非人性也」〔註29〕。於其心目中的無政府主義，似乎僅是一種暴力主義。由於梁氏未曾深入探究無政府黨人的基本信念為何？因此早期梁氏論述無政府黨的文字，均屬於膚淺層面的新聞性報導，未有任何學理的闡述。基本上梁氏一直視無政府黨人僅是一羣擾亂社會安寧的暴力份子，他們的存在也與梁氏夙持的君主立憲主張，形若鑿柄，無法共存。因此《新民叢報》上明白揭示：「契約為政府之本，以人類之本性言之，凡人族聚居，不可無政府，彼極野蠻不法之種族，其聚集也，亦有數王及數條命令以號召其羣焉」〔註30〕。因此「如近世虛無黨以無君、無政府為歸宿，大不可也」〔註31〕。所以當梁啓超評述麥荊萊總統被刺案時，不免斥責「美國無政府黨嘗在國內作禍，民人為之不安」〔註32〕。同時為制止無政府黨人反政府、反社會觀念的擴大橫溢，梁氏乃斷然主張：「此後必更嚴法以處置該黨，而保大局之安全」〔註33〕。但是一九〇三年以前的梁啓超，思想主張傾向革命而高倡「破壞主義」，〔註34〕因此面對此一具有強烈抗議色彩的激進政治潮流，也不禁要疑惑地自問：「同一無政府黨也，在美國則人皆厭之惡之；在俄國則人皆憐之慕之，以其所對待者不同也」，乃慨然嘆曰：「嗚呼！履霜而惕堅冰，月暈而思颶颶」〔註35〕。梁啓超這種依違矛盾的心境，也適足以詮釋辛亥革命時期的激進思潮此時正處於轉折的關鍵時刻。至於此後所展現於國人面前的激進思潮，遂成為日後思想、社會、政治變動的一支主導力量。〔註36〕

〔註28〕 梁啓超，〈地理與文明關係〉，《新民叢報》，第二號，頁213。
〔註29〕 梁啓超，〈論俄羅斯虛無黨〉，《新民叢報》，第四十、四十一號，頁74～75。
〔註30〕 春水，〈國家倫理論〉，《新民叢報》，第五十四號。
〔註31〕 黃遵憲，「光緒二十八年十一月黃公度致新民師函丈書」，收入丁文江編，《梁任公先生年譜長編初稿》，上冊，頁171。
〔註32〕 〈處置政黨〉，《清議報》，九十二冊。
〔註33〕 同上。
〔註34〕 張朋園，《梁啓超與清季革命》，頁104～116。
〔註35〕 〈國聞短評──南洋公學學生退學事件〉，載於《新民叢報》，二十一號。
〔註36〕 高慕軻（Michael Gasster）認為晚清國人追求變革之心，在日本維新成功經驗的誘激下，再加上現實挫折的一再衝擊，遂產生一股激進主義（Radicalism）思潮。主張惟有步上激進之途，始為達成目標的終南捷徑。高慕軻認為此種「情結」一直盤據國人心頭，直到晚近中共進行的「大躍進」，依然是此情緒

四、初期的革命黨與無政府主義

　　若從近世民權觀念的興起來討論無政府主義，有人認為十九世紀以來歐美無政府主義運動的崛起，主要肇因於歐美人民濫用民權所致。蓋因「民權有民權之界限，否則陷於暴烈舉動」，而「今日亟當決正之問題，莫若以民權與無君、無政府黨混合」，因為「無君、無政府黨專以破壞為主義」〔註37〕。因此為了維護民權，首要之務在於明確劃清民權與無政府黨之界限。因為民權觀念的過度發展，往往會導致理念的「異化」（Alienation），而流弊叢生，最後反而戕傷提倡民權之初衷。至於極端的民權，亦可謂放蕩不羈，任所欲為。對於一個正常運作的社會體制，具有著莫大的威脅。因此當時即有人認為無政府黨即為極端民權觀念發展下的病態產物。若是民權理念與無政府主義之間的關涉糾葛未能明確界定，任憑民權理論的恣意延伸發展，最後將會形成無政府黨「專以破壞為主義」的全盤否定理念。結果是新體制未能建立，舊體制却被擊潰瓦解，社會頓時將陷入危險混亂之境。屆時，一位強有力的專制君主亦可藉口為維護「民權」，高張干涉之大纛。因為「政府將來傾踏民權，推覆民黨，必以無君、無政府黨為其罪名為讞案矣」〔註38〕。由於政府干涉的摻入，長年奮鬥來的些許「民權」，亦將付之東流，功虧一簣。

　　但是同情革命者的看法則不同，夙來以「生平絕口弗談政治，獨其悲天憫人之懷」〔註39〕著稱的蘇曼殊，於一九○三年以「子穀」為筆名於《國民日日報》上發表一篇文章──〈女傑郭耳縵〉，最足以代表早期革命派人士對於無政府主義的觀點〔註40〕。郭耳縵（Emma Goldman 1869～1940）是位傑出的

　　的呈現。見：Michael Gasster, "*China's Political Modernization*", in Mary C. Wright ed., *China in Revolution. The First Phase 1900～1913.*（Yale University Press, 1968）, p.95.

〔註37〕李振鐸，〈民權之界說〉，《新民叢報》，第十七號，頁8。

〔註38〕同上，頁9。黃遵憲對於時人動言自由、民權的輕率，深表疑慮。曾語重心長地勸說梁啟超，云：「公所倡自由，或故為矯枉過直之言。然使彼等倡自由者，拾其唾餘，如羅蘭夫人所謂天下許多罪惡假汝自由以行，大不可也。公所倡民權，或故示以加倍可駭之說。然使彼等唱民權者，得所藉口，如近世虛無黨。以無君無政府為歸宿，大不可也。」〈光緒二十八年十一月黃公度致新民師函〉，收入丁文江編，《梁任公先生年譜長編初稿》，上冊，頁171。

〔註39〕柳亞子，〈燕子龕遺詩集序〉收入《蘇曼殊全集》，（臺北：大中國圖書公司，民國56年），頁B23。

〔註40〕子穀（蘇曼殊），〈女傑郭耳縵〉，《國民日日報彙編》，（臺北：國民黨中央黨史會，民國57年），第三集，頁802。

俄裔美國籍的女性無政府主義者，終生獻身於無政府主義運動的鼓吹。一九〇
一年刺殺麥荊萊總統的兇手於法庭上供稱，其暗殺動機主要是受了郭耳縵演
講的感召，因而決心獻身於暗殺行動，郭耳縵因此遭到檢方的起訴〔註41〕。
在法庭中意氣軒昂，辯才無礙的郭耳縵，使得蘇曼殊極爲欽服，乃爲文頌揚。
至於蘇曼殊於文中所論述的無政府主義，與前人的說法已有很大的差距。蘇
曼殊口中的無政府黨人已不再是一羣毫無理性的瘋狂暴徒，因爲他一再地引
述郭耳縵的理念，所謂「無政府黨員也，社會學者也；無政府黨之主義在破
壞社會現在之意，組織在教育個人，斷非持利用暴力之主義者」〔註42〕。

　　雖然蘇曼殊一反前人斥責無政府主義的立場，但是對於無政府主義的生
成背景、流派演變及理論內涵，蘇曼殊均未曾觸及，直至一九〇三年後期纔有
人嘗試討論無政府主義的理論內涵及歷史背景。根據一位以「大我」爲筆名
的作者，於《浙江潮》上發表一篇文章──〈新社會之理論〉，明白地顯示出
作者已能深入瞭解十九世紀以來歐洲社會主義運動發展之大勢；同時亦能掌
握住二十世紀前後歐美社會主義陣營中，各流派所秉持的理論關鍵之所在。
「大我」在文中首先肯定社會主義的存在價值，認爲社會主義將會增進人間
社會之福祉，而消除其所面臨的厄難，〔註43〕並且認爲社會主義之所以披靡
歐美，爲雷奔電掣山摧海嘯之奇觀者，乃共產主義與極端民主主義二大現象。
〔註44〕據作者的瞭解，共產主義「創於法人羅勃（Francis Babeuf），其後勁則
猶太人埋蛤司（即馬克思 Karl Marx）也，今之萬國黨其見象也」〔註45〕。至
於極端民主主義則「創於法人帕洛吞（即普魯東 Pirrer Proudhon），而俄人勃
寧（即巴枯寧 Michael Bakunin）、司克納爾（Max Stirner 1806-1856）其代表
也，今俄之虛無黨其見象也」〔註46〕。

　　作者論述歐美社會主義陣營的兩大派別，基本上著眼於關懷壓迫者與被

〔註41〕 James D. Forman, *Anarchism*, pp.63～67.

〔註42〕 同註40。

〔註43〕 大我，〈新社會之理論〉，《浙江潮》，（臺北：國民黨中央黨史會，民國57年），
　　　　第八期，頁9。

〔註44〕 同上。

〔註45〕 同上。

〔註46〕 同上，頁10。文中所舉司克納爾（Max Stirner 1806～1856）是第一位主張以
　　　　暴力行爲爭取個人權益的無政府主義者。其生平及主張可參見：Oscar Jaszi,
　　　　"Socialism", Edwin R.A. Seligman ed., *Encyclopaedia of the Social Sciences*,
　　　　（New York, The MacMillan Company, 1967），p.48.

壓迫者之間的不平，始念之出發則是不滿現實環境中所遭受來自清廷的高壓剝削。因此，文中述及共產主義的終極目標在於廢除階級弊害，致力於人類平等的理想時，作者忽略了應從理論內涵著手，謀求更高層次的突破。却再也按捺不住反清情緒於胸中的澎湃，轉而厲聲痛斥清廷「剝削社會之膏脂，以供通古斯二百萬人之衣錦炊玉，逸樂於翠帳之中，更或加取之而贈之他族焉；更或未饜其恣，而肆淫威焉，而猶號於人曰滿漢一家。其失飢者、凍者終不悟勞動之神聖，絡頭穿鼻唯牛馬是賢」〔註47〕，並且公然宣示：「今之敵，非地主、非資本主，政府官吏也。捨志士之身，奔走盡瘁於社會中，行鐵血手段，天職也」〔註48〕，而籲請國人仿效歐美無政府黨人及虛無黨人的犧牲奉獻精神，「以天罰而加之虐政家，開彼等之血路，天與之權利也。吾人天與之權利，辯舌也、筆也、劍也、銃也、爆裂彈也、陰謀也。青年者，今日豈猶豫之秋耶？」〔註49〕由上述文字所隱涵的微意，明顯地流露出「大我」氏雖然以介紹社會主義思潮爲出發點，但是基本上仍秉持著強烈的革命情懷，目的則是期盼藉著無政府主義或共產主義理論的闡釋鼓吹，進而喚醒國人久經壓制後的麻痺。並且汲汲渴盼能夠激起羣眾的行動反應，透過此一強而有效的激進革命行動，一舉傾覆清廷。至於文中娓娓詳析的共產主義或極端民主主義的內涵及意義，倒非文章基本重心之所在。

於辛亥革命運動的「理論鼓吹期」一間〔註50〕，一九〇三年實堪稱爲深具意義的一年。因爲「這一年是排滿革命與立憲保皇在國人心理上輕重轉變的

〔註47〕同上。

〔註48〕同上，頁 12。

〔註49〕同上。至於「劃時期的一九〇三年」說法，借自吳相湘《孫逸仙先生傳》一書，根據吳氏的說法「因爲這一年是排滿革命與立憲保皇在國人心理上重輕轉變的重大關鍵」。參見氏著，《孫逸仙先生傳》（臺北：遠東圖書公司，民國 72 年），上冊，頁 341。至於其轉變之因，極爲複雜，但是一九〇三年國人如火如荼地掀起的「拒俄運動」，清廷的反應却大令國人氣結失望。有志之士的滿腔熱情遭此挫折，態度遂日趨激進，造成日後一連串的風潮。國內在此激進氣氛的激盪下，大量地譯介無政府主義及虛無黨的資料，由此國人激情得以共鳴，亦由此於內心深處潛伏下傾心西方無政府主義的情懷，實爲他日鼓吹無政府主義之遠因。

〔註50〕章士釗對辛亥革命時期，依其特性劃分爲兩個段落。第一階段是從一九〇一年至一九〇五年，爲「理論鼓吹期」；第二階段是從一九〇六年至一九一一年，是爲「實行期」。見章士釗，〈疏黃帝魂〉，收入《辛亥革命回憶錄》，（北京：人民出版社，1961 年），第一集，頁 217。

重大關鍵時刻」〔註51〕。同時也因為一九〇三年所掀起波濤壯濶的「拒俄運動」，使得東京留學界的革命運動和上海學界聯為一氣，成為「革命運動的軸心地區」〔註52〕。從此，革命運動圍繞此軸心地區，風起雲湧地展現於海內外。國人在革命風潮強烈的激盪下，思想傾向亦隨著亢奮的革命情緒及日益加深的不滿心理，而一步步地邁向激進之境。破壞主義及虛無主義等具有激烈變革色彩的思想，遂廣泛地流傳於國內，深深地吸引著國人的注意力。

一九〇三年六月十九日發行於上海的《蘇報》即曾刊載〈虛無黨〉一文，文中一再籲請國人效法俄國虛無黨人的精神，以「逐異種，復主權」〔註53〕。至於《警鐘日報》更譯介日人煙山專太郎所著《近世無政府主義》一書，且易名為〈俄國虛無黨源流考〉，分為十五期連載。文中對於俄國虛無黨的歷史背景、理論內涵及實行方法，均有極為翔實的介紹。〔註54〕這些文字對於當時的人心思想，是極具煽動力的。譬如在此激進思潮的浸染下，「愛國學社」時期的蔡元培也深信進行革命惟有兩途：一是暴動；一是暗殺〔註55〕。於是他在「愛國學社」中竭力助成軍事訓練，算是種下暴動的種子。又鑑於俄國虛無黨的經驗，以暗殺於女子更為相宜，乃於「愛國女學」中預備下暗殺的種子。同時蔡元培一方面受蘇鳳初的指導習製炸彈；另一方面在「愛國女學」中一再地講述法國革命史及俄國虛無黨人獻身於暗殺行動的壯烈情懷〔註56〕。

「拒俄運動」以來，由於民情激昂，人們渴盼一股強而有力的激進思想，以宣洩對於滿清政權強烈的抗議心情。因此《蘇報》、《警鐘日報》上，大量地出現描述虛無黨及無政府主義的訊息。至於革命志士們在此狂潮的席捲下，「效俄虛無黨之所為，實行暗殺」〔註57〕，似乎成為當時革命志士腦海中確言不疑的基本信念，並且深刻地影響著日後的革命策略與行為。但是無可

〔註51〕 同註49。
〔註52〕 吉野作造、加藤繁，《支那革命史》（東京，1922 年），頁 445。張玉法，《中國現代史》，上冊，頁 58。
〔註53〕 馮自由，《革命逸史》，（臺北：臺灣商務印書館，民國 58 年），第一集，頁 196。
〔註54〕 〈虛無黨〉，刊於《蘇報》，1903 年 6 月 19 日。
〔註55〕 〈俄國虛無黨源流考〉，刊於《警鐘日報》，從一九〇四年三月二十四日至一九〇四年七月二十四日，共分十五次刊載。
〔註56〕 蔡元培，〈我在教育界的經驗〉，收入氏著，《蔡元培自述》，（臺北：傳記文學出版社，民國 56 年），頁 38～39。
〔註57〕 蘇鵬，〈柳溪憶語〉，收入《中華民國開國五十年文獻》，第一編，第十冊，頁 350。

置疑的是，當時革命黨人倡導無政府主義、虛無黨的理念，主要目的是為了傾覆清廷。至於虛無黨或無政府主義於革命黨人的眼中，僅不過是暗殺主義的象徵。至於更高深的理論層次及其隱涵的人生哲理，似乎未曾吸引住晚清革命志士的目光〔註 58〕。但是却也不能因此而忽略了此段時期對於日後無政府主義運動發展之影響。因為一九○七年以前國內瀰漫著這股強烈的氣息，國人長期浸潤其間，多少亦會受其感染。一旦面臨真正的無政府主義，亦不會驟然視之為洪水猛獸。甚而經過細心的比較體會，明瞭其間奧妙之處，轉而傾心皈依，並倡導之。《新世紀》即曾翔實地描繪出此一變遷，根據他們的觀察，無政府主義「之名詞，一年以前（一九○七年）聞之皆掩耳唾舌，駭而跳、張目裂眥，號而哭者。今駭而跳者，已能稍稍作新名詞引用，為諧笑之資料。而號而哭者，亦皆稍稍疑舊觀念狹隘，為『荒遠』之評論」〔註 59〕。

五、結　論

十九、二十世紀之交，中國產生了一批新的知識份子。透過他們，大批西方知識如潮水般地湧入中國，當時的中國思想界，一時成了西方各種學說、主義雜陳的局面。無政府主義思想也就在此背景下進入中國。〔註 60〕

早期傳入中國的無政府主義無論是理論體系或思想內涵，均極粗糙膚淺。尤其早期的無政府主義訊息多是透過外人或傳教士所辦的刊物報導出，由於外商及傳教士的出身背景及知識能力所囿，文章多屬新聞性的報導，報導內容則充滿著偏見，甚至扭曲誤報。因此，十九世紀末葉無政府主義在中國是毫無影響力的。

楊幼炯認為：「實際政治之情況及其動向，尤為政治思想產生之要素」〔註 61〕。因此，回顧十九世紀末葉以來的中國，無論內政、外交均頻遭挫敗，國人不滿情緒乃一步步被推向激進之途。適時存於歐美社會中極具激進色彩的虛無黨及無政府主義的理念，遂深深地吸引著國人的目光。當時的國人對於此一新思潮的認識也極為淺薄，甚至存有許多謬誤。但是在強烈的不

〔註 58〕 Chang Yu-fa, "*The Effects of Western Socialism on the 1911 Revolution in China*", M. A. Thesis, Columbia University, p.14.
〔註 59〕 「本館廣告」，《新世紀》，第五十二號，一九○八年六月二十日。
〔註 60〕 王德昭，〈同盟會時期孫中山先生革命思想的分析研究〉，收入吳相湘編，《中國現代史叢刊》，（臺北：正中書局，民國 49 年），頁 182～183。
〔註 61〕 楊幼炯，《中國政治思想史》，（臺北：臺灣商務印書館，民國 69 年），頁 3。

滿情緒下，也祇有無政府主義思想足以宣洩他們的憤怒。因此當時大部份人的心態是「很少懂得什麼政治的，也不知什麼是政黨，只聽說俄國有什麼虛無黨、無政府主義等……以爲只要是反對政府的，大概都是好的」〔註62〕，即爲此種思想傾向的最佳寫照。

　　早期國人是無法分辨出何謂「虛無主義」？何謂「無政府主義」？二十世紀初葉流亡國外的革命家、維新黨人及留學生日眾，尤其當時的日本社會也適逢社會主義運動的鼎盛時期。部份旅居日本的國人深受這股思潮的影響，因而許多有關無政府主義的訊息，乃大量地被引介回國，其中日人所慣用的「無政府主義」一語，也被國人介紹而沿襲引用至今。至於國內由於「庚子之役」、「拒俄運動」等一波波的政治冲擊，國人在「危機意識」的催迫下，「救亡圖存」的理念分外強烈。因此，從一九○三年以後，國內出現大量的文字報導俄國虛無黨及無政府黨的活動情形。國人在此激進思潮的激盪下，思想傾向益發激進。再加上清廷的種種措施無法慰撫人們的不滿，導致革命情勢高漲，「革命」亦成爲時代的主導理念（Leading Ideas）。在社會環境的孕育、革命運動的需要等種種因素的配合下，終於在一九○七年六月於日本東京及法國巴黎，分別有兩批流亡的革命黨人及留學生，發行《天義》及《新世紀》二份刊物，有計劃、有組織地鼓吹無政府主義。從此，辛亥革命時期的無政府主義運動正式步入「組織運動期」。但是詳析此一運動的本質，基本上仍是統御在革命理念的大原則下，祇不過是以另一種型式進行革命倒滿的活動。至於虛無黨及無政府主義的理論及策略，僅被一般大眾視爲一種最有效的革命方法而已。〔註63〕

　　（原文刊于《食貨月刊》，復刊第十四卷第九、十期合刊民國七十四年二月十五日）

〔註62〕何遂，〈辛亥革命親歷記〉，收入《辛亥革命回憶錄》，第一集，頁419。

〔註63〕黎澍，〈一九○五年俄國革命和中國〉，收入《近代史論叢》（北京：學習雜誌社，1958年），頁14。

附錄六　近代日本社會主義之興起及其對中國之影響

一、前　言

　　歐美社會自工業革命發生以來，由於生產技術突破傳統窠臼，造成財富急速累積，致使資本主義發展逐步邁向頂峰。但是伴隨而來的副作用，諸如：財富分配不均、貧富差距加大、階級對立等現象卻益發嚴重，社會因而潛伏下不安的因子。因此，針對資本主義弊病而謀求解決之法的社會主義遂因應而生，進而發揚光大，一時蔚為時代風氣，成為主導十九、二十世紀世界變局的諸多因素中最為深巨的一股力量。

　　社會主義（Socialism）雖源自於歐美，但是隨著西方政治、經濟、文化力量對世界產生全面性的衝擊後，亦逐漸於非西方社會，引起共鳴，甚至起而效行。十九世紀日本社會主義運動遂在此風潮下，由萌芽進而茁壯。至於近代盛行於中國的新學說、新思想，多數是從日本居間傳來的，留日學生則扮演居間引介的關鍵性角色。因此近代日本學術、思想的發展，對於中國的影響是極為深刻的。以梁啓超為例，梁氏於戊戌政變後，東抵日本。旅日期間，苦心研讀日本有關「政治、資生等本原之學」〔註1〕，思想為之丕變。並將這些新知傳回中國，造成一股風潮，並產生極為深遠的影響。〔註2〕因此當十九世紀末葉日本社會受西方社會主義風潮影響下，風起雲湧地高倡社會主

〔註 1〕　丁文江編，《梁任公先生年譜長編初編》，上冊，（台北：世界書局，民國 51年），頁 86〜87。

〔註 2〕　胡適，《四十自述》，（香港：世界文摘出版社，1974 年），頁 53。

義運動的同時，中國留學生及社會亦間接受其影響，開展近代中國的社會主義運動。

二、日本社會主義思想的萌芽

　　歐洲文化早於鐮倉時期末葉已陸續傳入日本，但是產生的影響卻很微弱。至德川幕府時代的末期，透過東來荷蘭人的居中引介，有機會與西方文化進行更爲深廣的接觸，此時傳入的西學，即日本史上所慣稱的「蘭學」。（意指荷蘭人傳入之學）蘭學的涵蓋範圍很有限，多以自然科技爲主，關於法政及社會科學方面的知識並不多。〔註3〕

　　明治維新以後，日本改採門戶開放政策，歐美文化中的各方知識，有若滾滾洪流，沛然湧入，莫之能禦。西學不僅風靡了整個日本思想界，對於日本文化、政治及社會的影響，亦產生很深遠的影響。近代歐美文化、思想輸入日本，種類極爲繁雜，就政治學說方面而言，若依其內容及主張區分，大致可歸納成四大類，即：

　　（一）法國的自由啓蒙思想。
　　（二）英國的功利主義學說。
　　（三）美國的基督教派思想。
　　（四）德國的國權思想。〔註4〕

　　上述四派思想主張，除了來自德國的國權思想日後發展成爲日本國粹主義及君權至上思想的支柱外，其餘三派均熱衷於鼓吹民權及闡揚自由平等博愛精神。這些思想均非傳統日本文化的產物，但是經由信仰者倡導鼓吹，日本民眾逐漸體認個人權益的維護與爭取。日後隨著社會變遷、資本主義勃興，社會流弊亦逐漸顯現。此時一群醉心於社會公道的先驅者遂起而倡之，社會主義運動亦隨之萌芽、茁壯。

　　於諸多外來思想中，以法國的自由啓蒙思想，對於日人自由民權意識的覺醒，貢獻最爲卓著。明治初期對傳播法國自由啓蒙思想最具貢獻者爲村上俊彥，其於明治元年（1868）創設「達理堂」，除教授法文外，另外亟力介紹法國自由民權思想。〔註5〕明治六年（1873）高橋達郎出版《自由新論》

〔註3〕陳水逢，《日本文明開化史略》，（台北：台灣商務印書館，民國56年），頁118。
〔註4〕同上，頁281。
〔註5〕同上，頁282。

一書，該書主要是介紹盧騷的思想及主張，明治十年（1877）服部德翻譯盧騷的《民約論》（*Social Contract*）及孟德斯鳩的《萬法精理》（*De L'espirit des Lois*），上述二書均以介紹自由民權思想、共和主義、天賦人權及打破人爲專制等觀念。他們更顯示出對於原始人類社會自然型態生活之嚮往。這些作者們深信普遍存在於現實世界中，人們所創設的制度與規範，袛不過是人們愚昧地爲自己加上一幅枷鎖，因此亟力鼓吹世人應勇敢地去除這些限制，還我原本之自由。若將這種理念延伸發揮，必然會發展出一套厭棄一切現實人爲制度的觀念，這種觀念與日後的無政府共產主義頗爲相近。因此若欲探討社會主義思潮中的日本無政府主義思想起源，實可溯及明治初期歐美思想的傳入。〔註6〕

於明治初期，曾有數冊有關英國政治思想的英文著作被翻譯成日文發刊，其中多以彌爾（J. S. Mill）及史賓塞（Herbert Spencer 1820～1903）二人的著作爲主。根據記載，從明治元年（1868）至明治十五年（1882）間，曾有十冊書籍被轉譯爲日文，如下：〔註7〕

時　　　間	原 著 者	翻 譯 者	書　　　名
明治 5 年	J. S. Mill	中村敬宇	《自由之理》
明治 10 年	H. Spencer	尾崎行雄	《權理提綱》
明治 11 年	J. S. Mill	深間內基	《男女同權論》
明治 12 年	不詳	橫山訊	《英國救貧論》
明治 14 年	H. Spencer	松島剛	《社會平權論》
明治 14 年	H. Spencer	井上勤	《女權眞論》
明治 15 年	不詳	安戶義知	《古今社會黨沿革說》
明治 15 年	H. Spencer	小口松五郎	《社會組織論》
明治 15 年	不詳	小林營智	《自由平等論》
明治 15 年	不詳	土井光華	《自由之理評論》

觀察上述翻譯書籍之內容，大略可歸類成：自由均權的鼓吹、女權觀念

〔註6〕 中村英雄，《最近の社會運動》，（東京：協調會出版，1930年），頁6～7。
〔註7〕 根據下出隼吉《社會文獻年表》，收入《明治文化集》，卷21，社會篇，（東京：日本評論社，1929年），頁603～606。

之倡導、社會黨的組織及沿革等。

　　於日本社會主義運動的萌芽期，基督教派團體一直扮演著一個不容忽視的角色。早於基督教初傳入日本之際，曾經遭到當政者嚴酷的鎮壓，但是經過曲折漫長的奮鬥，直至明治三年（1870）始獲得信教及傳教的自由。「一神論」是基督教的基本精神，因此統御在一神論的理念下，人類眾生是一律自由平等。這種平等理念的擴張，再伴隨著當時社會裡瀰漫的自由平等思想，遂形成一股巨大潮流，以鼓吹「博愛」及「人道」為其特色。〔註8〕

　　受到法國自由啓蒙思想、英國功利主義學說、美國基督教派等三大思想輸入的影響，使得明治時期的日本人醉心於自由平等思想。同時又適逢幕府被推倒，舊法律、舊習慣、舊秩序頓失依據。人們熱切地渴盼新思想、新學說的傳入。社會主義及社會黨等名詞及觀念，亦於此時陸續被介紹入日本，不久社會主義運動亦逐漸有人起而倡之，並有逐步擴大之趨勢。但是早期日人的目光，大多是投注於「自由平等」之上，主要因為當時日本社會的資本主義發展，尚屬幼稚，因而並未衍生出資本主義勃興後之弊端。所以當時日人就經濟情勢及社會背而言，亦僅能將其注意力投置於自由平等之上。

參、東洋社會黨成立始末

　　東洋社會黨是日本第一個以揭示社會主義為號召的政黨，該黨在樽井藤吉、赤松泰助的鼓吹下，成立於明治十五年（1882）五月二十五日。成立的基本綱領有三，其一為該黨的言行恪遵道德原則；其二主張平等主義；其三為以追求社會公眾之最大福利為目的。至於如何達到上述社會主義的理想，該黨主張經由遊說、演說及發行刊物鼓吹等和平方式進行，不主張透過暴力行為達成目標。〔註9〕

　　東洋社會黨所揭櫫的綱領，日本社會主義運動先驅者幸德秋水認為該黨主張所蘊涵的以道德為言行準則的依據及高倡平等主義，已頗具有無政府主義的氣息。〔註10〕但是經由深入的探討與分析，可以確信的是東洋社會黨的主張與行動，未曾觸及馬克思（Karl Marx）、恩格斯（Friedrich Engles）、巴

〔註 8〕 Martin Bernal, *Chinese Socialism to 1907*, Carnell University Press, 1976, P.76～77.
〔註 9〕 町田辰次郎，《日本社會變動史觀》，（東京：東京堂書店，1924 年），頁 46～47。
〔註10〕 同註 7，頁 337～338。

枯寧（Machael Bakunin）及克魯泡特金（Peter Kropotkin）等人的思想及主張。而其等所秉持的人道精神、高揚平等觀和人權觀，則與民權論者頗為類似。〔註11〕其思想根本含有濃郁的中國老莊思想及佛教思想，統御在此理念下形成一種以追求自由平等為目標，且含有淡薄虛無主義色彩的思想，與近代流行于西方的虛無主義所倡導的激烈形態，存有著很大的差異。東洋社會黨綱領所流露的三大信念，即：道德、仁愛及平等。〔註12〕這種基於互助合作、和平友愛氣氛下的社會主義政黨，與基督教存有不可忽視的密切關係。

東洋社會黨的成立，開啓日本社會主義運動以組織型態鼓吹之首，但是就近代日本社會主義運動發展而言，中日甲午戰爭實為關鍵性的轉捩點。甲午戰前日本社會經濟體制在歐美資本主義國家東侵下，傳統的武士階層在「尊王攘夷」的大旗號召下，為抗拒歐美資本主義國家的侵凌，祇得逐步走向資本主義化之途。加上「傳統日本武士道重廉恥、正直、剛武，忠於封建道德。由此形成了封建理念的屈從精神，也構成了他們自我抑制的觀念。這種自抑觀念與歐洲資本主義興起時禁慾的理性主義頗有相通之處。因此，明治時期武士除從政外，自創事業而成資本主義培育者所在多有。」〔註13〕

甲午戰後，中日簽訂馬關條約，中國依約償付的賠款陸續流入日本。再加上大量引入外資、擴張軍備、獎勵輸出、實業興起，銀行、工廠、公司數量急速擴增，商品生產增加，內、外銷數額爆增，此時的日本社會形成一幅典型的產業革命後的特色。但是在這股「實業熱」的背後，卻隱藏著許多令人棘手的問題。因為在此風氣薰染下，整個社會充滿著對於金錢的崇拜，傳統道德觀念逐漸淪喪，農村夙來自給自足的經濟體制漸遭破壞。另外在擴張軍備的號召下，租稅加征，導致物價上揚，平民負擔相對加重。至於工廠紛紛設立後，勞動人口激增，勞工問題亦隨之而生。迨至明治三十年（1897），在經濟不景氣的衝擊下，上述現象所潛伏的弊端，逐陸續顯現。導致當時日本社會勞工失業情況日趨嚴重，幣值慘跌，通貨膨脹，民生困苦，社會問題因之頻生。根據統計明治三十年即曾爆發 32 件罷工事件，次年更增至 42 次。〔註14〕

〔註11〕同註9。
〔註12〕赤松克麿，《日本社會運動史》，（東京：岩波書店，1952年），頁10。
〔註13〕李永熾，《日本史》，（台北：牧童出版社，民國61年），頁305～306。
〔註14〕同註12，頁30。

明治末期日本勞動力變動表

時　　間	明治25年 (1892)	27年 (1894)	29年 (1896)	32年 (1899)	35年 (1902)	36年 (1903)	40年 (1907)	42年 (1909)
工場總數	2767	5985	7072	7284	7821	8273	10938	15426
力工場使用原動 工廠數	987	2409	3609	2388	2991	3715	5207	6723
力工場使用原動 百分比	35.51%	40.12%	39.9%	32.79%	38.28%	20.38%	47.58%	43.58%
工人數		381390	436616	422019	498891	483430	643292	692221
工人 男工		141914	174656	164712	185622	196226	257356	240864
工人 女工		239476	261960	257307	313269	287304	385936	451357
女工所佔比例		62.79%	59.99%	60.97%	62.85%	62%	59.08%	65.20%

資料來源：陳水逢，《日本文明開化史略》，（台北：台灣商務印書館，民國 56 年），
頁 259。

近代日本城鄉居民比例表

時　　間	明治 20 年 (1887)	明治 40 年 (1907)	大正 4 年 (1915)
城　市	7771（千戶）	8734	9729
比　率	28.99%	38.10%	43.99%
鄉　村	19034	14188	12387
比　率	71.01%	69.9%	56.01%

資料來源：町田辰次郎，《日本社會變動史觀》，（東京：東京堂書店，1924 年），頁
54。

　　根據上述兩表，明白顯示明治時期日本工廠和勞動人口的變動，以及城
鄉人口結構的改變。根據這些改變，可以間接証明日本資本主義體制因甲午
戰爭之影響而漸趨完成。由於資本主義的急速發展，致使許多人對於資本主
義競爭下所呈現的不公平，產生強烈的不滿。此股憤怨之情隨著社會階級對
立加深而日趨嚴重，導致社會主義思想因而慢慢地成長壯闊，〔註 15〕並逐漸
成為社會思潮之主流。

　　至於社會主義宣傳刊物，僅於明治三十年就曾創刊《勞動世界》及《社
會雜誌》兩份專門討論社會主義的雜誌。另外又出版了九本討論社會問題的
書籍，同時一些以研究社會問題為目的的社團亦於明治末期相繼成立。其名

〔註15〕同註3，頁 302。

稱及創立時間如下：

編　號	名　　稱	創立時間
1	社會學會	（明治）　28 年 3 月
2	無名研究會（即日後社會政策學會）	29 年 4 月
3	社會問題研究會	30 年 2 月
4	社會主義研究會	31 年 11 月
5	社會學研究會	31 年 12 月
6	社會問題講究會	34 年 5 月

資料來源：赤松克麿，《日本社會運動史》，（東京：岩波書店，1952 年），頁 62～63。

　　由於社會主義思潮於日本逐漸形成一股力量後，乃於明治三十年六月二十五日一群日本社會主義信仰者，乃於東京神田區美士代町的基督教青年會召開「勞動問題演說會」，是為日本首次以討論勞動問題為核心的會議。會中片山潛以「勞動者團結的必要」為題，發表演講，闡釋勞動階層團結爭取權利之必要。參與大會群眾數目高達一千二百人，會中更提議成立「勞動組合期成會」。第一次月會於同年八月召開，選出片山潛、澤田半之助、高野房太郎、松村民太郎、山田菊三等為幹事，實際會務則由片山潛一手操縱。

　　同一時刻另一社會主義團體「社會主義研究會」亦於明治三十一年十月召開成立大會。參與者有片山潛、幸德秋水、安部磯雄、河上清及村井至知等人，上述諸人除幸德秋水外，均與基督教派有著密切聯繫。社會主義研究會明揭其宗旨為：「研究社會主義原理是否得以行之日本」為主。安部磯雄則創設《六合雜誌》，作為該會的機關報。社會主義研究會成立未久又更名為社會主義協會，於明治三十四年五月二十日正式改組成立社會民主黨，以政黨形式於日本推展社會主義。

　　社會民主黨的創始者為：片山潛、幸德秋水、河上清、安部磯雄、木下尚江及西川光次郎等六人。幸德秋水並將該黨宣言登載於《萬朝報》。宣言書內容可分為「理想綱領」及「行動綱領」兩大部份。「理想綱領」主要是倡導人種及萬國的和諧平等，生產機關、土地及交通設施均應屬公有。亦主張財富均等，政權人民共享、人民皆有受教育的權利，並且痛斥富者壓迫貧者，主張以社會主義及平民主義來打破貧富懸殊，進而以求世界和平。至於「行動綱領」則主張廢除死刑、治安警察法、貴族院、星期日工作及新聞管制等。

另亦主張獨占事業公有及實行全面普選。〔註16〕

這篇宣言對於社會民主黨的理想及策略詮釋的極為詳盡。宣言書中所流露出社會民主黨的基本精神是本之於「自由」、「平等」，實踐方式則主張採取漸進策略。之所以呈現此一徵貌，原因之一是五位發起人中的幸德秋水在思想主張上仍僅屬於一個單純的社會主義者，另一原因是河上清、安部磯雄、木下尚江、西川光次郎及片山潛等人，於思想上均屬於基督教派的社會主義者，而基督教派社會主義者的基本精神也就是「人道主義」及「博愛」（Brother Love）。

分析這份〈宣言書〉，約略可反應出社會民主黨所秉持政治理念的特色，大致可歸類成四部份：其一是該宣言內容具有濃烈的基督教人道主義色彩；其二為宣言中所倡議的「理想綱領」部份可歸諸於空想的社會主義，不切實際；其三是宣言裡屬入濃郁的自由民權思想；其四是部份條文已明確具備了社會主義之精神。若對這份宣言內容略作觀察，應可進一步瞭解社會民主黨的主張及立場。因為〈宣言書〉中明確地表明反對戰爭立場，主張揚棄個人或國際間的暴力行為。因而當時盛行于歐美的虛無黨及無政府黨人以投擲炸彈、進行暗殺的鼓吹宣揚方式，社會民主黨人堅決反對之。〔註17〕可是此一溫和路線卻非每一位社會民主黨人所贊同，譬如荒畑寒村就曾嚴厲抨擊，認為社會民主黨「深信民主主義的議會制度為可行方式，否定了社會革命及階級鬥爭，從以上主張可知社會民主黨的矛盾及不徹底為其弱點。」〔註18〕

雖然荒畑寒村對於社會民主黨的溫和路線，認為是不徹底的，但是就當時環境而言，已屬十分激烈了。因此當該黨公開揭示「廢除軍備」、「廢除貴族院」、及「一般人民投票」等三大主張時，已深深地觸及日本本政府的禁忌底線，因而在該黨成立後數日，即五月三十日乃遭到封禁之命運。

四、日本社會主義運動的流變

日俄戰爭爆發可謂是日本社會主義運動發展路線的轉捩點。至於戰爭發生背景因素主要是導源於中日甲午戰後，發生三國干涉還遼事件，日俄兩國在爭奪中國東北的權益上日趨白熱化。日本國內民情對於俄國於東北亞肆意

〔註16〕菊池次郎，《近世日本社會運動史》，（東京：白揚社，1934 年），頁 5～10。
〔註17〕同註 6，頁 27。
〔註18〕荒畑寒村，《平民社時代》，（東京：中央公論社，1973 年），頁 27。

擴張，尤為激憤，力主對俄宣戰。當時一批信仰社會主義的日人，基於人類同胞愛的關懷，不畏狂潮，力挽狂瀾，高舉反戰大旗。

反戰團體在內村鑑三、幸德秋水、堺利彥、河上清、斯波免吉、石川三四郎領導下，四處奔走呼號，鼓吹反戰。至於反戰團體大致可歸為三派：〔註19〕

（一）從人道主義立場反戰，以《萬朝報》社長黑岩淚香為領導。

（二）基於社會主義立場反戰，以幸德秋水、堺利彥等人為領袖。

（三）根據基督教原則反戰，以內村鑑三等人為代表。

但是，當戰爭爆發後，黑岩淚香卻改變立場，轉而支持對俄作戰。擔任《萬朝報》記者職務的幸德秋水及堺利彥二人，遂相率退出《萬朝報》。在〈退社之辭〉中，痛斥這場戰爭乃今日貴族及軍人為私利而鬥。但文中卻未曾從經濟，政治角度分析戰爭導因於資本主義列強間爭奪殖民地及帝國主義間私利衝突所致。因此，他們的反戰當屬抽象意念式的反戰。〔註20〕

幸德秋水及堺利彥二人退出《萬朝報》後，得到加藤次郎、小島龍太郎等的經濟支援，明治三十六年十一月十五日於麴町區有柴町創設「平民社」，並發行《平民新聞》週刊。於創刊號中，明白揭示「平民社宣言」於其上，宣言內容舉舉大者，其中首揭自由、平等、博愛三大要義；其次主張打破門閥、財產不均、男女不平及一切人為的束縛；第三是基於平等福利的原則，主張生產、交通、分配均應歸公。第四是倡議和平主義、棄絕戰爭。第五是基於自由、平等、博愛三原則，於國法許可範圍內行事，絕不採取暴力行為。〔註21〕根據這份「宣言」內容觀察，可確定當時日本的社會主義主流派，在信念、主張及實行方法上，並未滲入虛無主義及無政府主義色彩，卻明顯地受到德意志社會民主黨的議會政治所影響。因此，荒畑寒村認為「平民社」初期的活動，象徵著社會主義傳入日本的萌芽期之特色，其所展現的歷史意義是少數先驅者所呈現的矛盾、不徹底、謬誤及混淆不清的現象。石川三四郎在〈自敘傳〉中亦曾回顧云「平民社同仁的思想，以今日眼光觀之，則頗簡樸，表現出一片黎明期的混沌。〔註22〕

平民社創立宗旨導因於為抗議日俄戰爭的爆發，因此該社於明治三十六

〔註19〕同註9，頁63。

〔註20〕同註6，頁20。

〔註21〕同上，頁48。

〔註22〕同上，頁55～56。

年十月二十日召開第一次反戰演說大會。演說會首先由西川光次郎主講「ト
ルストイの戰爭論」《托爾斯泰的戰爭論》，其次爲安部磯雄的「利害論と社
會主義」及木下尚江的「吾人は戰爭の義務ありや」，演講內容部份是基於人
道主義精神而萌生對人類關懷之情外，主要仍以抨擊戰爭爲重心，他們一致
認爲戰爭的發生完全是專制帝王及資本家利益衝突所致。

　　一九○四年二月日俄戰爭爆發，平民社的反戰活動日趨劇烈。同年三月十
三日《平民新聞》十八號中刊載〈與露國社會黨書〉，由幸德秋水執筆，文中
要求日俄兩國社會黨同志攜手聯合消弭戰爭。這篇文章後曾被翻譯爲英文，
於歐美發表，引起極大的迴響，同時俄國社會黨機關報也曾爲文與之呼應。
但是從〈與露國社會黨書〉中，約略可感覺到幸德秋水的思想已略呈改變。
幸德秋水在文中痛斥兩國政府在帝國主義利益爭奪下，不顧人民痛苦而發動
此一戰爭。因此，號召人們奮起，一舉推翻專制政府，以謀人道之和平。同
時在追求理想實現的過程中，深感和平手段效果太差，乃主張以武力排除人
道之敵。〔註 23〕此時幸德秋水與其在平民社初期揭櫫「合法主義」、「道德主
義」的主張，似乎已有很大的差異。此一轉變很可能是在引述俄國虛無黨歷
史時，受到俄國虛無主義思想所影響，亦爲日後幸德秋水的思想變遷潛伏下
一個誘因。因此貝馬丁（Martin Bernal）認爲俄國虛無黨的活動對日本社會主
義者的影響，就如同傅立葉（Charles Fourier）對法國社會主義發展的啓萌效
果一般。〔註 24〕至於此時期「平民社」所呈覯的政治主張，依然極爲含混雜
亂。譬如：一九○四年十一月《平民新聞》創刊週年紀念專號中，即曾將馬克
思、恩格斯、克魯泡特金、托爾斯泰等共列爲一組，視爲一體，由此可見其
思想認知之含混性。〔註 25〕

　　平民社爲擴展其影響力，遂於各地分設支部，如下：（一）早稻田社會學
會、（二）橫濱平民結社、（三）下關社會主義研究會、（四）神戶平民俱樂部、
（五）土佐平民俱樂部、（六）丸龜平民黨、（七）北總平民俱樂部、（八）福
岡平民新聞讀者會、（九）大阪同志會、（十）岡山俱樂部。〔註 26〕同時平民
社亦積極發行專刊，據統計於一九○三年「平民社」發行刊物名稱、售價及
數額向下：

〔註 23〕同註 18，頁 111。
〔註 24〕同註 8，頁 202。
〔註 25〕同註 18，頁 50。
〔註 26〕同註 6，頁 28。

編號	書　　名	作　　者	價　　格	銷售額（冊）
1	《社會主義入門》	幸德秋水、安部磯雄等	10 錢	2301
2	《百年後之新社會》	堺利彦譯	5 錢	2598
3	《火之柱》	木下尚江	35 錢	3469
4	《消費組合之話》	石川三四郎	12 錢	1410
5	《瑞西》		15 錢	1932
6	《ラサル》	西川光次郎	15 錢	1613
7	《土地國有論》	西川光次郎	10 錢	1016
8	《經濟進化論》	田添鐵二	15 錢	831

　　當平民社反戰活動日益劇烈之際，日本政府亦逐步採取高壓政策。以致當年一九○四年十一月六日《平民新聞》發刊〈教育批判號〉，對於傳統道德觀念施以猛烈的攻擊，日本政府乃斷然頒布禁止發行命令。同年十一月十三日《平民新聞》創刊一週年紀念日，原本計畫召開一次園遊會，亦遭禁止。同日發行的平民新聞上，登載一篇由小島龍太郎提供，幸德秋水與堺利彦合譯的「共產黨宣言」。此為「共產黨宣言」首度以日文於日本發表。該宣言發表未久，日本政府隨即頒發禁令。並令各處地方警察當局分別訪查平民新聞的訂戶及買者，對其施以壓力，以致訂戶數量急速銳減。〔註 27〕平民社因銷售量減少，以致財政日漸窘困。同時又因社內同仁對於未來的行動方式及思想路線，也因主張不同而形成對峙，導致《平民新聞》於一九○五年一月二十九日發刊第 64 號後，被迫宣佈停刊。檢討此一時期平民社的行動、思想及主張所展現的是樸素、矛盾而又不徹底之特質，實踐的過程中，缺失甚多。但在「平民社」誕生之前，日本社會主義運動多僅是一些具有前衛性格的知識份子，於書房作研究式的討論。當時的社會主義運動卻未曾受到勞動階層的支持，卻仍熱烈地鼓吹，奠定日後社會主義運動擴展之基礎。

　　早期日本社會主義團體可依其性質分為三派派，其一為一般社會黨；其二為具有基督教博愛精神的社會民主黨；其三為國家社會黨。當時並沒有具備無政府主義色彩的團體存在。〔註 28〕三派有一共同的特徵，即皆鼓吹博愛

〔註 27〕孫常煒編，《蔡元培先生全集》，（台北：台灣商務印書館，民國 66 年），頁 119。
〔註 28〕Michael Gasster, "*Triumph of Anarchism over Marxism*", in Mary Wright ed., *China in Revolution: the First Phase 1900~1913*, Yale University Press, 1968, P.107~108。

利他主張，他們更反對暴力行為及階級鬥爭的理論。〔註29〕但是至一九○四年底，日本社會主義信徒卻逐漸把注意力由德國式的議會政策轉向充滿虛無主義色彩的俄國式社會主義。此一轉變亦導致日本社會主義陣營的分裂，同時亦為日後無政府主義的提出，預下一伏筆，此一轉變可從平民社的言論變遷得以証之。

一九○五年二月五日《平民新聞》停刊後，平民社在加藤時次郎的經濟支助下，發行《直言》取而代之，標榜社會改良主義，以承繼平民社的奮鬥目標。但是《直言》發行至 32 號，因刊登〈人民的大示威運動〉一文，內中激烈地抨擊日本政府，以致再遭停刊命運。《直言》停刊後，平民社內部唯物論派與基督教社會主義派之間的爭執，更趨嚴重。最後導致二派正式決裂。石川三四郎、安部磯雄、木下尚江等基督教派社會主義者，發行《新紀元》，以為喉舌。同時西川光次郎等人則發行《光》，與之相抗。二者間的爭執，直至一九○六年十一月日刊《平民新聞》的發行，纔暫告停止。但是從此基督教派社會主義逐漸失去以往的光彩，日本社會主義運動的舞台卻崛起一支異軍——無政府主義派，而與唯物主義派，分庭抗衡，直至一九一○年「大逆事件」爆發，日本社會主義運動「嚴冬時期」的來臨，日本社會主義運動的萌芽期始暫告終止。

至於日本無政府主義運動由幸德秋水提出、倡導進而光大之。因此幸德秋水由一位「議會政策」的信仰者，一變成為一位無政府主義者，其間轉折過程，於日本社會主義史上有其不容忽視的重要性。早期傳入日本的社會主義書刊以下列五種，對日本社會主義思想發展，影響最巨。如下：〔註30〕

原作者	日譯本名稱	原名	出版地點	時間
Richard Ely	《社會主義與社會改革》	*Socialism and Social Reform*	倫敦	1894
Richard Ely	《法國與德國之社會主義》	*French and German Socialism*	紐約	1887
W.D.P. Bliss	《社會主義手冊》	*A handbook of Socialism*	紐約	1895
A. Schaffle	《社會主義》	*The Quintessme of Socialism*	倫敦	1889
Edward Bellamy	《回顧》	*Looking Backward*	美國	1889

〔註29〕Ibid., P.98～99。

〔註30〕Jack Gray ed., *Modern China's Search for a Political Form*, Oxford University Press, 1969, P.68～69。

上述諸書並沒有討論無政府主義的著作。

當一九○三年幸德秋水發表《社會主義神髓》一書，內中旁徵博引，最足以代表當時幸德秋水的社會主義理念。該書主要參考八本英文著作，其名如下：〔註31〕

原　作　者	書　名
馬克思與恩格斯（K. Marx, F. Engels）	*Manifesto of the Communist Party*
馬克思（K. Marx）	*Capital: A critical Analysis of Capitalist Production.*
恩格斯（F. Engels）	*Socialism, Utopinan and Scientific*
基爾庫（T. Kirlcup）	*An Inguiry into Socialism*
埃里（R. Ely）	*Socialism and Social Reform*
布里斯（W. Bliss）	*A Handbook of Socialism*
莫里斯	*Socialism: its Grouth and Outcome*
布里斯（W. Bliss）	*The Encyclopedia of Social Reform*

雖然於 1904 年以前曾出版幾本討論虛無黨及無政府主義的書籍，如下：〔註32〕

著（譯）者	書　名	出 版 時 間
西川通徹	《露國虛無黨事情》	1882
杣山若太郎	《魯國奇聞烈女之疑獄》	1882
川島忠之助	《虛無黨退治奇談》	1882
宮崎夢柳	《鬼啾啾》	1884
煙山專太郎	《近世無政府主義》	1902
原抱一庵	《無政府黨之一夜》	1902
塚原澀柿園	《虛無黨》	1904
松居松葉	《虛無黨》	1904

其中西川通徹的《露國虛無黨事情》一書，首次提及巴枯寧、克魯泡特金、馬克斯等人。至於《鬼啾啾》一書則是根據斯特普尼克（Stepnyak）的 *Underground Russia* 一書所改寫。〔註33〕但是二書是否發生影響，則頗值得懷

〔註31〕幸德秋水，《社會主義神髓》，（東京：由分社，1905 年），頁 3。
〔註32〕同註 7，頁 603～616。
〔註33〕Shmael Galai, *The Liberation Movement in Russia 1900～1905,* Cambridge

疑。〔註34〕因爲從一八八四年至一九〇二年間，未曾再有這方面的書刊被出版，由此亦可反証一八八二年出版的有關虛無黨之書籍，影響力極其有限。至於一九〇二年出版的煙山專太郎著《近世無政府主義》一書，對於中日兩國的激進分子影響頗大。該書並不是一本僅單純介紹無政府主義的書刊，書中曾大篇幅地介紹俄國虛無黨人的活動，且亟力鼓吹暗殺主義，更詳盡地說明如何組織暗殺團，進行暗殺。〔註35〕但是這些書刊，對於幸德秋水並未產生影響。

　　一九〇五年幸德秋水因爲主編《平民新聞》，於第 52 號刊登〈教育批判號〉及 53 號刊登〈共產黨宣言〉，致使被日本法庭判刑五個月，囹圄時光裡的沉思，致使幸德秋水對於現行的社會主義思想再作反省，經由反省轉而產生懷疑。他更對於現存政治體制及國家的存在，產生強烈地迷惑。同時獄中的歲月裡，他又廣讀克魯泡特金的著作，思想乃大受影響。〔註36〕同期間平民社也因財政困窘、成員間友誼破裂及政治信仰歧異，導致「平民社」正式宣告解散，分爲三派各自發行刊物，鼓吹已見。三派如下：

　　（一）成立「新紀元社」，發行《新紀元》，負責人爲木下尙江、安部磯雄、石川三四郎，其立場較偏向基督教社會主義。

　　（二）「凡人社」，發行《光》，成員爲山口孤劍、西川光次郎等，其立場偏向唯物論社會主義。

　　（三）《社會主義研究》月刊社，負責人爲堺利彥。〔註37〕

　　一九〇六年幸德秋水出獄後，隨即赴美遊歷。旅途中曾與一位俄國無政府主義信仰者，往來甚密，透過此人致使幸德秋水得以更深入的瞭解克魯泡特金及巴枯寧的理論主張。於渡輪也詳讀羅勒（Amold Roller）的《社會總罷工》（*Der Soziale General Streik*）一書，讀罷對書中所言大爲傾心，導致日後幸德秋水提出「直接行動」（Direct Action）的主張。〔註38〕

　　幸德秋水於新大陸的旅途中，曾經接觸過許多無政府主義者，又與世界

　　　　　University Press, 1973, P.77。
〔註34〕Ibid., Note 28, P.113。
〔註35〕Ibid., 8, P.62～65。
〔註36〕同註 7，頁 578。
〔註37〕同註 16，頁 17。
〔註38〕伊藤成彥，〈日本社會主義運動とロザ・ルウセソブルウ〉，收入《思想》，568
　　　　　期，1971 年 10 月，頁 42。

工聯（International Workers of the World）成員密切往來。但是影響幸德秋水最爲深刻的卻是一九○六年四月十八日加州大地震後，災區重建過程的啓示。因爲當大地震發生後，舊金山的一切行政體系皆告停頓，成爲無政府之域。但是，人與人之間卻皆能秉持著互助合作的精神，相互扶持，共渡危艱。此一景象令幸德秋水深爲感動，同時再度激發起幸德秋水對於人類能透過相互合作精神，進而攜手共創美好生活的信念。因此，當幸德秋水回到日本後，思想爲之幡然轉變，〔註39〕正式展開日本無政府主義運動的序幕。

思想轉變後的幸德秋水堅信「議會政策」乃是資本主義社會的產物，它代表士紳階層及資本家的利益；幸德秋水遂於月刊《平民新聞》第十六號發表〈吾之思想的變遷〉一文，明確地宣示其將揚棄「議會主義」，轉而主張以「直接行動」方式爭取權益。學習世界工聯所採用的「總同盟罷工」方式，進行抗爭。幸德秋水之所以會如此改變，主要是他認爲議會政策毫無效用，因爲議會已被資本家、士紳階層所壟斷。因此，衹有聯合所有勞動者，採取「直接行動」方式，始能完成社會主義理想及目標。〔註40〕

當幸德秋水揭櫫「直接行動」的理念後，致使早呈分裂的社會主義陣營，派系之間的對峙乃益發嚴峻。至於其派系之區分如下：

（一）幸德秋水派，主張直接行動主義。

（二）西川光次郎派，是精神的社會主義。

（三）片山潛派，主張議會主義，屬於唯物論社會主義。

（四）木下尚江派，屬於基督教社會主義。〔註41〕

當時西川及木下二派已漸失影響力，能與幸德秋水派相抗衡者，衹有片山潛派。雖然二者於理論呈現對峙，但雙方亦曾嚐試著努力以消弭二者間的歧見。利如圳利彥即曾於一九○六年十一月五日的《光》上，發表〈社會主義與無政府主義〉一文，主張二派差異無多，應該相互協調折衷。〔註42〕但是終因雙方成見已深，最後仍然分道揚鑣。二者遂各自發行刊物，爲已鼓吹。「直接行動派」的森近運平在宮武外骨的資助下，創刊《大阪平民新聞》，堺利彥、幸德秋水、山口孤劍均爲之執筆，倡導「革命的社會主義」、「直接行動主義」，具有濃郁的無政府主義色彩。「議會政策派」的西川光次郎、片

〔註39〕同註12，頁115。

〔註40〕同註38，頁41。

〔註41〕同註16，頁24。

〔註42〕同註12，頁116。

山潛則於一九〇七年六月二日創刊《社會新聞》，由田添鐵二主筆，強調議會路線之重要，具有濃厚改良的社會主義色彩。〔註43〕從此二派間遂爆發激烈的理論辯論。

　　一九〇六年八月一日至十日，日本社會黨舉辦「社會主義夏季講習會」，會中演講題目有：田添鐵二的「社會主義史」、幸德秋水的「法律論、道德論」、堺利彥的「社會的起源」、山川均的「社會主義經濟論」、片山潛的「勞動組合論」及西川光次郎的「同盟罷工論」。講習會期間，二派堅持己見，對立益發激烈。〔註44〕平民新聞即曾深動地描述一場二派爭辯的實況，云：「田添（鐵二）氏講罷，幸德氏蹶然而起，直驅而上。其沉痛的答辯，悲壯之辭，激越的語調，一句句有若激濤洪流，亦有如聲鳴四越的警鐘，聞者亦隨之興奮昂揚，激動之際，禁不住淚水潸然四流。」〔註45〕由此可見辯論之激烈及幸德秋水的魅力。

　　同年，日本社會黨於東京神田錦輝館召開第二次大會，二派正式面對面地短兵接觸。當會議中討論日本社會主義運動未來將走那條路時？二派發生激烈火爆的爭執，最後祇得付諸表決。表決結果如下：

　　其一為田添修正案，主張議會主義，僅得二票。

　　其二為幸德秋水修正案，主張直接行動論，獲得二十二票。

　　其三為評議員修正案，由堺利彥提出，主張二者併用，獲得二十八票。

　　雖然表決結果採取中間折衷路線的評議員修正案，但是事實上可謂是幸德秋水派獲得勝利，因為從此幸德派所主張的「直接行動」論，得以正式成為日本社會主義運動的主要方針之一，〔註46〕亦象徵著日本無政府主義派的力量正式凌駕於馬克思主義派之上。

　　於社會黨第二次大會中，無政府主義派取得光輝的勝利，但是由於《平民新聞》曾詳細地刊錄二派的演講、辯論內容，致使日本政府藉口幸德秋水倡議「直接行動」論，涉嫌擾亂社會秩序安寧，乃下令禁賣該期。不久日本內務大臣下令禁止日本社會主義信徒們結社。數日後更下令《平民新聞》停刊。停刊令下達後次日《平民新聞》在〈廢刊辭〉中，沉痛地駁斥日本政府

〔註43〕同註38，頁41。
〔註44〕同註12，頁123。
〔註45〕同註7，頁594。
〔註46〕同註12，頁121。

的指控，並控訴日本政府及統治階層對於社會主義的壓迫。次日《平民新聞》
停刊，「平民社」亦隨之解散。〔註47〕

　　「平民社」雖然遭日本政府壓迫而宣告解散，但是日本社會主義運動仍
如火如荼地推動著。一九○八年六月二十六日當山口義三出獄之日，社會主義
各派群集神田錦輝館，召開歡迎會。會場中突然出現一面紅旗，上書「無政
府共產」五個大字，監視的警察前來搶奪，遂與群眾發生激烈的衝突。結果
大杉榮、荒畑寒村、森岡榮治、宇都宮卓爾等被捕。事後警察又於神田錦輝
館的牆上發現「一刀兩斷帝王頭，落日光寒巴里城」的詩句，益發刺激日本
政府，乃決心更加嚴厲取締社會黨人，此次事件即為日本史上著名的「赤旗
事件」。

　　「赤旗事件」爆發後的次月，西園寺內閣總辭，第一次桂內閣成立，日
本政府決定全力監視社會主義者，并下令嚴厲鎮壓社會黨的活動，因此導致
社會主義活動逐漸消沉。〔註48〕幸德秋水有見於此，乃於「赤旗事件」後
未久，抵東京，欲重振社會主義運動之聲威。從此幸德秋水乃以一個純粹的
無政府主義者身份，亟力鼓吹，成為整個運動發展的核心。但是日本政府亦
有見於社會主義影響力逐漸擴張，乃逐步加緊壓力束縛。因此，當一九一○
年「大逆事件」爆發，幸德秋水被判處絞刑，日本社會主義運動頓時陷入停
滯狀態，亦象徵著日本社會主義運動萌芽期（或謂沉潛期）正式宣告結束。

五、日本社會主義運動對中國的影響

　　近代日本學術思想的發展，對於中國影響極為深巨。此現象可以一九○二
年至一九○四年間中國譯介外文書刊的數量及比重得以証之。日文書刊被大量
譯介回中國，主要導因於二十世紀初葉中國興起一股留日熱潮。留學生面對
一個嶄新的環境，思想觀念為之轉變，亦汲汲於渴盼將此新知傳回中國，譯
介書刊乃為最佳途徑。

　　同時盛行於日本的社會主義思想亦被介紹回中國，以致早期於中國發刊
討論社會主義的書籍，大多譯自日本，其種類、名稱如下：

〔註47〕同上。
〔註48〕同註6，頁33～34。

1902 年～1904 年中國譯書狀況表

科別＼國別	英	美	法	德	俄	日	其他	合計	百分比
哲　學	9	2		1		21	1	34	6.5
宗　教	1					2		3	0.6
文　學	8	3	2		2	4	2	26	4.8
史　地	8	10	3			90	17	128	24
社會科學	13	3	3	7	2	83	25	136	25.5
自然科學	10	9	5			73	15	112	21
應用科學	3	3	3	14		24	9	56	10.5
雜　錄	5	2	1	2		24	4	38	7.1
合　計	57	32	12	24	4	321	78	533	
百分比	10.7	6.1	3.2	4.5	0.7	60.2	14.6		

資料來源：黃福慶，《清末留日學生》，頁 184～185。Tsuen-hsnin Tsien, *Western Impact on China Through Translation*, Far Eastern Quarterly, Vol. X III, P.139 張靜廬，《中國近代出版史料》，（上海：群聯出版社，1954 年），二編，頁 100～101。

	書　名	作　者	譯　者	附　註
1	《無政府主義》	馬托疊斯達	張繼	日文由幸德秋水譯
2	《二十世紀怪物——帝國主義》	幸德秋水	趙必振	另有侯太縮譯本
3	《社會主義神髓》	幸德秋水	湯爾和	
4	《社會黨》	西川光次郎	周百高	
5	《社會主義》	村井至知	羅大維	
6	《近世社會主義》	福井準造	趙必振	
7	《社會主義概評》	島田三郎	作新社版	
8	《社會問題》	太原洋一	高種	
9	《社會主義論》	安部磯雄	湯爾和	

資料來源：張靜廬，《中國近代出版史料》，（上海：群聯出版社，1954 年），一編，頁 404～415。

　　因而蔡元培認為西方社會主義輸入中國的途徑有二，「一方面是留日學生從日本間接輸入的……一方面是留法學生從法國直接輸入的。」〔註49〕致使日本社會主義運動的路線及觀念的變遷，亦深深地影響及中國的發展。〔註50〕因此，當日本社會主義運動重心，從「議會政策」轉向「直接行動」論後，中國留日學生與直接行動派的交往，更形密切。根據陶鑄（冶公）的回憶：「我和他們並參加了原始社會主義者幸德秋水為首組織的座談會。這時日本社會主義的黨雖還未正式成立，但已有了雛形的組織。……經常以旅行玩山游水為名，到東京郊外一些地方秘密開會。日人參加的有：幸德秋水、堺利彥、北輝次郎、和田三郎、宮崎民藏和菅野子（女），此外還有我不知其姓名者。中國有張溥泉、劉申叔、何殷震、汪公權和我數人。」〔註51〕

　　受此影響，從而部份留日人士乃組織「社會主義講習會」，發行《天義報》，大力鼓吹直接行動派所倡議的無政府主義思想，以致對於辛亥革命運動產生亟為深遠的影響。〔註52〕

六、結　論

　　早期日本社會主義思想的萌芽，導源於西方歐美思想的輸入影響所致。多樣複雜、雜然并陳為其特徵。但整體運動重心仍較偏重於基督教派社會主義及議會政策等路線。但是隨日本社會於19世紀末葉逐步走上資本主義社會後，社會衝突及緊張性加大；同時歐美又興起一股無政府主義思想的熱潮，致使日本有志之士，諸如：幸德秋水等人，起而效尤，並高聲倡導之。從此，日本社會主義運動中形成「直接行動派」及「議會政策派」二者間的鬥爭。至一九〇六年日本社會黨第二次大會後，直接行動派取得決定性勝利，從此日本社會主義運動逐步上無政府主義路線。

　　由於無政府主義派的主張甚為激烈，致使日本政府對於其信徒的活動，

〔註49〕 蔡元培，〈克卡樸氏社會主義史序〉，收入《蔡元培先生全集》，頁950。
〔註50〕 Li Yu-ning, *The Introduction of Socialism into China*, Columbia University Press, 1971。
〔註51〕 陶鑄（冶公），〈無政府主義思想對同盟會的影響〉，收入楊天石編，〈社會主義講習會資料〉，《中國哲學》，第一輯，（北京：三聯書店，1979年），頁379〜380。
〔註52〕 參考洪德先，〈辛亥革命時期的無政府主義運動〉，師大碩士論文打印本，民國73年。Robert A. Scalapino and George T. Yu, *The Chinese Anarchist Movement*, University of California, Berkeley, 1961。

加強防備及限制，以致雙方衝突日趨劇烈。及至一九一〇年「大逆事件」爆發，幸德秋水被判處極刑後，日本政府全面鎮壓社會主義活動，日本社會主義運動萌芽期遂正式宣告結束，從此邁入日本社會主義史上所習稱的「寒冬期」。

近代中國的思想變遷，受日本影響極大，尤其甲午戰爭之後，大批中國學生赴日留學，以致受其影響更爲深闊。留學生大量譯介日文書刊，並起而倡導。中國社會主義思想在此背景下，發展逐步加強擴大。由於中國社會主義思想深受日本之影響，因而當日本社會主義重心轉向「直接行動」論後，部份中國學生受此影響，乃起而倡導無政府主義，組織社團，發行刊物，大力鼓吹，成爲近代中國鼓吹無政府主義運動中極爲醒目的一支，並對當時及未來的中國，扮演著一個頗具影響力的角色。〔註53〕

原文刊于《銘傳學報》，第二十七期，民國 79 年。

〔註53〕Robert A. Scalapino and George T. Yu, *Modern China and Its Revolutionary Process*, University of California Press, 1985, P.231～260.